婚姻與家庭

翁桓盛、許孟勤　著

作者簡介

翁桓盛

學歷： 國立彰化師範大學特殊教育研究所結業
國立彰化師範大學教育學研究所碩士

甄試： 高雄縣國民中學教師
台灣省國民中學主任班第三期
台灣省國民中學校長班第十八期
台灣省高中校長甄試合格（2005 年）

經歷： 高雄縣六龜國民中學導師
彰化縣彰德國民中學導師、組長
彰化縣芬園國民中學教務主任
彰化縣和美國民中學教務主任
南投縣民和國民中學校長
彰化縣明倫國民中學校長
彰化縣彰泰國民中學創校校長
台灣省政府中小學校長、主任甄試口試委員
台灣省政府國民中學主任儲訓班第十一期輔導校長

兼任職務（教育部講師證：講字第 075393 號）：
中興大學教育學程兼任講師
中州科技大學兼任講師
中臺科技大學兼任講師
中山醫學大學兼任講師
新生醫護管理專科學校兼任講師
仁德醫護管理專科學校兼任講師

著作： 《婚姻與親職教育》（心理出版社，2006 年）
《親職教育》（心理出版社，2012 年）

許孟勤

學歷：國立台灣師範大學人類發展與家庭學系碩士
國立台灣師範大學教育學系博士候選人

經歷：中國科技大學學生輔導中心老師
台灣師範大學家庭教育研究與發展中心
研究助理
新生醫護管理專科學校幼兒保育科講師

兼任職務：
台灣社區托育家事管理發展協會講師
行政院勞委會職訓局保母人員核心課程講師
台北市立教育大學幼兒教育系兼任講師

推薦序

　　家庭是社會的基本單位，家庭若能溫馨、幸福、有活力，社會才能繁榮、有希望，而溫馨、幸福的家庭絕非從天而降，須從夫妻感情、婚姻的努力經營而得。

　　婚姻與家庭的運行，就如同「鐵馬」行，要完成人生有意義旅程的鐵馬行，首先要有良好的婚姻為前提（雙輪），配以夫妻堅實的感情當骨架，來牽引後輪的家庭幸福、快樂的向前行。夫妻在家庭的生命週期中，若能深入瞭解婚姻、感情、家庭的經營之道，才能共同完成人生幸福、圓滿、精彩的旅程。

　　本書作者在大專校院擔任婚姻、家庭、親職教育的課程已近十年，不但於 2006 年出版了《婚姻與親職教育》一書，在教學過程中也不停的學習與體悟，認為應把學理與實務結合，把《婚姻與親職教育》一書，做更為深入的探討與完整的呈現，因而於今年 5 月順利出版《親職教育》一書；而今再將「婚姻與家庭」的論述做更為務實與詳盡的陳述，形成一套感情、婚姻、家庭與親職教育的完整治家哲理，故樂於推薦之。

中臺科技大學教授兼學務長、教育博士　**林海清**　謹誌

自序

　　近幾年來，台灣社會有一奇特的現象，人民感覺離幸福、快樂的日子愈來愈遠，而生活痛苦指數卻與日俱增；但實際上，台灣的國民生產毛額（GNP）目前已超過兩萬美元，人民卻依然感受不到幸福與快樂，看似沒有未來，為什麼？為什麼大多數的百姓有此怪異的想法？為什麼台灣社會如此複雜、紛亂、不安與痛苦？筆者認為，追本溯源即是在婚姻與家庭出現了嚴重的問題與危機，且政府機關缺乏具體的婚姻與家庭政策，教育體系沒有婚姻與家庭的必修課程，為人父母者沒有婚姻與家庭的經營知能。2009 年，台灣的離婚率一度高達 49.16%，換句話說，結髮的夫妻幾乎有一半以離婚收場；如此嚴重離婚後遺症的洪流，不停的湧向台灣社會，造成社會一波波的亂源與亂象，製造家庭的不安、社會的動亂，削弱了國家的形象與競爭力。

　　筆者在大專校院講授婚姻、家庭、親職教育課程近十年，曾在基層教育實務工作近三十年，解決過許多婚姻、家庭、親子的相關問題，深深體認婚姻與家庭的重要性。感覺到坊間婚姻與家庭理論與實務兼備之教材不多，因而決心撰寫一套符合台灣社會文化的感情、婚姻、家庭、親職教育的完整論述，俾供青年男女感情良性發展、婚姻穩定成功，建構幸福家庭，培育優質新生代的治家寶典，也是大專校院教授兩性、婚姻、家庭等相關領域的參考教材。

　　本書內容分為婚姻與家庭二大部分，共十章：

　　第一部分婚姻：介紹擇偶理論與方式、約會的要領與秘訣、愛情理論、感情的發展與挫折、情侶分手的策略與方法、婚姻理論、婚姻的基本概念、婚禮的規劃、新婚的調適、成功與失敗的婚姻、夫妻的衝突管理，以及婚姻的輔導與治療等。

　　第二部分家庭：介紹家庭理論、家庭的功能與型態變遷、家庭的領

導與管理、家庭教育的內涵、兒女的教養方法與情緒教育、親職教育的功能、不同家庭類型的親職教育實施方法、父母角色的重要與扮演,並客觀分析成功有效能與偏差行為父母的差異,引導讀者成為成功有效能的父母,夫妻家庭生命週期的調適,營造健康、幸福、快樂的人生。

本書為了彰顯理論與實務的融合,章節中均附有案例探討與價值澄清,每章後附有擇偶、婚姻、親職、治家的格言集,以及該章的重點問題與討論,俾讓讀者進行該章內容的重點整理與回饋。

本書的順利出版,首先要感謝中臺科技大學學務長林海清教授與通識中心主任李本耀教授的鼓勵,新生醫護管理專科學校劉董事長、陳校長、幼保科主任的支持,心理出版社林副總經理及編輯團隊的協助,而家人則是最大的鼓舞力量。但願本書能幫助將婚及已婚的夫妻,永續經營感情、婚姻,建構幸福、有希望的家庭,成功調適家庭的生命週期,營造健康、幸福的人生,協助婚姻與家的教授同仁,成功、有效能的教學。

婚姻是終生最重要的大事,決不能兒戲。
家庭是生命最快樂的泉源,絕不可輕忽。

翁桓盛、許孟勤
謹誌於 Switzerland Geneva
2012 年父親節

目 次

Chapter 1

擇偶與約會的藝術

翁桓盛

第一節　擇偶的意義

依據內政部戶政司 2011 年的統計，國人在 25 至 49 歲的適婚男女中，共有 3,338,103 人未婚（如表 1-1 所示），可見擇偶的問題相當嚴重。2012 年 3 月，知名作家立委張曉風，更在立法院針對此問題質詢內政部長李鴻源，揭開台灣的剩男、剩女面紗。該如何解決剩男、剩女的嚴重問題？到底是台灣的青年男女對擇偶的認知不足？或對擇偶的態度不夠積極？還是現實社會的大環境出了問題？以下深入探討之。

一、戀愛與擇偶

戀愛（to love）是青年男女在青春期所渴望追求，也是人生的重要課題，因為它是每個人生命史中，頗值得回味及永難忘懷的歲月，儘管每個人都嚮往戀愛所帶來的甜蜜感與暈眩感，可是內心卻是充滿「既期待又怕受傷害」的矛盾心情。

每一對熱戀中的青年男女在面臨抉擇時，內心或許有「情到濃時反

表1-1 台灣地區適婚年齡未婚人數表

年齡別	小計	未婚男性	未婚女性
總計	10,360,275	5,563,591	4,796,684
未滿 15 歲	3,501,787	1,827,143	1,674,644
15～19 歲	1,608,735	837,193	771,542
20～24 歲	1,545,916	816,835	729,081
25～29 歲	1,378,701	763,458	615,243
30～34 歲	941,843	555,269	386,574
35～39 歲	483,401	279,016	204,385
40～44 歲	312,599	172,405	140,194
45～49 歲	221,559	120,653	100,906
50～54 歲	145,426	78,655	66,771
55～59 歲	92,492	45,863	46,629
60～64 歲	50,947	23,081	27,866
65～69 歲	22,260	10,995	11,265
70～74 歲	16,522	8,463	8,059
75～79 歲	11,489	6,187	5,302
80～84 歲	12,282	8,272	4,010
85～89 歲	9,243	6,563	2,680
90～94 歲	3,601	2,483	1,118
95～99 歲	1,143	808	335
100 歲以上	329	249	80

資料來源：節錄自內政部戶政司（2012a）

為薄」，「醉過方知酒濃，愛過方知情重」的想法，而於擇偶的十字路口上迷惘，無法以理智冷靜處理，以致於產生許多情傷事件，而難以收拾善後。

二、擇偶的意義

擇偶（mate selection）的意涵是指，從自己認識或經他人介紹的男（女）性朋友中觀察，進而再從所認識的男（女）性朋友中，選擇自己喜歡或滿意的對象進行交往互動，並透過冷靜思考、分析、判斷，繼而選擇適合的對象，成為結婚的伴侶。現代人擇偶的過程是從認識、約會、戀愛，到訂婚、結婚。約會中往往帶來身心的滿足感，因此有人認為戀愛中的青年男女，生活是彩色的、活潑的、甜蜜的，約會的陸續進行，就是步入戀愛的進行曲，也是擇偶過程中相互認識、適應、評析、抉擇的重要時期。

林進財（1995）指出，結婚是男人賭以他的自由，女人賭以她的幸福。其實婚姻並非賭博亦非兒戲，即將結婚的青年男女，必須深入認識對方，並且有十足的把握與信心，才能考慮與對方攜手共組家庭，以免在婚後因雙方的價值觀、理念、個性、態度，或其他因素不合，而輕易的走上離婚之道；如此不但傷害雙方，也造成下一代無法磨滅的痛，製造出更多的社會問題。

因此，懂得如何選擇適當的異性伴侶，是現代青年男女交往的第一步，同時也是婚姻教育的重要議題，影響一個人一生的成敗，更關係著未來幸福家庭的建立，不可不慎，絕不可輕忽，更不可兒戲。

第二節　擇偶的理論

青年男女選擇伴侶的論點無奇不有，有的人認為外在美就好，有的人認為內在美才好，更有的人認為要相互順眼、會做家事，也有的人認為學歷、談吐、氣質或家世背景、價值觀念要一致，因而衍生出許多論點，分述如下。

條件交換論（the base on condition）認為，擇偶表面上看來，好像男女兩情相愛、自由意志、異性相吸、情投意合，但實質上是男生的條件，如身高、健康、體型、外貌、教育程度、職業或事業、財富、家世背景、價值理念……等，與女生的外貌、身材、氣質、教育程度、談吐、溫柔貼心……等條件間的考慮與適配交換，若是兩者條件相近，才有可能成為婚配的對象，例如：一位有名的醫生就可能會愛上身材高挑、外貌甜美、有內涵、有氣質的老師，兩者是以醫生的職業、社會地位、高所得，換取新娘甜美的外貌、教師職業與高雅的氣質，但若兩者條件相差太多，要適配或婚姻成功的機率，幾乎微乎其微。

同質性理論（the base on sameness）：彭駕騂（1994）認為，人會被與自己特質相似的他人所吸引，而這些特質有生理的，如年齡、身高、體型、膚色……等；社會的，如情緒與個性、家世背景、職業、年輕活潑……等；心理的，如人生觀、價值理念、生活態度……等；特質愈相近的人，磁場愈相近，愈容易產生磁吸作用。

內婚制（endogamy）強調，擇偶要在一定規範的範圍內同族通婚，規定個人必須在某特定規範內，選擇理想伴侶，嚴禁在團體外擇偶的習俗，個人必須與血統、種族、國家、階級相同者通婚，如回教國家、宗教之教友、黑人白人不通婚，而外婚制（exogamy）則強調，要在某不同的團體外尋找異性伴侶，如同性不通婚、表兄妹禁止聯姻等。

感受理論（the base on affection）：Abercrombie、Hill 與 Turner（1994）指出，在婚姻的開放市場裡，羅曼蒂克的戀愛感受是婚姻的基礎，父母的想法已減到最低程度，而伴侶是從無數的有資格者當中去挑選，但最重要的，還是青年男女兩人相互之間，擁有羅曼蒂克的感受最重要。

在擇偶的重要理論中，筆者認為擇偶的目的，乃是在尋找一位志同道合、理念相近、願意為對方付出、有優生學概念、能合組幸福美滿家庭，願意共創願景的伴侶，兩人應有很多的同質性，如價值觀、人生目標、教育背景、承諾、期許、年齡、嗜好、外表相互吸引……等。

第三節 影響擇偶的因素與方式

一、影響擇偶的因素

在擇偶的過程中，有人被批評眼光太高、寧缺勿濫，也有人被譏為只要是異性就好，寧濫勿缺；其實每個人在擇偶過程中，必有不同的特質、喜好與條件，因而影響擇偶的因素各有不同，茲分述如下。

（一）距離

距離因素可分為空間距離與心理距離二類，分述如下：

1. 空間距離：男女二人素昧平生（如路人），但因空間距離、區域遠近，確實會影響擇偶的機會，所謂「近水樓台先得月」或「近距離搶頭香」，有接觸的機會，才會引起男女雙方的眼神接觸，進而產生心理上的震盪與共鳴，而擦出愛情的火花，如辦公室戀情或青梅竹馬、兩小無猜的愛。

2. 心理距離：心理距離也是影響擇偶的很重要因素，所謂「一見鍾情的愛」或「有緣千里來相會，無緣相聚淡如水」，說明了青年男女二人心理的認知、心靈的互動勝於空間的因素，青年男女只要二人心理距離相近，心靈的磁場易於產生磁吸共鳴效應，就容易激起愛情的花朵。

（二）個人特質

青年男女個人具有的特質不同，彼此產生相互吸引的力量也會不同。個人特質，諸如：年齡、教育程度、健康、身材、相貌、氣質、人格特

質、才能、專業、財富、職業與社會地位、價值觀、婚姻狀況……等，
分述如下：

1. 年齡：年齡是影響擇偶很重要的因素，因為年齡會影響身體的健康、體能、壽命及夫妻相伴的時間長短，如因年齡差距大，男女兩位戀人的人生觀、價值理念、代溝差距大，就很難產生良好的溝通與互動。

2. 教育程度：教育程度相近，兩人的理念、知識也較相近，容易產生溝通互動，生活知能較為接近，生活上也易於相處。

3. 職業（專業）與社會地位：青年男女在擇偶時，職業與社會地位非常重要，在世界性的婚姻市場中，具有特殊行業，如醫師、法官、建築師、有名的特殊行業大師等，均擁有較好的社會地位，在擇偶過程中較占盡優勢。

4. 健康、相貌、氣質：健康、身材與相貌在擇偶過程中，是很重要的因素，郎才女貌一向為人津津樂道，因而各種健身、塑身、醫學美容行業，愈受重視，畢竟一個人健康、身材、外貌、脫俗高雅的氣質，會給對方良好的第一印象，進而產生青年男女兩性相互吸引的動力。

5. 人格特質：一個人的生活態度、思想、價值觀、性向、親和力等，會影響一個人的生活態度，樂觀、價值理念正確，有親和力的人，讓人容易接近，也較易產生心靈的共鳴與互動，容易吸引對方。

6. 婚姻狀況：父母的婚姻狀況會影響擇偶的過程，若是父母的婚姻不美滿，甚至離婚，均會影響自己在擇偶時的考慮因素，而自己的性知識、性態度、性能力等，也會影響擇偶的成功與否。

7. 財富：「錢雖非萬能，但沒有錢是萬萬不能」、「有錢能使鬼推磨」，可見錢在日常生活中的重要地位，很多的女性考慮婚姻問題時，均把錢財視為婚姻的第一要件。

（三）宗教、種族、財富與家世背景

宗教、種族、財富與家世背景，是擇偶過程中考慮的很重要因素，尤其熟男熟女、理智型的青年男女，會很認真的思考其對未來兩人生活幸福的影響，分述如下：

1. 宗教：有共同宗教信仰的人，認同共同的宗教教義，談吐對話內容較易為對方所接受，並產生良好的互動，樂意共同參加相同宗教性的活動，認同與自己宗教教義的原理，進而產生男女情意的互動。

2. 種族：種族在擇偶過程中，也是考慮的重要因素，因彼此膚色、體型、毛髮、外貌相差太多，較不易產生異性的吸引作用，因而原住民與平地人，或美國的白人區與黑人區，較不易產生通婚聯姻的情形。

3. 財富、家世背景：擁有愈多財富的人，在擇偶過程中較為優勢，畢竟財富對異性會產生很大的吸引作用，有良好的財富與美德，才是幸福、快樂婚姻的一大保障。家世背景也是擇偶過程中非常重要的因素，男性有良好的家世背景，會受到很多人的羨慕與喜愛，時下有很多的青年女性，她們想盡辦法要嫁入豪門，就是希望享受豪門高品質、有品味的生活。

影響擇偶的因素，大概分為上述三大類，但各自的因素除了上述之外，其他如智能、精神狀況、擇偶的態度等，均會影響擇偶的成敗。藍采風（1996）調查台灣的大專學生，相關的擇偶優先順序是身體、健康、具家庭觀念、溫柔體貼、有愛心、積極進取等；《張老師月刊》於 1984 年，曾針對社會青年、各大專校院學生為對象進行調查，發現當代年輕人的擇偶觀，列出男性娶妻的十大條件及女性嫁夫的十大條件，如表 1-2 所示；然而由於時代快速變遷，思想不斷演進，相信此時國內外年輕人的擇偶觀，已產生很大的變化與異動。

表1-2　社會青年及大專學生的擇偶觀

討老婆的十大條件	找丈夫的十大條件
1. 共同奮鬥	1. 責任感
2. 孝順	2. 顧家
3. 身體健康	3. 上進
4. 心地善良	4. 踏實
5. 家庭為重	5. 可靠的
6. 專情	6. 身體健康
7. 體貼	7. 坦誠
8. 無不良嗜好	8. 品格端正
9. 溫柔	9. 有抱負
10. 善解人意	10. 有內涵

資料來源：張老師月刊（1984 年 3 月）

二、擇偶的方式

　　時代在改變，社會不停的演進，人們的思想、風格習性也跟著社會的脈動不停的轉變，也影響擇偶的方式。一般而言，擇偶的方式可分為古式擇偶和現代化擇偶，各有其優缺點。

　　古式擇偶：1961 年以前，台灣社會民風保守，擇偶一定要父母同意才行，因而很多青年男女，係經由父母之命和媒妁之言，甚至結婚前男女雙方只要父母同意，未曾見過面也可結婚，即使見了面也不敢有過於親膩的舉動，只在小區域範圍內，短暫的時間認識，因而叫做區域性擇偶或地域性擇偶。

　　現代化擇偶：由於社會觀念、民風開放、交通發達、資訊普及、思想觀念變化、年輕人自主意識強，因而擇偶已從由父母做主，轉而由青年男女自己決定，且是多元開放又方便，因而稱為開放式或自由戀愛式的擇偶。

（一）過去式：地域性、封閉式的擇偶

　　早期擇偶一事，家族乃視為十分重要之大事，所以過去由成婚者的父母或長輩，依人生的經驗、家族價值觀、家族內規、民俗等來做決定，而欲結婚的男女主角，因為年紀較輕、涉世未深，反而成為擇偶過程中的配角，甚至由父母指腹為婚。而男女雙方自認命運、相信情緣情債，因而婚後才開始經營感情，兩人相依到老，隨著歲月消逝，感情更深；此種情況左右鄰居比比皆是，也就形成一種文化。夫妻雖也時常爭吵，但幾乎很少有人離婚。

（二）現代化：開放性、自由戀愛式的擇偶

　　現代化的社會則強調「自由戀愛」、「年輕人做主」，每一個人的活動空間擴大了，人們互動機會多，資訊發達，選擇機會增多了，青年男女自主性高，如何擇偶的主要責任，都落到要結婚的當事人身上；但因年輕人缺乏人生的經驗法則，青年男女自主意識提高，有時被性愛沖昏了頭，社會的開放往往易於擇偶成婚，長輩的忠言其分量反而變輕，又因社會風俗文化的改變，年輕人不受他人約束，自由主義高張，易造成離婚現象。

案例探討與價值澄清

主題：四成青少年　性、愛傻傻分不清

案例：2012 年 7 月，台中市張老師中心與台中市家庭暴力暨性侵害防治中心，針對中部地區國中、高中學生共 2,287 名，年齡在 12～18 歲的青少年，進行性行為的態度調查，其中超過三成的青少年對於法律規定一概不知，不知與未滿 16 歲的青少年發生性行為是違法的行為。台中市於 2011 年經報案發生性侵害事件有 1,531 件，而其中有一半以上均未滿 18 歲，而且超過六

成七的受害者，是單純的在學學生，而有四成以上的青少年對「性」和「愛」根本傻傻分不清，他（她）們普遍認為，婚前性行為可增進兩人的感情。在調查的資料中發現，有四成一的青少年，他（她）們認為男女戀愛中為了滿足生理需求，可發生婚前性行為，而以為婚前性行為可提升男女的感情，甚至於有三成五的女生，因擔心拒絕男友性行為的要求後，男友可能「不再愛我」，而把性行為當成是男女維繫感情的唯一方法。更匪夷所思的是，竟然有一成六的受訪青少年認為，以性行為換取金錢是可以接受的。

價值澄清：

1. 你認為學校的性知識、性常識教育夠嗎？應有哪些基本的教材該納入？

2. 你的父母有教導哪些性知識？你的性知識主要來源為何？

3. 何謂愛情？真愛是什麼？

4. 何謂性行為？男女性行為在什麼情況下可被接受？

5. 性和愛有何關聯？男女戀愛要有性行為嗎？

6. 你認為目前的教育體制，青少年的性知識、性態度應該由家庭、學校、社會、同儕或誰來教？

7. 你認為男女感情發展，一定要有性行為嗎？感情發展到什麼時候，才可與異性發生性行為？

第四節　擇偶的重點與抉擇要項

一、家庭拜訪注意細節，並向父母述說

　　青年男女在選擇親密伴侶之前，家庭拜訪是非常重要的。透過家庭拜訪，可以深入瞭解對方的家庭氣氛、家庭結構、家庭組合、家族遺傳、親子溝通、未來夫妻相處模式、婚姻價值觀、家庭教育等。女孩子可以在婆婆身上找到自己將來的影子，男孩子可以在岳父身上瞭解自己未來的可能，以做為自己選擇伴侶時的參考，並可提供資訊與自己的父母商討，且應注意約會拜訪時的人身安全與應有的禮儀、禮節。

二、觀察對方父母，瞭解未來生活

　　父母在孩子成長的過程中，扮演重要的角色，孩子的價值觀、人生觀、角色認同、個性、人格特質等很多都學習自父母、內化父母的理念。因而在選擇伴侶之前，觀察對方父母，有助於瞭解對方的需求與價值觀，以做為參考的依據。如果發現對方的價值觀或理念，與自己的價值理念相去甚遠時，就要作慎重的考慮，是否能接受這樣的事實？是否能容忍雙方的差距？如果有所顧忌，就要重新考慮雙方結合的可能性，若需求與價值觀差距過大，將來極易造成很大的摩擦與生活的不便。

三、審視交友，物以類聚

　　很多青年男女為擄獲對方的芳心，都很會包裝或善於偽裝，人前人後表現不同，因而宜從對方交往的朋友中，看出對方的為人，尤其是朋

友的評價，通常是最客觀與最直接的，因為物以類聚、臭氣相投，我們從其交往的朋友中，真正看清對方的為人，瞭解一個人的真實特質與個性。

四、工作態度，知其為人

一個人的工作態度，往往反映出他的為人。在工作上輕浮、潦草、怕吃苦、怕麻煩的人，個性必然草率不積極、沒有責任感、沒有教養、遇事容易畏縮、畏怯不前、缺乏積極的工作態度；如果對工作相當投入、謹慎小心、耐操、耐勞、耐煩，能完美達成任務的人，將來較有家庭觀念，也較有責任感。

五、面對挑戰，知其未來

一個人在面對問題時，以何種態度去處理問題，以及其處事能力與態度，往往會顯露出個人的真正本性。個性易衝動的人，人格就不穩定，因而如發現對方在面對問題或挫折時，經常表現負面情緒時，如逃避、胡鬧、鬧情緒或不敢面對事實，那麼男女交往時就要有所警惕，不要讓熱戀沖昏了頭，欺騙自己，等到婚後，產生婚姻暴力問題，後悔已遲。

六、彈性性格，通情達理

一個人在處事時，如果發現對方出現「不服輸」的個性，或是求好心切、完美主義特質，換句話說是有著「很機車」的個性時，就必須自我警惕；此種類型的人，往往過於固執於己見，心中容納不下一個嫌隙、眼睛容不下一顆沙粒，聽不下去任何人的意見，將來難以相處，夫妻容易吵架，更難接受別人的建言，也會是一個絕對獨裁者。因此選一個具備彈性性格的人，才會是一個通情達理、懂得權變的親密愛人，將來凡事會以理性溝通，家庭才能和諧相處。

七、重要考驗，真誠相愛

男女在交往過程中，通常只是一時的好奇、喜歡，或表面上奉承配合，喜歡對方的外貌、身體、異性吸引力、滿足性的好奇與性慾需求，但是否真心相愛，則要等待一段時間才能深入瞭解。在感情稍微穩定時，宜設計一件重要、辛苦、艱難、困苦的情境，或幾乎很難達成的任務，考驗對方的真心，如果對方就此逃避、推諉、易怒，那可能不是真心相愛，就要再慎重考慮。

八、生涯旅程同心協力，互助互諒

青年男女在交往過程中，要深入去瞭解對方的本性、同理心、生涯規劃，因為人生不如意事，十之有八九，何況將來家庭的夫妻生活是漫長而波折重重，若沒有同甘共苦、榮耀與共、生命共同體的奮鬥理念，沒有互助互諒的情懷，就很難共同攜手走完人生的旅程；因而應深入瞭解，千萬不要被愛情沖昏了頭。

九、審視優點，精算缺點

在擇偶的過程中，擇偶的目的是要選擇一位能同甘共苦、互助互諒、有擔當、有抱負、共創理想願景的伴侶；但人非聖賢，絕對無法十全十美，因而在男女交往互動中，在最後抉擇時，宜把握堅持的重點與原則，輕忽細枝末節，好好審視對方的優點，精算對方的缺點，若對方的優點、強項、專長讓你賞識，的確值得愛其終身，值得為其付出就可考慮，若是對方的缺點很多，或缺點中若有個人所無法忍受，且對方也難以改變的缺點，就應慎重的考慮去留。

第五節 擇偶的方式與重要性

一、擇偶的重要性

選擇良好的伴侶，是個人一生成功的動力與助力，不但能在職場表現優異，屢獲同仁長官賞識，更能與親密愛人共組美夢，建構幸福快樂的家庭，享受天倫之樂；相反的，找到不好的伴侶，可能常家庭衝突、離婚、家破人亡，甚至身敗名裂。擇偶的重要性如下：

1. 體驗異性的吸引力。
2. 滿足性的好奇與需求。
3. 瞭解認識對方的方法。
4. 相互適應與調適。
5. 瞭解對方家族的方法。
6. 增加生活樂趣。
7. 選擇結婚伴侶。
8. 促進身心正常發展。
9. 增進心理成熟及社會化發展。
10. 生涯規劃的一部分。

二、擇偶的方式與流程

交通的發達、科技的進步、資訊的流通、時代的改變、民風的開放，致使擇偶的方式也陸續推陳出新，其各有優缺點。筆者整理擇偶的方式，約略如下：

1. 自行設計（有意尋找）。

2. 親友介紹。

3. 父母安排。

4. 同學會、同鄉會。

5. 青梅竹馬。

6. 社團活動。

7. 筆友（pen pal）。

8. 網友（net pal）。

9. 婚友社（介紹所）。

10. 機關（團體）聯誼。

11. 其他方法。

理性、客觀、穩當性的擇偶，有其一定的程序與判斷標準，其婚配後而能婚姻成功的機率也較大，因而美國學者 Murstein（1986）列舉了15 項有關擇偶的變項，說明了擇偶的條件及結構限制：(1)相似性；(2)年齡；(3)教育程度；(4)出生次序；(5)種族；(6)聰明才智；(7)人格特質；(8)外表的吸引力；(9)感情紀錄；(10)近水樓台；(11)性；(12)社會經濟階層；(13)價值觀；(14)宗教；(15)身高體重胖瘦。目前一般人講求所謂的自由戀愛，其實是在這些條件的重要考慮中「有限制」的戀愛，若是非理性、感性的愛，將來婚姻失敗的可能性就很大。

美國學者 Orthner（1981）以「候選人儲存槽」（candidate store）的觀念來說明擇偶的歷程，如圖 1-1 所示。在可能人選中，可不停的加入或撤出，擇偶其實是一路篩選過濾的歷程，透過約會歷程深入瞭解認識對方，理性的抉擇，選擇最後人生的伴侶。筆者參照彭懷真（2003）候選人儲存槽的概念認為，候選人儲存槽是一個動態（dynamic）的流程，具有機動性特質，隨時均可能有新人加入，也可能隨時會有不適合者被淘汰。

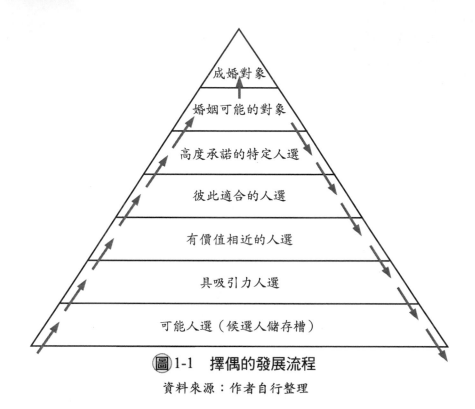

成婚對象

婚姻可能的對象

高度承諾的特定人選

彼此適合的人選

有價值相近的人選

具吸引力人選

可能人選（候選人儲存槽）

圖1-1　擇偶的發展流程

資料來源：作者自行整理

案例探討與價值澄清

主題：四次婚姻失敗，忍痛攜兒女走絕路

案例：本案例於 2012 年 3 月 3 日發生在台中市沙鹿區。一位 38 歲的
楊姓婦人，從小父母雙亡，由親戚撫養長大，從小就沒有享受
過家庭溫暖，身世堪憐，升學路上一路走來非常辛苦，半工半
讀完成專科學校畢業。原本渴望有個愛她的男人，共同合組美
滿幸福家庭，無奈的是，20 歲時她就結婚，卻偏偏屢次遇人不
淑，遭遇過四次的婚姻失敗。一個婦女又要撫養兩個小孩，工
作又不穩定，身心長期飽受煎熬，因而罹患精神疾病，先行對
10 歲、4 歲的兒女強灌安眠藥，並以膠帶封住兒女口鼻，造成

　　　兒女窒息雙亡，自己再燒炭自殺，她自殺獲救後生命垂危。

價值澄清：

1. 一位女子婚嫁四次均婚姻失敗，可見擇偶知能非常缺少。請問有哪些人該為此負責？

2. 一位專科畢業女生，一路走來，可從哪些方面獲得擇偶的基本知識？

3. 一位 38 歲婦女歷經四次的失敗婚姻，請問該尋求哪些社會資源幫助？

4. 四次婚姻失敗，又要撫育二位兒女，其壓力之大難以想像，該婦人應如何紓壓，才不會罹患精神疾病？

5. 婚姻失敗，更不用說家庭經營，為何台灣的將婚或已婚人士，不願參加婚前教育課程？

6. 你認為該如何推動親職護照，以減少不幸案例的發生？

第六節　約會的意義與動機

一、約會的意義

　　約會（to date）是年輕人與異性建立親密關係的主要方法，透過兩性相互吸引力的交往而認識對方，增進彼此感情，深入瞭解對方，建立情愛關係，而走上戀愛的途徑。

　　約會是目前青年男女認識的第一步，也是青年男女擇偶交往的必經階段，更是兩性相處的必修學分。成功的約會為男女雙方印象加分，失敗的約會則為感情發展減分，因而妥善規劃成功的約會，做好約會前的

準備工作及計畫，理性的進行約會是相當重要的。

約會的方式隨著科技的進步、交通的便捷、網路的盛行、資訊的普及，以及社會風俗快速的變遷，也出現很大的改變，由古時候的人從牽手、散步、聊天到戀人的親吻，今日則相約出國旅遊，無奇不有；但無論如何，重要的是應注意約會的安全性，以及每次約會的動機與目的，避免約會暴力發生。

Garrett（1982）指出，約會與婚姻關係、家庭制度、階級結構、文化規範和經濟水準等因素，皆有直接相關，可見約會具有無法替代的重要性。

二、約會的動機

若問年輕人為什麼要約會？其答案無奇不有、千奇百怪，但年輕人對約會充滿好奇、憧憬與期待，則是不可否認的。青年朋友對約會的期待，是既期待又怕受傷害，約會也因個人人格特質的不同，而有不同的約會動機。美國學者維南（Vreeland, 1974；引自彭駕騂，1994）研究兩百名就讀哈佛大學的學生，分析其約會動機，如表 1-3 所示。

表 1-3　美國大學男生約會的主要動機分析表

主要動機	一年級男生	四年級男生
尋找異性朋友	49%	34%
休閒消遣	26%	29%
一親芳澤	10%	21%
找一知音	9%	12%
找一個未來的妻子	5%	6%
提升我的名氣	1%	0%
合計	100%	102%

資料來源：彭駕騂（1994：99）

由上述資料分析，可知青年男女朋友的約會，大半是為了尋找異性朋友與休閒消遣，因而社會、家庭教育宜將此導向健康、正向、公開方式的約會活動。

第七節　約會的功能與重要性

青年男女的約會，事前雙方都沒有任何感情、婚姻的約束或承諾，擇偶的對象也可擇優更換，如同上街採購衣物、用品，要能合用、合身、合理價格、順心才會考慮，它是青年男女認識對方的非常重要管道，因而它有無可取代的重要性，亦是為了避免日後因認識不清感情付出，甚至發生情感糾葛、性關係或未婚生子，而形成難以收拾的殘局。約會的功能如下所述。

一、社會化的功能

透過約會的進行，可使青年男女雙方，對自己與對方扮演更為得體的角色，增進社會化的功能，可增加自我概念與社會化活動，舉手投足較能符合社會的需求。

二、休閒的功能

約會提供男女雙方心靈、精神，甚至於生理上的滿足，約會後往往會使年輕人感覺身心舒暢、心靈滿足、生活有活力，因而約會對青年男女甚為重要。

三、擇偶的功能

透過約會認識異性朋友，進而產生戀情發展，甚至發展為更深一層的認識，由相知、相愛、相戀到相惜，而成為結婚的對象。

四、提升社會地位的功能

透過約會可顯示其已成年，而有成年人的生活方式，更可向親友顯示其在團體中、親友中，應受更為尊重的地位。

五、增進對異性的認識

約會可增加與異性交往互動的機會，進而更能認識與異性的相處方法，滿足青年男女對異性的好奇心理。藉著約會與異性朋友互動，慢慢增進與異性的相處和瞭解。

六、促進個人成長與成熟

男女雙方為使約會成功，增加彼此良好印象，在約會時均會展現出其最美好的一面，來吸引對方，盼望留下良好的印象。為發展出一種良好的社會形象，無形中使個人在談吐、打扮、衣著、外貌、處理事情方面，要求更為成長，並使個人更為成熟與美好。

七、穩定情緒的功能

約會可滿足男女雙方對異性朋友的好奇，並可使青年男女獲得生理上荷爾蒙的調適與心靈的慰藉，促使其情緒的穩定與人格的健全發展，具有穩定情緒的功能。

第八節　約會的要領與成功的約會

　　依據內政部戶政司 2011 年的統計，台灣的剩男、剩女自 25 至 49 歲共有 3,338,103 人（如表 1-1 所示），其中不乏條件非常好、人品很優秀，但始終無法擄獲對方芳心的人，或錯失種種擇偶良機，以及屢次失敗的約會經驗，而失去信心終至關閉自己，苦守寒舍形成的宅男宅女；只能感嘆歲月不饒人，好男好女何處去尋找，日子一天一天的過去，又看到一對一對甜蜜的情侶，心中很不甘願，但又奈何？這或許是他（她）們對約會的要領認識不足所致。其實成功的約會可為感情加分，失敗的約會會對感情減分，甚至讓人記憶那慘痛的失敗經驗，而失去信心。成功約會的要領如下所述。

一、邀約

　　青年男女在開口邀約時，因擔心對方回絕的恐懼與不安，以及深怕失去顏面，往往阻礙了開口的勇氣，因而錯失了很多良機；其實機會是人製造出來的，機會永遠是給有恆心、有勇氣、有誠心的人，偶爾的失敗又何妨，要記得「失敗為成功之母」，有心儀的對象時，絕不輕言放棄。

二、事前慎密計畫，事後檢討改進

　　青年男女剛認識的前幾次約會特別重要，尤其是第一次見面更為重要。事前要有周詳的計畫及預備（案）方案，免得窘態百出、一發難收，事前對約會的動機、時間、地點、活動節目、穿著服裝打扮、交通、談話主題、用餐方式等，均應以對方為優先考量，博取良人芳心，尤其要

有備案措施，避免因臨時事故發生，或天候影響，而未能如願，事後更應虛心檢討。

三、約會的活動安排

約會的活動進行會影響兩個人的心情，更可能為感情加減分，因而約會活動的項目應事先瞭解，打聽清楚對方的興趣與喜好，避免約會時嚇得花容失色或滿肚子的怨氣，為彼此的印象減分；若能氣氛良好又能盡興，雙方感覺不錯，彼此才能再有下一次，這種活動才是成功的。

四、只在乎外表，其實善心更重要

青年男女約會時，容易被對方的外表所吸引；具備外表吸引力的人，在約會過程中居於優勢，但容易讓對方因外表而沉迷。其實擇偶在意的是一個人是否有更多的優勢，如專長、修養、內在美、美德、脾氣、情緒，或其他特殊的專業知能及通情達理的特質，而更重要的是，要有一顆善良的心。

五、約會強暴（dating rape）

青年男女血氣方剛，尤其是異性的吸引力與好奇心。社會對性的過度開放，時下很多青年男女，秉持享樂主義不負責任，並喊出：「只要我喜歡有什麼不可以」、「只要曾經擁有，不必天長地久」；因而使道德價值觀扭曲，女性也常常成為約會強暴的受害者。因此青年男女朋友在約會前，要先對對方的身分、意圖、動機、約會的用意、約會的環境等，進行瞭解並知會家人，更要有心理上的防備，以免二者均受害。

六、約會的內規與禁忌

成功的約會能為感情增溫，因而事先宜對約會的內規與禁忌深入瞭解，說明如下。

（一）約會的內規

服裝儀容宜清爽高雅，符合身分有自信，準時赴約且具親和力。男生的禮數、服務要周到，讓女生感受到尊重；第一次的費用應由男方負責，以後可平均分攤；前幾次的約會儘量以團體性或在公開場合，避免約會強暴；約會情形宜向長輩、可靠師長報告，談話主題宜以雙方興趣與時勢性為主，態度自然而有幽默感，保持謙讓、和順、誠懇、愉快的心情。

（二）約會的禁忌

無故遲到、優越感、服裝隨便、禮數不周、活動恐怖、興趣不合、太過自負、談吐高傲、缺乏謙讓、存心不良、動機扭曲、約會強暴，夜色太深、時地不宜、高談闊論。

擇偶是人生的一件大事，約會是結交異性友人、認識異性朋友、選擇人生伴侶的良好管道，青年男女宜應用擇偶理論，選擇本身最好的條件與擇偶時機，利用約會的要領與內規，開發約會的機會，設計成功的約會，讓青年男女在約會中深入瞭解對方，並為感情增溫，順利找到人生的真命天子。願天下有情人均成眷屬，剩男剩女問題能減至最低，增加國人的結婚率，在擇偶的旅途中發覺生命的活力。

擇偶格言集

婚前尋尋覓覓，理性抉擇選我所愛。

婚後甜甜蜜蜜，堅守承諾愛我所選。

約會是雙方認識互動的橋梁，

成功的約會讓男女感情增溫，

失敗的約會讓男女感情降溫。

問題與討論

1. 你的擇偶條件與限制如何？請分別說明之。

2. 在擇偶的理論中，你會選擇用同質論、條件交換論或感受論中的哪一種？理由何在？

3. 何謂門當戶對？你的看法如何？

4. 在擇偶的重點中，重要考驗、真誠相愛，其用意何在？

5. 在擇偶的多種方式中，你較喜歡哪幾種？理由何在？

6. 約會有哪些功能？

7. 約會有哪些要領與禁忌？

8. 約會有哪些內規？為何會有內規？

9. 請設計一種虛擬約會的方案。

10. 成功的約會具備哪些特性？

Chapter 2

感情發展與情感挫折

翁桓盛

　　青年男女感情的發展大約有一定的時程與階段，若能彼此循序漸進，兩人能深入瞭解真誠相愛，有共同的理念、價值觀、人生規劃與彈性性格，則將來婚姻成功的機率比較高；但若一見鍾情、操之過急，沒有遵守感情發展的順序，彼此認識未清，被愛沖昏頭而閃電式的結婚，或很快的發生超友誼的性關係，則將來婚姻失敗、情感挫折的機會很大，甚至容易造成全盤皆輸的怨偶，而形成難以收拾的殘局。

第一節　兩性的生理、心理發展與特徵

一、兩性的生理特徵與發展

　　男女兩性的性別（sex）是指生物確認的性徵區別（the differentia of biological gender），可分為男生和女生，而此性別區分，源自父親的精子含有 X 染色體和 Y 染色體。當父親精子的 X 性染色體，和母親卵子的性染色體結合，便生出女嬰，而當父親精子的 Y 性染色體，和母親卵子的性染色體結合，就會生出男嬰；男嬰出現的第一性徵是陰囊、睪丸和

陰莖，女嬰的第一性徵則為陰道、子宮和卵巢，男生和女生的第一性徵與生俱來，但第一性徵的發育生長速度，比身體的其他系統緩慢，在 10 歲以前，生殖系統幾乎沒有什麼成長與發育，女生直到 10 歲左右，第一性徵逐漸發育成長，分泌女性荷爾蒙（estrogen）和黃體激素（progesterone），而引發第二性徵明顯變化，女性開始乳房隆起、臀部變大、聲音尖銳、陰部長毛，而開始有月經的現象，即將邁入青少年期，身高忽然拉長，像個小大人一般。

男性在 12 歲以前的第一性徵幾乎沒有什麼大的變化，直到 12 至 13 歲左右，男性的生殖系統有明顯發育長大，引發分泌雄性素（androgen）和睪固酮素（testosterone），而使男生開始長陰毛、胸毛、骨架變粗、聲音低沉、夜間陰莖勃起，而有夢遺的現象；在身高方面則生長快速，快接近成人，不論男性或女性，其身體各系統發育成熟的速率不一，其中神經系統方面（含腦部、脊髓和神經）發育快速，就腦部的發育而言，約在 6 歲就已經達到成人值的 90%；其它如消化系統、循環系統、呼吸系統、內分泌系統、骨骼肌肉運動系統等，要到 20 歲左右才發育完成，各系統中又以生殖系統的發育成長速度最慢（如圖 2-1 所示）。

二、兩性的心理特徵與發展

兩性由於第一性徵的差異，慢慢的引發男性和女性在第二性徵方面有明顯的不同。男性由於雄性素的作用，肌肉變為發達粗獷、骨架變大、皮膚粗糙、心血管動力強而體能好，擁有男性魅力，女性則變為骨架細緻、皮膚亮麗而有光澤滑潤、肌肉纖細、體能較男性差，而有女性的溫柔婉約魅力。社會化後生活互動中，慢慢引發男性和女性對於性別角色的認同，慢慢的在思考、推理、認知、情感、藝文、思想方面的表現，有更明顯的差異。

男性較具獨立性與攻擊性，較適合視覺、空間方面的工作，數理能力強。在行為上，男性常表現生氣，而有敵意的情緒，較具叛逆性，而

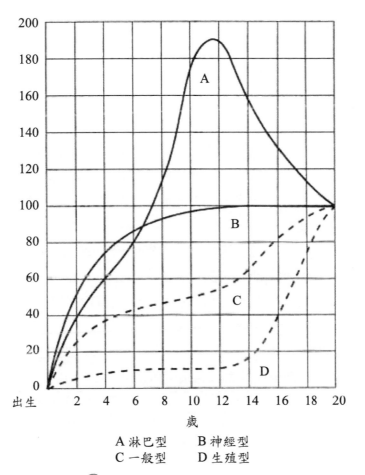

A 淋巴型　　B 神經型
C 一般型　　D 生殖型

圖 2-1　出生至 20 歲的發展曲線

資料來源：邱書璇、林秀慧、謝依蓉、林敏宜、車薇（2010：168）

不依規則行事，因而男性的創意性、啟發性、研發能力，較女性強而有競爭性。

　　女性因第二性徵明顯變化，而衍生出愛美、愛漂亮、喜歡打扮、對藝文有興趣，較為感性而有同情心、愛心和慈悲心，對於兒女和家庭較為重視，事業心就沒有男性那麼強，談吐也較溫文儒雅，表現出較有依賴的心理傾向，在公司或機關團體中服從性較好，且思想細緻有責任心。

兩性在社會化的過程中，也漸漸趨向兩極化，男性表現出有擔當、有氣魄，肯衝刺、肯冒險、事業心強，女性則愛漂亮、喜歡打扮、較注重身材與美貌，顯示出女性柔弱、聰明伶俐的特質。

葉肅科（2000）指出，性別角色（gender role）是社會對某特定的人，依性別所期待的分工、權利、義務及行為模式，換句話說，性別角色是與性別有關的行為期待，男生或女生透過自我行為表現，顯示其所屬性別的行為型態或活動模式，因而男性表現出來的行為，大多與社會對男性的社會期待一致，或儘量吻合，而女性角色的表現，也大致符合社會對女性角色的期待。

李美枝（1994）曾針對台灣地區的大學生給予問卷調查，認為適合女性的人格特質有：富同情心、討人喜歡、溫暖的、斯文的，以及遵守傳統的等；男性的人格特質有：富領導力、願意冒險、擅長分析、積極進取，以及有主見的等（如表 2-1 所示）。

表2-1　台灣地區的大學生認為適合於男性和女性的性格特質

男性項目		女性項目	
粗獷的	膽大的	溫暖的	慈善的
剛強的	好鬥的	整潔的	甜蜜的
個人主義的	豪放的	敏感的	溫柔的
偏激的	穩健的	順從的	被動的
靠自己的	自立更生的	純潔的	端莊的
隨便的	善謀的	心細的	文雅的
冒險的	有雄心的	伶俐的	依賴的
冒失的	幹練的	動人的	純情的
獨立的	頑固的	富同情心的	輕聲細語的
武斷的	嚴肅的	保守的	拘謹的
浮躁的	主動的	膽小的	天真的
有主見的	行動像領袖的	討人喜歡的	矜持的
深沉的	粗魯的	文靜的	愛小孩的
自誇的	有領導才能的	親切的	害羞的
競爭的	好支配的	愛美的	善感的

資料來源：李美枝（1994：275）

第二節 婚姻市場與婚姻制度

一、婚姻市場

　　婚姻市場（marriage market）是指，青年男女在挑選配偶或伴侶時，如同市場上的商品買賣一般，擇偶的青年男女會以自身所擁有的資源或籌碼，例如：教育程度、家世背景、社會地位、金錢財物、身材外貌、職業別、年齡差距和個人性格等，來做深入的考慮，衡量自己擁有的資源，來換取或追求適配的對象。在婚姻市場中的特點如下：(1)自主性：以自由戀愛、自由意志來選取適合的對象；(2)理智的：在婚姻市場中各人擁有的優缺點、資源，以理性的態度來考慮對方的條件，是否與自己相稱；(3)誠實交易：在婚姻市場的擇偶過程中，男女雙方需坦誠面對、誠實以待，避免婚後受騙或以不當手段矇騙對方；(4)對等的：在婚姻市場中，青年男女找尋或追求的對象，一般均與自己的條件相當或對等，儘量求得門當戶對。

　　但也有學者認為，婚姻關係並非全然是商品的交易，其中含有很多的感情與愛情，是非商品價值所能比擬。

二、婚姻市場規範

　　在婚姻市場的互動中，雖然是自由的、民主的、開放的、自主性的，也就是說，青年男女只要男歡女愛、郎有情女有意，即可成為婚配的對象，但在理智、慎重、和諧的情況下，也應考慮文化風俗、家族慣例或禁忌，這些規範多少會有相當程度的約束力，例如：我國《民法》第983條、984條規定，下列人員不得結婚：

1. 直系血親及直系姻親。（第 983 條）

2. 旁系血親在六親等以內者。但因收養而成立之四親等及六親等旁系血親，輩分相同者，不在此限。（第 983 條）

3. 旁系姻親在五親等以內，輩分不相同者。前項直系姻親結婚之限制，於姻親關係消滅後，亦適用之。第一項直系血親及直系姻親結婚之限制，於因收養而成立之直系親屬間，在收養關係終止後，亦適用之。（第 983 條）

4. 監護人與受監護人，於監護關係存續中，不得結婚。但經受監護人父母之同意者，不在此限。（第 984 條）

另外，如某一姓氏均不能和某一姓氏聯婚，某些姓氏彼此間不能通婚，或某家族不能和洋人結婚，在台灣天主教徒和基督教徒間不鼓勵彼此通婚；表兄妹或血緣太近也禁止結婚。這些婚姻市場的規範，往往代代相傳，因而子子孫孫在擇偶的過程中，也均列入審慎考慮的重點項目。

三、婚姻斜坡（marriage gradient）

青年男女在婚姻市場的交易過程中，男女條件買賣雙方並非永遠能夠相對等或相對稱，在世界性的婚姻市場中，男女雙方在擇偶時有一特殊的現象，例如：男方在選擇對象時，會考慮女方的年齡、身高、職業、社會地位、財富……等，與自己相當或條件差一點，才會考慮與她婚配，此即形成一特殊現象，稱為婚姻斜坡（如圖 2-2 所示）。

即使介紹人在介紹雙方認識前，也會考慮男性的條件，要比女性好或相當，久而久之即形成一種自然的社會文化。但也有相差太多或不對稱的現象，若女生所嫁的對象，較自己有更高的社經地位或財富，此稱為上嫁婚（hypergamy），反之則稱為下嫁婚（hypogamy），但為數很少。在台灣社會有此婚姻斜坡的現象，也產生很多上流社會的女性條件相當好、身材美、學歷高、能力強、職位高、收入豐的女性，而不易找到婚配的對象。

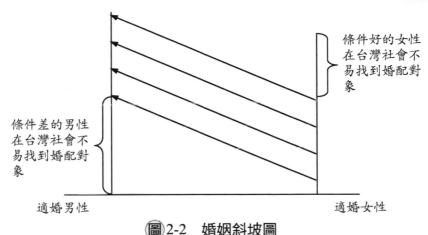

條件好的女性
在台灣社會不
易找到婚配對
象

條件差的男性
在台灣社會不
易找到婚配對
象

適婚男性　　　　　　　　　　　　　適婚女性

圖2-2　婚姻斜坡圖

資料來源：翁桓盛（2006）

第三節　兩性感情的發展

　　人是感情的高級動物，只要是動物就會受到生理和心理因素的影響。當人類的生理發展到達青少年期，其內分泌腺和生殖系統，就會自然的分泌出各種動情激素和性愛荷爾蒙，尤其人類有高級的智慧，就會去幻想性愛的對象及羅曼蒂克的情境，很自然的產生對性的幻想、慾望與需求。

　　年輕男女常說：「有緣千里來相會，無緣相逢不相識」，既要有逢才有緣才能相識，進而更進一步的交往互動，此就是所謂的「緣分」（feeling of affinity）；而緣分的來臨，更需男女約會的進行，在相知相惜中使感情慢慢增溫、穩定發展，進而走上結婚的禮堂，而在男女兩性感情的發展中，有其一定的過程與順序，若是不按此順序增溫進行，這種感情可能較為脆弱，將來婚姻成功的機會較低，隨時會有分手的可能。

　　男女感情的發展順序如下所述。

一、同質性階段（homogeneity phase）

當青年男女看到對方時，彼此看得順眼，相看兩不厭，進而產生好感，而有來電的感覺，彼此發自心底會覺得賞心悅目、很舒服，一般青年男女所看到的、所喜歡的，大概均會與自己的體態、外貌、理念、學經歷條件較為類似，因而有人稱為「夫妻臉」。

二、和諧階段（harmony phase）

青年男女在一起時，會覺得我倆在一起很好，男女相處態度自然，彼此互動性佳，談的主題、興趣、價值觀吻合，進而感情發展有談得來而情投意合的感覺，幾乎有聊不完的話題，而很珍惜對方。青年男女在一起，會感覺快樂、和善、舒服，而有願意在一起的感覺，兩人均很在意這份情，而想要把握這段感情的發展。

三、承諾階段（promise-giving phase）

青年男女情投意合，感情深化後，彼此想擁有對方，因而會問：「我是你心中的第一人嗎？」在此階段不論男女，雙方均有自私感，會產生想把對方占為己有的想法，因而想盡辦法期望對方承諾我是你心目中的第一人。經過兩人互許承諾後，感情才能穩定發展，但若是過於強求，有時還有分手的可能。

四、日漸密切階段（gradual intimacy phase）

愛戀情侶經過相許與承諾，男女彼此忠誠、熱情、樂意為對方服務，來穩固雙方感情，此時感情的發展趨向日漸密切階段，幾乎天天會互相關心聯絡，心靈緊密契合，有時兩人可能同時穿上情侶裝，顯示甜蜜的

感覺，好像對外宣示二人公開的戀情。

五、成熟階段（maturity phase）

青年男女經過愛情長跑，彼此深入瞭解後，互信互守，但仍有觀念、價值觀、角色磨合、個性調適、人格互信的問題，若彼此差異太大無法相容，仍有分手的可能。男女感情經過密切階段，此時若男女雙方的人生觀念、價值觀、生涯發展彼此認同，就可能再進一步發展為感情成熟穩固階段，青年男女在此時已達理智成熟、互信互守、彼此相愛、相知相惜、願意同甘共苦，而互訂終身的求婚階段。

第四節 愛情的理論與類型

一、愛情的類型（types of love）

青年男女由於正值青春期，性愛荷爾蒙、愛情激素分泌旺盛，因求學、工作關係、生活領域擴張，青年男女互動的機會增加，對性愛的幻想、感情愛情的追求，也因個人生長的家庭文化、教育程度、同儕團體、生活態度、人生觀的不同，對愛情的期待形式與類型當然彼此不一，因而愛情的類型不同。簡春安（1996）將愛情的類型分為性愛、浪漫愛、伴侶愛、友誼愛、至愛、現實愛、遊戲愛、占有愛；Goodman（1993）則將愛情種類分為慾愛、伴侶愛、奉獻愛、理性愛、歡愛與狂愛。筆者認為愛情的種類如下所述。

（一）性愛型（epithumia）或肉慾愛（lust）

此種兩性的愛慾，以滿足肉體慾望的需求，類似動物本能的需求理論；肉慾在於滿足個人，是一種好色慾望，只要兩性性器官的接觸，就會感到舒服滿足，因而有強姦事件或性侵害事件的發生。

（二）伴侶愛（storage）

此種愛情，雙方均能享受相互關懷與對方的陪伴，男女兩人從事共同的興趣與活動，是愛戀與情誼的相互連結，如自行車的隊友情侶或飛行傘的傘友愛好者。

（三）奉獻愛（agape）

此種不求回報的愛情，願意自我犧牲、無私無我，樂意為對方不斷的付出，雙方深深的相互關懷，而很低調行事的表達愛情。

（四）理性愛（pragma）

這種愛情又稱為現實的愛，雙方以理性互動，在愛情追求的過程中，講求雙方的背景、社經地位、價值觀，現實條件要相匹配，是理性中有現實面，在現實生活中又很理智的進行愛的追求，而非盲目。

（五）占有愛（mania）

這種愛情又稱為狂愛，以完全占有對方，對對方的意念要完全占有，不容許對方有任何愛情或感情的分心與走私，這種愛慾的方式懷疑心很重，很怕失去對方，並要求對方要完全的保證。

（六）遊戲愛（ludus）

　　這種愛情的力量相當薄弱，只是遊戲、放蕩、性放縱的享受男歡女愛的性解放，是不負責任、沒有誠意的愛情遊戲，如夜店或酒店的夜生活愛情遊戲。

二、愛情的理論（the theory of love）

　　愛情始於青年男女的羅曼蒂克氣氛（feeling）之感受，而產生內心的情竇解放，產生情人對情愛的幻想與意念，因而很多民謠或老歌的作詞作曲家，均在充滿性愛與心靈感受的意境中，歌頌愛情的幻想詩篇，於現實生活中享受愛情的喜悅，而衍生出愛情的不同論調，說明如下。

（一）愛情彩色論（colorfulness of love）

　　有愛情的人生是彩色的，沒有愛情的人生是黑白的，因不同的愛情類型，賦予不同的愛意意涵與目的，因而各種不同的愛情型式，其出發點與對方內心的感受也不同，如遊戲愛的人，會把愛情當成遊戲而玩世不恭；性愛型的人會把愛情當成是肉體的享受與發洩；理性愛的人會把愛情與現實生活產生連結，是較為理性與考慮現實生活面的人，因而採愛情彩色論的人，會把各種不同的愛情，均賦予不同的動機與意涵。

（二）愛情進化論（the evolution of love）

　　青年男女感情的發展有其一定的程序，愛情的激發也要有足夠的動力，持愛情進化論的人認為，青年男女愛情的發展有三個過程，不可能初次見面就要求對方承諾，而是要先有情慾的激情愛意，再有兩人間私下的親密情意表達，來解開男女的情竇，彼此深愛對方，才可能進一步的期許與承諾，因而愛情的激發到親密，最後才有承許，是愛情進化的三部曲。

（三）愛情交換論（the conditions of love）

愛情交換論的人認為，男女的愛情本來就是男女條件、樂意相互為對方服務的交換，在愛情的因素中，先有男女兩人條件的相對稱，而且彼此互相欣賞對方，才有愛苗的萌芽滋長，與相互為對方服務，感動對方產生愛情，彼此把愛情比擬成條件或商品的交換。

（四）愛情車輪論（the wheel theory of love）

Reiss（1986）把青年男女愛情的發展，比喻成車輪的旋轉，其過程分為四個不同的階段，可順時針方向的墜入情網，與逆時鐘方向的失戀分手。順時鐘轉動的車輪，比喻為青年男女彼此雙雙墜入情網而條件差不多、觀念相近，身心舒暢而和諧，彼此慢慢自我披露生活的事物，共同分享愛意的表達、告白與承諾，而兩人生活漸漸的有形與無形的相互依賴，更進一步才有兩人的親密行為，來滿足雙方的需求，而當兩人發覺彼此無法相容時，則車輪就以逆時鐘方向旋轉，如圖 2-3 所示。

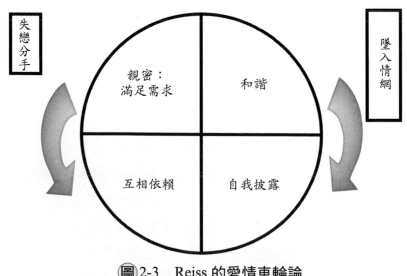

圖 2-3　Reiss 的愛情車輪論

資料來源：江亮演（2008）

第五節　門當戶對與婚配

　　當一對夫妻吵架，或兩人要辦理離婚時，他們常說的兩句話是：「門不當戶不對」、「個性不合」。那麼到底門當戶對是什麼意涵？它在夫妻的婚姻中有多重要呢？

一、同質婚與異質婚

　　在民主開放的社會中，青年男女擇偶的自主性強、空間大、很自由，因而稱為自由戀愛。在自由戀愛的過程中，個人擇偶的論點也不盡相同，有的人喜歡選擇與自己同質性高，如身高、體型、學歷、家世、個性、興趣、宗教、人生規劃相等的人，為伴侶或婚配的對象，此稱為同質婚（homogamy）；但也有的人喜歡選擇與自己相異特質的人，如內外向、宗教不同、老少配、明顯差異互補者為婚配對象，此稱為異質婚（hetero-gamy），前者是相稱婚姻，又叫門當戶對，後者居於男女性愛相互吸引的作用，認為異質婚有補償作用（the function of compensation），能滿足個人特殊的需求，而選擇與自己特質不同或性格互補者，如大男人主義者喜歡找柔順、乖巧的女生為對象。

二、門當戶對的婚姻

　　門當戶對（the match of family background）意指，青年男女在擇偶結婚時，其婚配對象同質性高，男女雙方所具備的條件均非常相稱，即使無法完全相同，但整體條件也差不多，不管雙方家長的社經地位、教育程度、價值理念或職業類別，均相類似，即使要結婚的青年男女，兩人的教育程度、職業、社經地位、價值理念、生涯規劃、身材外貌、個

性、性向、興趣、嗜好等，也均非常相近。

　　擇偶選擇以門當戶對為訴求者，他（她）們認為兩人的條件、個性、價值觀、理念、生活態度、生涯規劃同質性高，將來容易溝通、容易相處，夫妻兩人在有形的行為模式上，較容易有共同的看法，彼此容易接受，而無形的心理思想、意念，容易產生一致的看法與心靈的共鳴，兩人易於相互欣賞、互相愛對方；因而婚姻專家們一致肯定，同質婚的婚姻穩定性高，離婚率也較低，相反的，異質婚的婚姻穩定性低，將來夫妻吵架機會多，婚姻的穩定度低，且夫妻的異質性差異較大，婚姻衝突的可能性也較大。江亮演（2008）列出男女理想擇偶的十大條件，如表2-2所示。

表2-2　男女擇偶的十大條件

男性擇偶的十大條件	女性擇偶的十大條件
1.家庭為重、孝順、愛護家人	1.顧家有責任感
2.心地善良	2.身體健康
3.道德高尚	3.認真上進
4.身體健康	4.樂觀善良
5.外表漂亮	5.誠實可靠
6.專情	6.有抱負、有學識
7.溫柔體貼	7.家境好
8.認真有責任感	8.專業技能
9.樂觀有禮	9.無不良嗜好
10.善解人意、無不良嗜好	10.溫柔體貼

資料來源：江亮演（2008）

第六節　情感挫折與分合

一、社會對擇偶與劈腿的誤解

　　青年男女對於擇偶的目的與用意認識不清、本意誤解，他（她）們往往認為認識一位異性朋友，或約會見面二、三次，就把對方當成是自己親密的男女愛人，因為正值青春期，性愛荷爾蒙、動情激素的作用，很容易在不知不覺中投入感情，甚至發生超友誼關係。

　　擇偶是不分國籍、不分地域、不分種族、不分時地，在茫茫的人海中，經由互動交往、理智分析、正確的判斷，選擇最適合自己，自己最喜歡的異性朋友，或成為一生最佳的伴侶。擇偶的過程要比買皮鞋、衣物、名牌包、名車、名錶等物品，還要更慎重、更挑剔，因為人生的伴侶是要用感情、互愛走過一生，而非如名牌包用完或不喜歡可丟棄甚至轉售，更談不上每天的朝夕相處，或生命的契合、榮辱與共；因而擇偶絕不可輕忽、草率或馬虎，它應該是很用心、理智、客觀的去精挑細選。在結婚前任何人均可做最好、最有利、最滿意的選擇，那不是「劈腿」（cheating on love），而是人生中很重要的抉擇、最重要的關鍵點，任何人在結婚前均有權力改變，因為好的伴侶是您一生精神的支柱、事業的助力、家庭的安定力量，而社會上多數的人，卻對擇偶產生誤解，而以「劈腿」來謾罵她（他）人，那是不對的。

案例探討與價值澄清

主題：剛離婚就有男友，莽夫砍死情敵！

案例：本案例於 2010 年 3 月 8 日發生於新北市。一對剛離婚才二個月的怨偶，男主角施○○，41 歲，前妻莊××，31 歲，結婚十一年育有二子。施男因剛離婚找不到住所，離婚後仍與妻小同住三重市。搬到友人家一星期後，施男得知前妻與一名小她四歲的林＃＃交往，疑前妻在離婚前就出軌，心中更加怨懟。後來林＃＃傳簡訊告知施男：「是你要放過她吧！老是在那邊嗆，要拚我不會輸你，我準備好在等。」某天施男回前妻住處，發現小男友竟睡在他的床位，憤怒情緒瞬間爆發，涉嫌持刀將情敵砍成重傷而死，莽夫說：「讓我戴綠帽，他還敢睡我的床位。」施男一時無法控制情緒，也猛砍前妻，造成前妻嚴重傷害，可說家破人亡。

價值澄清：

1. 該事件的導火線是因何而起？

2. 感情的經營、婚姻的經營關係人的一生，為何一般人平時都不重視？

3. 這對離婚夫妻，婚前有婚姻契約嗎？婚姻契約可有違約條款，是否該先行寫入，避免感情糾紛？

4. 家庭經營須夫妻共同努力，這對夫妻犯了什麼錯呢？

5. 該案件前夫殺人要坐牢，前妻重傷毀前程，前妻男友傷重死亡，請問對社會造成多大的傷害？

二、情感的挫折是常態，也該慶幸

今日人們互動機會多，交通方便、資訊發達，要認識一位異性朋友很容易，只要有恆心、誠心、耐心並不難。但「相識容易，分手難」，因為要分手的時候，男女雙方早已投入感情，並把對方當成親密的男女朋友，甚至發生不正常的性關係。因為感情施放已有一段時間，彼此都有想占有對方的念頭，感情施放容易，但夢醒時要忘掉或淡化是很難的。因而教育年輕人想要擇偶、想要相戀，就要有分手的準備，那是彼此的認識、適應、評析與選擇，男女的約會、互動是互相認識、彼此深入瞭解的管道，即使發現二人不合，理念不一致、價值觀偏差、個性不合，那是擇偶過程中的常態現象，而非情感的挫折（frustration in love），因而青年男女的分合是正常的現象，而非誰虧欠誰，或誰對誰負心，就如同買衣買鞋的選擇與退貨。好來好去，不可造成雙輸。

男女相處、兒女私情會沖昏了頭，易有暈眩感、失去理智、判斷，到頭來有一天發現，不分手是人生的一大威脅遺憾時，對方就因愛得愈深傷害也愈大，甚至玉石俱焚。因而在開始認識時，彼此要互相提醒「有認識的一天，可能就會有分手的時候，大家要有此心理準備」，彼此要好聚好散，看得開、看得遠，才不致於因一時的性愛衝動，而造成終生的遺憾。其實青年男女的一方會覺得該分手，那是一件好事，彼此都該慶幸，畢竟大家早日瞭解，對兩人日後的生活都好；因為既然「今天都不喜歡你，何必寄望於明天，更不會愛你於未來」，「既然想要分手，今天都合不來，怎麼會有快樂的明天」，早日清醒，到頭來海闊天空，自由自在任遨遊，充實自己，擁有更好的條件與實力，天涯何處無芳草，何需單戀那朵花（那根草）。

第七節 分手的藝術與過程

一、慘痛的分手、全盤皆輸

（一）案例一

2006 年 4 月 14 日，發生在台北市驚天動地的明星高中生情殺事件，二位當事人均是台北市一流高中的學生。男生在書包預藏汽油、菜刀、水果刀、電線、鐵鎚相約在某公園，因女友要求分手而談判破裂，女生遭勒頸、鐵鎚敲擊頭部，再被猛砍五刀後不支倒地，男生則逃往基隆十八王公廟自悔，而後在母親勸說下出面自首，最終被關進看守所。如此的男女分手造成全盤皆輸，而因情傷造成無法彌補的情景時有所聞，震驚了整個社會；為什麼連一流高中的學生，都無法處理感情事？此說明了智力、智力商數（IQ）並不等於感情的商數（LQ）。

整個事件造成男女兩位優秀的高中生身心重創，斷送美好的大好前程，兩家家族的心痛、朋友的難過、教育工作者的感嘆、整個社會的驚嘆，世界上沒有一個人因此而受益，造成全盤皆輸；這就是不知分手的技術，由愛生恨的代價。

檢討其原因：(1)男女生偏離高中時期階段性任務；(2)高中男女年紀太輕，心智、理性、情緒未成熟，缺乏追求異性能力；(3)男女交往前未充分瞭解對方背景、人格特質、個性，感情發展沒有循序漸進，雙方沒有分手的心理準備；(4)青年男女感情發展要與師長、父母討論，或請教專家；(5)不與易怒、酗酒、吸毒、兩性關係複雜的人交往；(6)避免與異性朋友有太親密行為，或太早發生性行為；(7)分手前後應審慎處理感情問題，避免激怒對方，必要時請求父母或專家協助；(8)分手後避免藕斷

絲連，務必將前一段感情處理好，再考慮接受新的戀情，以免選擇了新的對象，而引起對方情傷激怒、造成遺憾。

（二）案例二

2011 年 9 月 21 日，發生於台中市政府辦公大樓，震驚全國駭人聽聞的姊弟戀情殺事件。男主角 29 歲，有妨害性自主等前科，女主角 38 歲，是台中市政府秘書處職員。因女主角有意疏遠男友，引起男友追到市政府電梯內，談判分手事宜。男女二人在電梯內激烈爭吵，男友拿著預藏的美工刀，朝女友臉部攻擊，因其心想既然得不到，就毀掉她的打算。攻擊的重要部位均集中在女人最在意的臉部與外表儀容，臉部被美工刀重重的劃了五刀，連鼻子也被削掉一塊肉，緊急被送往臨近醫院縫了一百多針，男友則於當日深夜落網。

這件憾事，當天透過電視新聞播出震驚全國，台中市長胡志強立即發表聲明，嚴厲譴責暴力，指示警方全力緝兇，市府員工出入口也緊急嚴格控管，並加強巡邏警戒。

整個事件傷害了一名優秀的市政府職員，其美麗清秀的儀容永遠無法回復，內心的傷痛一生亦無法彌補，而其日後的心理重建非常艱難，往後的婚姻、一輩子的幸福、美好前程，也都泡湯了。台中市政府的同仁個個心痛而不捨，女主角的家人、同學、朋友沒有人不為此事感到痛楚萬分；而男主角更需要面對法律的制裁，進入牢籠吃牢飯，日後的前程一片漆黑。

檢討原因：(1)男女對擇偶的意義、目的認知不清；(2)女主角不知擇偶的要領，沒有認清對方暴力的個性與前科；(3)沒有依感情的發展順序，兩人為愛陷入太深、傷害愈大；(4)青年男女感情的進行，要與長輩討論或請教專家；(5)避免與異性友人有太親密之行為，或太早發生性關係；(6)男女不知分手的藝術與方法；(7)不可在空間非常狹小或隱密的地方談判；(8)談判要有更多親友、長輩在一起。

前述二個真實的案例，四位男女主角大好前程已毀，往後美好幸福日子已逝，家人、友人、同學、同事感覺遺憾難過，並引起社會震驚，造成全盤皆輸。

綜上而論，男女交往務必審慎、理智、循序漸進，並向父母或專家商討，避免一見鍾情或乾柴烈火式的愛情，尤其分手才是最難處理的課題，對方已經情傷，千萬不可激怒，更不傷害對方自尊，否則後果難以收拾，會後悔一生。必要時應請師長、父母或專家協助，在和平、理性、能接受的氣氛下分手。

二、情侶分手的原因

古人說：「只羨鴛鴦，不羨仙」，可知情侶時的濃情蜜意，令人神魂顛倒，愛的愈深，分手的痛苦就愈大，分手後男女內心深處的悽愴與惆悵，總教人刻骨錐心、永生難忘。

然而，令人羨慕的男女會分手，一定有其原因與苦處，但每對分手的情侶其分手的原因也不盡相同。1990 年，國內「張老師」以 1,500 份問卷調查發現，造成分手的主要原因是個性不合、價值觀差異太大、無法溝通等，如表 2-3 所示。

在美國，Hill（1989）的研究指出，美國大學生情侶分手的主要原因是兩地相隔、接觸少、愛情冷卻、興趣與個性不合，其次是情侶間的年齡、智慧、生涯規劃明顯差異太大，若只是靠著異性的生理吸引力維持，即容易分手；因而國內外情侶分手的原因，大致大同小異，以個性不合、興趣不同、雙方價值觀、條件差異太大等因素。

表2-3　「張老師」的分手排行調查

名次	原因	男女平均百分比	男生百分比	女生百分比
1	個性、價值觀念有重大差異，無法溝通	22.0	19.5	24.4
2	對方的條件不符合自己的期待	12.6	1.8	13.8
3	第三者介入	11.3	12.6	10.0
4	時間、空間的距離（如：出國、當兵）	10.8	9.5	12.1
5	父母或家人親友反對	9.5	8.7	10.2
6	莫名其妙，不知所以	7.6	8.4	6.8
7	誤會	5.6	6.8	4.4
8	覺得自己付出太多，對方付出不夠	5.6	3.9	7.2
9	失去了愛的感覺	4.1	4.2	4.0
10	對方過度關懷，使自己有壓迫感	2.6	2.4	2.8
11	發現對方和他人有過親密行為	1.6	1.6	1.6
12	發現對方有不良嗜好或行為	1.1	1.3	0.8

資料來源：彭駕騂（1994）

案例探討與價值澄清

主題：慘痛的情侶分手，全盤皆輸

案例：2012年4月發生於台南市的情傷事件，是一對姊弟戀情。男主角林○○原在快遞公司上班，交過二位女朋友，最後在網路上認識大他六歲的女友侯××，而侯女八年前離婚育有一女，在堂姊的結婚設計公司上班。每次缺錢時，林○○都主動用信用卡借錢給侯女花用，兩人先前吵過一次架後，林○○曾服安眠

藥自殺獲救,不料一個多月前林〇〇突然失業,侯女開始對他冷漠,還跟他說:「不要再來找我。」林男不甘人財兩失,欲找侯女談判,不料見面時,侯女開口就說:「你又來幹什麼!」林男一時情緒難以控制,手持蝴蝶刀朝她的脖子、胸部各劃一刀,侯女失血過多,送醫途中死亡。

價值澄清:

1. 請問該起情傷事件,會造成多少相關人士痛心與不捨?
2. 該案例發生最重要的關鍵點在哪裡?情侶分手談判,最該留意的是什麼?
3. 該案例會發生的前因(主因)為何?為何會引起如此殺機?
4. 情侶分手有何策略和方法?
5. 你目前受教育的方式與內容,要解決情侶的分手事件,學校有教嗎?該如何教?
6. 情侶分手的藝術與策略方法,你認為有哪些是必須教導的?

三、情侶分手的藝術

「既然今天都不喜歡你了,何必寄望明天會對你很好,更不用期待未來的婚姻生活會讓你感到溫馨、和諧、幸福、快樂」,「既然想要分手,即表示今天都合不來,又怎麼會有快樂的明天」,因而每當有人提出要分手時,不妨仔細想想,若分手可以海闊天空、逍遙自在的日子,不是更愜意嗎?是該慶幸早日認清伊人呢?免得被擔誤一生;還是苦苦憐憫、求人施捨那非真誠的愛?反之,男女雙方能愉快的分手,享有甜蜜的回憶,成為永遠的朋友,增加人生的閱歷,是成長的良好機會,不是很好嗎?何必毀掉雙方大好前程,兩敗俱傷而全盤皆輸。

在現實的社會生活中,每天幾乎都有無數對的情侶,因感情糾纏不

知如何處理分手事宜，而在談判時刀光劍影、血跡斑斑，弄得你死我活或同歸於盡、家破人亡，如此的畫面常常在電視或平面媒體上出現，可見愛情社會學這門學問是何等重要，但父母不會教、學校沒有教，而讓情傷萬千、失魂落魄、神魂顛倒、怒氣沖沖、沒有經驗的青年男女，冒險的去處理極為複雜的感情問題，弄得你死我活、家破人亡。

四、情侶分手的流程

情侶分手的流程如圖 2-4 所示，說明如下。

驚醒→疏遠計謀→揭露缺點--→冷戰或爭吵→分合決定

圖2-4　男女分手的流程

資料來源：筆者自行整理

1. 驚醒決定分離：單方或雙方發現缺失，原因是性格不合、理念偏差、生涯規劃、父母反對、移情別戀等，而決定要分離。
2. 疏遠計謀：決定分離後，採行疏遠計謀，開始避不見面或推辭，讓對方感受到愛情、感情受到冷落而心慌。
3. 揭露缺點：被冷落的一方會質疑感情的降溫，失去了愛情，面臨失戀分手的痛苦，另一方則批判對方的缺失與不是。
4. 冷戰或爭吵：雙方開始爭吵，互控對方的不是，興師問罪、怒氣難消，做最後的爭扎、爭吵或開始冷戰，沉思消極度過。
5. 分合決定：男女雙方的堅持與妥協，若是對方可以改進的缺點，則採妥協觀察策略，若是對方本性或惡習難改，則決定分手拆夥。

第八節 情侶分手的策略與方法

一、情侶分手的策略（strategies on break-up）

（一）審視優點、精算缺點，最後抉擇

青年男女感情走不下去時，要深入、冷靜、理智檢討分析，審視對方的所有各項優點，也要細想對方的所有缺點，在優點項目中是否真心願為對方付出，有責任感，在缺點項目中是否對方能改過，或自己能夠長久忍受，在最後階段做一總體性的檢討，並參考婚姻專家的意見做抉擇，因為任何人均無法完美無缺、十全十美。

（二）圓融處理，邁向雙贏

要處理分手事宜時，應設定目標策略與原則，以圓融的方法，事緩求圓的態度，報告父母、師長、請教婚姻諮商專家，共謀解決的方法，儘量不要傷害對方太深，否則反彈愈大，容易失去理性益發難收，儘量避免雙輸，而要請求長輩、父母、師長或婚姻專家協助處理，以冷靜、理性的智慧解決分手問題，邁向雙贏的目標。

（三）分手階段的戀情完全解除，才可另行發展新戀情

在一段紛亂難分難解的戀情尚未徹底分手前，切忌發展新的戀情，應沉澱一陣子，冷靜檢討、沉思，需有一段感情空窗期，避免刺激對方，造成二度傷害，引發對方再度的不滿反彈、製造困擾。

（四）請教師長、婚姻專家，避免再度單獨會面，激怒對方

在分手的過程中，要密切的請教師長，或對方最信賴的尊長、親友，請求其協助處理或請教婚姻專家，配合專家的學理與實務經驗，妥善處理，在分手的過程中避免藕斷絲連，或再單獨會面談判分手，切記千萬不可激怒對方，隨時要有保護防身的觀念。

（五）透過親友、師長、專家出面，理性分析分合利弊

師長、親友或專家第三者的出面，透過理性的分析，讓對方較能心平氣和接受，若強迫性的復合，其長遠的發展與未來對感情婚姻不利，婚姻成功機率不高，且婚姻生活不會幸福快樂，兩人均會痛苦一生。在長痛不如短痛的原則下，勸對方快樂分手，反而對雙方有利，並可海闊天空，尋求更適合的對象，或感情的新寄託。

（六）訂婚前避免太親密的關係或性行為

青年男女的愛戀行為，以公開、坦承保護對方為原則，因而情侶的相會，兩人要有默契、有底線。在擇偶的過程中，其目的是相互瞭解、相互適應，並不是擁有太親密的性行為，或發生性關係，才代表愛情，若是訂婚前兩人時常踰越底線，發生性關係，則解決分手的困難度就愈高。

二、情侶分手的藝術與方法

1. 報告父母、師長或請教專家共謀良策。
2. 感情暫時冷卻，讓雙方沉澱省思。
3. 透過父母或對方師長，理性分析分合利弊，求得圓融解決。
4. 透過對方友人或同儕，瞭解對方的情緒反應，藉助對方親友緩和

情緒，避免發生不幸事件。

5. 避免單獨再度赴約，或談判分手，更不可激怒傷害對方，並有防身與危機意識與應變計畫。

6. 要有一段感情空窗期，不可急於發展新戀情。

7. 分手後避免再度藕斷絲連，加深分手的複雜性。

擇偶格言集

既然今天都提出要分手了，何必寄望明天會真心喜歡你！
更不用期待未來的婚姻旅程會幸福快樂。

情侶提出要分手，不用沮喪，不用悲傷！
天涯何處無芳草，何必單戀那朵花。

愛情的開始，是希望給對方一個未來。
愛情的結束，是希望給自己一個未來。

問題與討論

1. 男性的第一性徵是指什麼？其在青少年期發育的情形如何？
2. 女性的第一性徵是指什麼？其在青少年期發育的情形如何？
3. 男性的第二性徵有何特點？
4. 女性的第二性徵有何特點？
5. 男性、女性的心理特徵有何差異？
6. 何謂婚姻市場與婚姻規範？
7. 感情的發展有哪些階段？你認為一見鍾情的愛好嗎？
8. 當今青年男女開轟趴，玩起性愛遊戲，這是屬於哪種愛情類型？
9. 你對門當戶對的看法如何？為什麼？請敘述其理由。
10. 男女分手的策略與原則是什麼？
11. 情侶提出要分手是慶幸，還是沮喪？若進而造成雙輸，你的看法如何？

Chapter 3

婚姻的基本概念

翁桓盛

第一節 婚姻的意涵

　　婚姻（marriage）是一種社會制度或社會規範，此種制度承認一對男女的關係，並將他們約束於相互的義務與權利體系之中，使家庭生活得以運作（彭懷真，2003）。

　　吳就君（2000）認為，婚姻是人類社會普遍存在的社會組織形式，它界定家庭制度的起始；婚姻決定家庭關係的存在，限定家庭關係中的角色權利與義務，藉以解決人類共同體生存的一些需要。

　　江亮演（2008）指出，婚姻是男女結為夫妻的一種社會制度，而婚姻制度即是男女依當地的多元文化與社會規範，以公開儀式結為夫妻，而受到社會所承認，並明示或暗示遵守配偶之間，以及未來子女間的相互扶養、照顧的權利，與義務之社會性的一種社會制度。婚姻它有以下四層意義：

　　1. 婚姻是一種公開宣示最親密的兩性關係。

　　2. 在婚姻關係中，男女雙方可以享受自我，以及法律與社會認定的

歸屬感，但兩人也須為此歸屬感負責。

3. 婚姻是一種動態關係，男女雙方必須扮演適當的角色與行為，好讓彼此間的情愛可以經得起考驗。

4. 夫妻兩人相近、相悅與相似等條件，可增進對方好感，但兩人在婚姻生活中須不斷成長。

Macionis（1993）認為，婚姻是一種社會認可的關係，關係中包含了經濟合作性活動和子女照顧，婚姻被期望彼此長期互相照應。綜上而論，婚姻是一種制度或社會規範結叢（socical norm complex），此制度或結叢承認一對男女的關係，並將他們約束於相互的義務與權利體系之中，使家庭生活得以運作。Stephens（1963）更指出，婚姻是一種社會對性關係的合法化，由一個正式公開化活動開始，男女準備長久在一起，雙方對權利義務也深入瞭解。總而言之，婚姻是兩個人為滿足感情需求，共同分享人生經驗與資源，以達成不同階段任務，經公開儀式受到法律的保障，維護兩者間的權利與義務，而共同經營的一種生活方式。婚姻（marriage）是一種社會所公認的制度，男女雙方情投意合結為連理，家族成員也滿心祝福，因而婚前要冷靜、理智、選擇所愛，婚後男女雙方要愛其所選，用心經營家庭，才不致於讓人失望嘆息。中外的年輕人均一致認為，婚姻是一生中很重要或最重要的一件事。美國人口統計局在1985年間，曾針對青年人對婚姻重要性的看法進行統計，如表3-1所示。

表3-1　美國大學生與社會青年人對婚姻重要性的看法

重要程度	大學生的看法	社會青年的看法
是我生命中重要的一件事	11%	11%
是我生命中最重要的一件事	43%	35%
是我生命中很重要的一件事	31%	33%
並不太重要	16%	21%

資料來源：彭駕騂（1994：140）；Davidson 與 Moore（1992）

第二節 婚姻理論與結婚的意義

　　青年男女結婚，是二位有思想、有理念、有理想、有感情、有性慾的二個生命體之結合，而結婚後的生活互動，會產生思想的交流、理念的融合、理想的追求，以及情慾心理的完全融合一體，而衍生出婚姻的理論。

一、婚姻的理論

（一）社會結構功能論（the construction of society）

　　在一個自有文化、自有國土、主權的國家中，乃由成千上萬的家庭組成，而家庭又是由家庭成員的有機生命體所組成，整個國家、無數個家庭每天不停的有條不紊的功能性運作、生生不息的發展，而促成社會結構的穩定。

　　國家、社會是一個規模相當龐大的有機體，在這個系統中又有家庭的次級系統，在次級系統的家庭裡，是由家庭成員來組成，而家庭成員是因男女結婚，才得以產生並延續擴大；因而婚姻對促進社會的結構功能，功不可沒，若沒有夫妻的連理結婚，社會會面臨停滯而崩解，藉著婚姻組成的家庭，在社會的延續存亡上，扮演重要的角色與功能。所以最近政府一直鼓勵適婚年齡的青年人，趕快成家立業。

（二）多元互動論（the theory of diverse interaction）

　　二位單身的青年男女，原來擁有自己的生活空間及各自的生活行為模式，在還沒互相認識前，二者幾乎沒有往來互動。在二個各自有機生活體，因婚姻關係而連結在一起，每天會有許多有形、無形、多元的交

流與互動；在有形互動方面，例如：金錢往來、煮飯、洗衣服、整理房間或陪病……等，無形的互動如：相互關心、思念、情感交流、心靈契合……等，更是將兩人緊密結合在一起。因而婚姻確實會造成夫妻兩人多元的互動，更增進兩人的感情。

（三）衝突理論（the theory of conflicts）

原來二位自由自在的年輕人，享受無價的單身自由，卻因婚姻的關係，必須共同生活，履行同居義務；而使原來各自出身、生長家庭、教育、成長背景不同、理念相異的二位自由體，必須每天有很多有形、無形的多元性互動。然而在互動的過程中，必然產生很多的價值、理念、思想、處事方法無法吻合的差異性，因而夫妻的衝突是必然的；若說夫妻完全沒有衝突，幾乎很難，但夫妻間的衝突有正向作用，也有逆向作用，若能協調婚姻衝突的良好解決模式，對夫妻的家庭生活衝突容易取得共識，求得兩人處理家務的準則，反而對婚姻的永續經營是有利的。

（四）激勵成長論（the theory of encouragement and support）

未婚青年男女原來是二個自由的有機生命體，有各自的生活方式與生活圈，也不必負擔家庭的成敗責任，以及孩子的未來問題，但二位情投意合、經歷愛情長跑的年輕人，彼此共同樂意組成愛巢而結婚，勢必是二人有一致的理想與抱負，並且會相互關心、激勵對方，使雙方共同成長進步，來實現當初的理想與願望。因而夫妻婚後，二人情意、理念、思想要很快融合，彼此相互照顧、相依為命、逐步的激勵，善誘另一方共同成長，婚姻才能永續經營，否則夫妻兩人若婚後差異愈來愈大，對婚姻是相當不利的。

二、結婚的意義

不管時代如何改變、文化如何不同，古今中外雖地域不同，價值觀、制度有異，但「結婚」相信是人一生中最重要的一件大事，它影響人一生的成就，更影響人一生的幸福，並能孕育健康、幸福、美滿的家庭，造就優質的下一代。成功的婚姻靠男女雙方的用心經營，成就家庭，建設國富而民強的社會，相信完美的婚姻，對個人是幸福快樂而有希望，對家庭是幸福美滿、充滿溫馨歡樂而有活力，對社會國家更是充滿活力、欣欣向榮而有競爭能力，這就是結婚的積極意義；在創造永續經營而多贏的局面上，青年男女必須有堅強毅力，海誓山盟、永結同心結為連理，逐步達成結婚的積極意義。

結婚的消極意義（the passive meaning of marriage），乃是傳統守舊之觀念，男大當婚女大當嫁，為傳宗接代，為性的需求與家庭社會壓力而結婚，缺乏感情的基礎，以及永續婚姻經營的理念，對婚姻更沒有妥適的規劃，為了結婚而結婚，這種婚姻少了男女雙方主動積極前瞻性的經營，感情基礎較為薄弱，因而較沒有活力，沒有明確目標，也缺少競爭力。時代不停的改變，社會潮流也不停的演進，青年男女對於結婚追求的意義也在改變，在台灣現在很多社會的熟男、熟女，一直在尋找理念相近的情侶，希望達成結婚的積極意義（the positive meaning of marriage）。

彭駕騂（1994）引用日本泉宇佐在 1987 年，以南山大學三、四年級學生為對象的調查，發現日本的大學生對積極性婚姻愈來愈重視，期望男女同心協力，促進人的成長追求理想目標，如表 3-2 所示。

表 3-2　日本大學生對結婚意義的想法　　　　（單位：%）

年　級		三年級			四年級以上			三、四年級以上		
年　齡		21～22 歲			22～25 歲			21～25 歲		
性　別		男	女	計	男	女	計	男	女	計
人　數		31	78	109	25	19	44	56	97	153
目的	1. 男女同心協力促進人的成長	48.3	57.6	55.0	48.0	57.8	52.2	48.2	57.7	54.2
	2. 生育孩子、傳宗接代	51.6	58.9	56.8	40.0	36.8	38.6	46.4	54.6	51.6
	3. 建立家庭（社會的最小單元）	29.0	21.7	23.8	16.0	15.7	15.9	23.2	20.6	21.5
	4. 滿足性慾	29.0	16.6	20.1	24.0	5.2	15.9	26.7	14.4	18.9
	5. 創造一個心靈慰藉寄託的場所	9.6	19.2	16.1	20.0	10.5	15.9	14.2	17.5	16.3
	6. 從孤獨中得到解放（滿足對依屬的慾望）	6.4	7.6	7.3	12.0	15.7	15.9	8.9	10.3	9.8
	7. 作為一個自主者而得到社會的承認（滿足獨立、承認的慾望）	12.9	7.6	9.1	12.0	10.5	11.3	12.5	8.2	9.8
	8. 滿足愛情的慾望	12.9	10.2	11.0	4.0	5.2	4.5	8.9	9.2	9.1
	9. 滿足各種慾望	3.2		0.9	4.0	5.2	4.5	3.5	1.0	1.9
	10. 身邊有人照顧	3.2		0.9	8.0		4.5	5.3		1.9
	11. 生活的安定		8.9	6.4		5.2	2.2		8.2	5.2
	12. 婚姻乃人生大事					36.8	15.9		7.2	4.5
	13. 發揮女人、妻子、母親等三方面特性		1.2	0.9					1.0	0.6
	14. 逃避現實		1.2	0..9					1.0	0.6
定義	15. 社會的慣例	9.6	8.9	9.1	12.0	15.7	15.9	10.7	11.3	11.1
	16. 第二人生的出發點	9.6	3.8	5.5	12.0		6.8	10.7	3.0	5.8
	17. 以人生為舞台的一幕戲	3.2		0.9	4.0		2.2	3.5		1.3
	18. 1＋1＝∞	6.4		1.8				3.5		1.3
	19. 人生的終點		3.8	2.7					3.0	1.9
	20. 精神和肉體上的合二為一		3.8	2.7					3.0	1.9
	21. 獲取自由的手段		2.5	1.8					2.0	1.3
	22. 人生的賭博		1.2	0.0					1.0	0.6
其他	23. 沒有興趣	9.6		2.7	4.0		2.2	7.1		2.6
	24. 不安	3.2	1.2	1.8				1.8	1.0	1.3
	25. 不知道	3.2		0.9	6.0	5.2	13.6	10.7	1.0	4.5

資料來源：彭駕騂（1994：145）

第三節 婚姻的有效性

2005 年 9 月,發生了一起陸軍戰車連○連長事件,因軍中演練疏失,○連長活活被戰車壓死,而○連長與在國小任教的×小姐相戀 11 年,也已完成家族傳統性結婚儀式,但尚未完成戶口登記手續,引發○連長婚姻效力問題,更引發新台幣一千多萬元的撫恤金請領問題。因而何謂「有效婚姻」,不得不慎重,更應對法律上何謂「有效婚姻」(effective marriage),做深入的瞭解。

另一案例發生於 2011 年 5 月,高雄市一對欲辦理離婚的夫婦,他們在 2009 年 3 月拍婚紗照、公開發放結婚喜帖並宴客,但因夫婦平日忙碌,加上兩人沒有婚姻法律概念,而一直沒有找出共同時間去辦理結婚登記。2011 年夫妻談判欲離婚時,女方向男方欲索取二百萬元的贍養費,談判不成;經調解委員會認定,因自 2008 年 5 月 23 日起,婚姻有效性改採登記制,因此這段未辦理合法登記的婚姻自始無效,因而贍養費也索賠不成。

婚姻登記制源自 2008 年 5 月 23 日《民法》第 982 條的修正案,經總統公布生效,內容為:「結婚應以書面為之,有二人以上證人之簽名,並應由雙方當事人向戶政機關為結婚之登記。」2008 年 5 月 23 日起,結婚生效將儀式婚改為登記婚,結婚雙方當事人,須親自向其中一方戶籍地的戶政事務所辦理登記結婚,才算生效。

綜合前二個案例,有關婚姻的有效性問題,可分為儀式制與登記制。儀式制是指,只要雙方公開儀式,發放喜帖公開宴會親友,並有二位證人證明確有其事,則婚姻自然生效;而登記制則採雙方當事人以書面申請,只要有二位證人簽名,雙方當事人親自至戶政機關辦理登記即有效。假使婚前求婚成功,拍了婚紗照,公開宴會親友,又有甜蜜的蜜月旅行,

但二人並無同時至戶政機關辦理登記，這段婚姻仍屬無效。

　　從法律的觀點，結婚係一男一女以終生共同生活為目的，而為合法的結合關係，我國法律規定已達結婚年齡之男女，《民法》第 980 條規定是，男須滿 18 歲，女須滿 16 歲。《民法》第 981 條規定：「未成年人結婚，應得法定代理人之同意。」

　　林菊枝（1976）進一步分析，結婚成立之要件可分為實質要件與形式要件兩種。實質要件規定當事人須有結婚之意願，且尚未與他人結婚，並已達法定結婚年齡，並非被脅迫、詐欺而結婚等，均屬於有效婚姻之實質要件；形式要件規定須有公開儀式且有二人以上之證人，而且結婚必須由本人親自為之，不能由他人代理，目前國內自 2008 年 5 月 23 日起的婚姻有效性，改採登記制，只要男女雙方共同赴戶政機關辦理登記，且不得由他人代理。

案例探討與價值澄清

主題： 表兄妹結婚，婚姻無效

案例： 《民法》第 983 條於 1985 年 6 月修正，經總統公布後實施，規定「直系血親與直系姻親，旁系血親六親等內，都不得結婚」，外甥和外甥女屬三等旁系血親，表兄弟姐妹則屬四等親，都不能結婚，結婚登記其婚姻仍然無效。台中市東區戶政事務所主任洪○○表示，國內至今仍存在許多「無效婚姻」，有些是當事人不知法令，有些是當事人知情故意不報；而各戶政事務所提供新人登記的結婚證書，儘管都已註明「結婚不得違反《民法》第 983 條規定」，但是國人仍有「親上加親」的觀念，因此仍有表兄妹或表姐弟到戶政事務所要登記結婚，若新人表明親屬關係時，戶政人員會告知這種婚姻無效。但仍有部分表兄弟姐妹想結婚而刻意隱瞞，而完成結婚登記，因此國內仍存在有些無效的婚姻。甚至有表兄妹已生下一子，為了讓

孩子入籍，想登記結婚遭拒後，到美國結婚再回台灣補辦登記，因他（她）認為美國法令較寬鬆，但戶政所主任洪○○表示，不論在哪一國結婚，回台灣仍需依國內法令規定，表兄妹的婚姻仍是無效。日前南部發生一個案例，表兄妹從小青梅竹馬，日久生情也生下小孩，已經辦理結婚登記，日後二人個性不合，要辦理離婚索取瞻養費，經律師查明是四等親的姨表兄妹結婚，本屬無效婚姻。

價值澄清：

1. 我國儀式婚，自從何時起改為登記婚？
2. 親上加親的觀念有何不好？
3. 以優生學觀點，請敘述《民法》第 983 條的法令宗旨為何？
4. 父母發現有親上加親（六親等內）的戀情時，該怎麼辦？
5. 若發現自己的婚姻無效，該如何解決？

第四節　婚姻的功能

　　婚姻是人生中最重要的一件事，也是青年男女雙方的結合，也是雙方家族的相互融合，雙方家族更是期待這對新組合帶來家族的樂趣、滿意、希望和家族生命的延續，因而婚姻有下列幾項功能。

一、滿足夫妻雙方性需求的功能

　　經由合法公開的婚姻關係，使青年男女的性關係合法化，滿足青年男女對性的需要，穩定夫妻的情緒與情感。

二、滿足夫妻雙方心理需求的功能

青年男女藉由合法的夫妻關係，相互關心身體、精神、心靈，形成生命共同體，彼此互相鼓勵、激勵、扶持和安慰，滿足夫妻雙方心理需求。

三、經濟扶持的功能

青年男女形成夫妻關係，心靈、身體融為一體，夫妻生活緊密結合在一起、相互扶持，當然在經濟也互為一體，彼此為享受婚姻生活而付出。

四、提升個人社會地位的功能

在台灣社會的青年男女，若已成年而尚未結婚，仍被外人視為父母的附庸，還算是小孩，尚未完全自主，社會地位當然視同小孩，需仰賴父母生活；因而經由成家立業的過程，家族親友即認同這對年輕人為一新的獨立自主的集合體，也是社會地位向上提升的象徵。

五、健全心智的功能

夫妻雙方自從認識約會後，均會自我要求，也會彼此勉勵對方，婚後更會相互激勵、自我約束、自我期許，翼求良好表現而不負家族親友的期望，因而夫妻兩人心智均會快速成長，處理事情的模式也會有很大的進步，男的會有男子漢氣概，女的會相夫教子，且視家庭為事業，顯現合作互勉的共識。

六、繁衍後代的功能

青年男女長大後，家族社會均期待有情人終成眷屬，男大當娶、女大當嫁，其用意即在經由合法的成婚手續，而繁衍後代，期盼小生命的到來，讓家族綿延不絕，傳承香火、枝繁葉茂。

七、改變社會地位的功能

改變家族的社會地位方法有二：一是寒門苦讀，考試升遷；二是藉由婚配關係，嫁入豪門或迎娶豪門、名人子女，不但能夠改變家族的經濟能力，也能快速的改變家族在社會上的地位。

八、享受天倫的功能

父母見子女完成婚事，內心的喜悅必是不言而喻，家族有新人的加入，也增添家族的活力，若能很快孕育新生命，小生命的可愛純真笑容，更讓家族成員享有天倫之樂趣。

九、社會化的功能

青年男女結婚後，形成一個新的獨立社會單位，開始以家庭為單位，密切的與社會產生互動，學習社會的習俗、民情、人際關係、經濟互動，社會化的功能日益彰顯。

第五節　何時結婚與最適當的結婚時間點

　　平日常聽親友詢問他（她）人：「你為什麼還不結婚？」、「幾歲了怎麼還不結婚？」長輩也說：「趕快結婚，好讓我抱孫子」，意謂著該是結婚的時機了，但有些年輕人總是一拖再拖。

　　熱戀中的熟男、熟女總是說：「還沒準備好，怎麼結婚」，或說「還沒有經濟基礎，目前不打算結婚」，政府官員則一再提醒年輕人：「少子化問題相當嚴重，以後老年人問題，誰來幫忙承擔，如何解決？」馬英九總統更把少子化問題，列為國家最重要的國安問題來處理，因結婚時機一再延誤，引發台灣婦女總生育率居於世界之末（如圖 3-1 所示），連帶產生少子化的問題。筆者也常被學生或親友問：「我到底該不該結婚了？」如此問題相信耳熟能詳，那到底何時才是最適當的結婚時間點呢？

一、法律規定

　　《民法》第 980 條規定，男生未滿 18 歲，女生未滿 16 歲不得結婚。換句話說，男生滿 18 歲，女生滿 16 歲之後才結婚較佳。

二、父母觀點

　　一般為人父母的心願，就是能看見兒女成家立業，了卻父母的重責大任，否則依台灣的風俗民情，父母將此責任掛在心頭，難以釋懷。

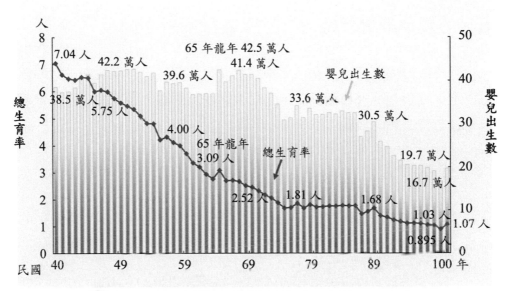

嬰兒出生數

圖3-1　台灣地區歷年婦女總生育率及嬰兒出生數

資料來源：內政部戶政司（2012b）

三、家族精神傳承論

古人云：「男大當娶、女大當嫁」，意謂兒女結婚生子、傳宗接代，家族精神得以傳承，家族生命才得以延續。

四、生理學觀點

人體生理學理論指出，不論男生或女生，年齡達 20 歲生殖系統才發育完全，因而 20 歲以後結婚生子，對於生理系統較為有利；但生理學也告訴我們，女生超過 35 歲，女性荷爾蒙急速下降，會面臨高齡產婦危機之生殖障礙，以及女性分泌的卵子容易產生基因（gene）病變，不利生兒育女，甚至會失去生育能力。

五、心理學社會學論

以心理方面而言，男女在大學畢業後，心理發展日漸成熟，情緒較為穩定，社會性發展日漸良好，處理事情較為圓融；相反的，太晚婚或未婚會影響情緒的發展，不利身心健康。

六、優生學觀點

青年男女在身體最健康、身心最成熟、生理生殖系統發育最良好的階段，生兒育女，當然其所生子女最健康、最優質，未來發展的潛能亦最大。

七、人類發展學

人類發展學把人類發展分為十期：胎兒期、新生兒期（出生一、二十天）、嬰兒期（0至1歲）、幼兒期（1至3歲）、兒童早期（3至5歲）、兒童中期（5至12歲）、青少年期（12至18歲）、青年期（18至30歲）、中年期（30至45歲）及老年期（65歲以上），在人生的不同階段有不同的發展任務，各階段任務的完成，人生才會感覺圓滿而充實。

八、經濟事業觀點

熟男、熟女常以事未成、業未就，或沒有經濟基礎、存款太少，作為不敢結婚的理由，甚至說要有房子、車子才想結婚。其實只要有穩定的工作，就是好的事業，有固定的收入，就是最好的經濟基礎。

九、教育學觀點

青年男女若是太晚婚，其親子年齡差距太大，或許可能只有一位小孩，其親子的代溝會加深，容易產生親子溝通問題與親子互動的難題，甚至於生下來的小孩品質容易出問題，不利兒女的教育發展。

綜上而論，相信絕大多數的青年男女，無不期望能有愛的歸宿，建立一個溫馨、和諧、有希望的家庭，培育活潑、健康、有活力的新生代，享受人生的快樂，完成人生的精彩美夢；因此，必須選擇在最有利、最好的時間點結婚生子、養兒育女。

筆者依上面各種論點認為，青年男女只要年滿 25 歲，彼此經過最明智理性的抉擇後，認為對方是一生中的最愛，有專長的穩定工作、人格成熟，彼此認為值得託付終身，就是最佳、最好的結婚時機，此對於家庭經營、兒女的教育，均是相對有利的。但台灣最近幾年男女結婚年齡相對升高，造成很多的生育困難問題，很多人改採人工生育仍是無法解決，更引發很多的社會問題。根據內政部統計，2011 年國內男生結婚的平均年齡是 33.6 歲，女生則為 30.6 歲，如圖 3-2、表 3-3 所示。

第六節　婚約與婚約法源的相關內容

台灣目前的離婚率高居世界前幾名，離婚率的居高不下，也引發很多嚴重的社會問題。男女雙方若能在婚前理智判斷、慎重擇偶、良性互動，相信婚姻的穩定度較高。若要婚姻成功，則婚前最好有兩人共同簽署的婚約協議書。

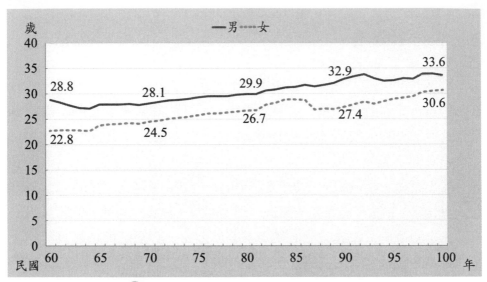

圖 3-2　台灣青年男女結婚平均年齡

資料來源：內政部戶政司（2012c）

表 3-3　台灣地區歷年新郎、新娘結婚年齡中位數及平均數
（按發生日期統計）　　　　　　　　　　　　　　　（單位：歲）

年別		年　齡　中　位　數						年　齡　平　均　數					
		新郎	新娘	初婚		再婚		新郎	新娘	初婚		再婚	
				新郎	新娘	新郎	新娘			新郎	新娘	新郎	新娘
民國 64 年	1975	25.8	22.3	25.6	22.2	39.8	32.4	27.1	22.7	26.6	22.3	41.4	34.2
民國 74 年	1985	27.9	24.7	27.6	24.4	36.2	32.3	29.0	25.5	28.4	24.9	39.2	34.3
民國 84 年	1995	29.6	27.0	29.1	26.6	39.5	34.3	31.2	28.8	30.1	28.2	41.6	35.8
民國 90 年	2001	30.7	26.4	29.5	25.9	41.4	34.8	32.9	27.4	30.8	26.4	43.5	36.0
民國 91 年	2002	31.1	26.9	29.7	26.3	42.3	35.0	33.4	27.9	31.0	26.8	44.3	36.3
民國 92 年	2003	31.3	27.3	29.8	26.7	42.7	35.4	33.8	28.4	31.2	27.2	44.4	36.5
民國 93 年	2004	31.0	27.2	29.7	26.6	41.7	34.9	33.0	28.0	30.7	26.9	43.3	36.4
民國 94 年	2005	30.7	27.6	29.7	27.1	41.5	34.9	32.5	28.5	30.6	27.4	43.2	36.6
民國 95 年	2006	30.9	28.0	29.8	27.5	41.6	35.2	32.6	29.0	30.7	27.8	43.2	36.9
民國 96 年	2007	31.4	28.2	30.3	27.7	41.8	35.2	33.0	29.2	31.0	28.1	43.4	37.0
民國 97 年	2008	31.4	28.5	30.5	28.0	42.0	35.6	32.9	29.5	31.1	28.4	43.5	37.4
民國 98 年	2009	32.1	29.1	30.9	28.4	43.2	36.6	33.9	30.3	31.6	28.9	44.7	38.4
民國 99 年	2010	32.2	29.4	31.3	28.8	43.2	36.6	33.9	30.5	31.8	29.2	44.6	38.4
民國 100 年	2011	32.2	29.6	31.4	29.0	42.8	36.3	33.6	30.6	31.8	29.4	44.2	38.2

資料來源：節錄自內政部戶政司（2012d）

一、何謂婚姻契約

　　婚姻契約（a marriage contract）是指，欲結婚的男女，在熱戀中、結婚前為保障婚後的婚姻生活幸福美滿，維護夫妻應有的權利與義務，本於理性的溝通協調慎重考量，相互約定婚姻契約成為婚後夫妻共同履行的婚姻生活守則或公約，就如同國民中小學每班教室前的班級生活公約或學校的校規。婚約需雙方在理性、理智、平和的氣氛中，共同討論、共同承諾，藉以深層的相互約定，依《民法》親屬篇規定，夫妻間的部分權利義務關係是可以由夫妻協議的，因此夫妻在婚姻中的約定，稱為婚姻契約。婚姻契約在國外已實施很久，並且相當普遍，但台灣目前只有現代婦女基金會在推動，國內結婚的夫妻幾乎很少有人協議簽立婚約，而使許多夫妻在協議離婚時產生更多問題，以及亟待解決的困難。婚約也具有法律效用，婚前簽署婚姻契約書，雙方各持一份，也可備份存放於戶政機關，或律師事務所為證，但須註明結婚立即生效。

二、婚約的法源與相關內容

（一）婚約的法源

　　婚約是依《民法》下列條文規定：

第 972 條規定：「婚約，應由男女當事人自行訂立。」

第 973 條規定：「男未滿 17 歲，女未滿 15 歲者，不得訂定婚約。」

第 974 條規定：「未成年人訂定婚約，應得法定代理人之同意。」

第 976 條規定：「婚約當事人之一方，有下列情形之一者，他方得解除婚約：

1. 婚約訂定後，再與他人訂定婚約或結婚者。

2. 故違結婚期約者。

3. 生死不明已滿一年者。

4. 有重大不治之病者。

5. 有花柳病或其他惡疾者。

6. 婚約訂定後成為殘廢者。

7. 婚約訂立後與人通姦者。

8. 婚約訂定後受徒刑之宣告者。

9. 有其他重大事由者。

依前項規定解除婚約者，如事實上不能向他方為解除之意思表示時，無須為意思表示，自得為解除時起，不受婚約之拘束。」

第 977 條規定：「依前條之規定，婚約解除時，無過失之一方，得向有過失之他方，請求賠償其因此所受之損害。前項情形，雖非財產上之損害，受害人亦得請求賠償相當之金額。前項請求權不得讓與或繼承。但已依契約承諾，或已起訴者，不在此限。」

第 978 條規定：「婚約當事人之一方，無第九百七十六條之理由而違反婚約者，對於他方因此所受之損害，應負賠償之責。」

換句話說，婚約是有法律效應，違約的一方需付對方相當受害程度的損害賠償。婚約簽署後，若施行一段時間雙方皆認為滯礙難行，經雙方同意可隨時協議修改。

（二）婚約的相關內容

婚約是指婚姻契約，也是婚姻的彼此約束，對夫妻雙方婚後生活的幸福保障，與夫妻權利義務的約定，其主要內容均與婚後夫妻雙方的共同生活、家庭運作息息相關。

依《民法》親屬篇相關規定，婚姻契約的內容可以有下列規定：(1)夫妻姓氏（第 1000 條）；(2)夫妻住所地（第 1002 條）；(3)夫妻財產制

（第 1005 條）；(4)家務分工（第 1003-1 條）；(5)家庭生活負擔（第
1003-1 條）；(6)自由處分金之約定（第 1018-1 條）；(7)子女姓氏（第
1059 條）；(8)對於未成年子女監護權行使之限制（第 1091 條）；(9)違
反貞操義務（第 195 條）及發生家暴事件（第 193 條）之精神上損害賠
償金之約定等，如附錄三所示。

由此可見，《民法》已明文授權夫妻雙方的約定，若是破壞共同生
活之圓滿安全及幸福者，即違反婚姻契約之義務，而侵害他方之權利，
受侵害者可向侵害之人請求一定金額的精神慰撫金，加以《民法》規定
雙方得約定違約金，以確保夫妻忠誠義務並維護權益。

其他有關夫妻婚後生活的特殊約定事項，經雙方同意也可列於婚姻
契約中，如婚後是與公婆住或另行住，家中子女的教育準備金、年節的
雙方父母禮金或禮品、兒女的教育方式等皆可進行約定。

婚約的目的在保障夫妻關係穩定健康，並使雙方瞭解，幸福的婚姻
生活，即夫妻的權利與義務，雙方並在理智、和諧，雙方有願景的情況
下，樂意簽署，成為婚後夫妻家人共同的生活準則，可降低離婚率，故
政府應鼓勵將結婚或新婚夫婦簽立婚姻契約。婚姻契約的範例如附錄三
所示。

第七節　婚禮的重要性與婚禮規劃

一、婚禮的重要性

古人說：「女性披白紗一生只能一次」，而婚禮（wedding party）的
過程一定離不開白紗，由此可見婚禮的重要性，而婚姻專家也一致認為，
婚禮愈公開、愈正式，其婚姻成功的機率愈高，結婚儀式較公開化者，
婚姻也較為穩定。葉肅科（2000）認為，婚禮是人生的一個重要轉捩點，

也代表個人對於結婚的肯定與認同；蔡文輝（1998）指出，婚禮代表著社會或國家對於男女成立家庭的正式認同，婚禮對於一對新人，象徵非常重大的意義，好像這對新人面對所有親友、社會、國家，宣示兩人愛意的堅定，即成為大人的意涵，並公開接受眾人的祝福；因此一生一次的婚禮，應有周詳的規劃，可留下一生中唯一一次永難忘懷的甜蜜幸福回憶。

二、婚禮的規劃

國家可能不同，種族雖然有異，但全世界的共同文化，都將婚禮當成人生的一件大事，因而結婚禮儀認真規劃，務求盡善盡美，達到結婚典禮預期的目的與功能，便能保障婚姻關係中男女主角的權利與義務。

一場成功合適的婚禮，應是男女主角與雙方主婚人會談協商，配合雙方風俗民情，以及家長社會經濟地位和男女主角職場性質，兩人共同意向、興趣與喜好、兩人的社經背景、宗教信仰，再加上主婚人對青年男女婚禮意見、配合婚姻專家或婚禮秘書，妥善、周全的規劃，留下一生中美好而有意義的回憶。

相信這種婚禮是簡約而莊重、嚴肅而不失歡欣、隆重而不喧嘩，符合青年男女及社會親友的期待，例如：如果新人是鐵道迷，就可辦火車迎親；新人是農夫，可辦一場非常風光的牛車婚禮迎娶；而原住民不同的文化禮俗，也可辦得很有意義的歌舞，再行結婚典禮。

案例探討與價值澄清

主題：台鐵「特級大呆愛小呆號」鐵道迷婚禮

案例：2008 年 12 月 7 日，台灣的忠實鐵道迷情侶舉行鐵道迷婚禮。
鐵道迷大呆新郎吳○○，以八萬元租車費，向台灣鐵路局租借
全台「最大、最古早味、最鄉土、最痴迷性」的火車當禮車，

迎娶同為鐵道迷的小呆──新娘陳××。這輛全台最大的禮車載著這對新人，駛向紅色毯的另一端──大呆愛小呆號結婚禮車，沿途靠站接鐵道迷上車，並特別停靠台中縣「追分」站，讓新人拍照「追求婚姻得滿分」，賓客們給予高聲送上祝福，再到「永康」車站，鐵道迷送上金質「永保安康」紀念車票，祝賀他們永保安康。在數百名免費乘坐禮車的鐵道迷見證下，新郎新娘忍不住興奮的說出「這是一輩子的夢想，終於實現了」。新郎吳〇〇仟職於台北市政府交通局，與新娘陳××兩人均是國立交通大學運輸研究所的同學，兩人都是鐵道迷，參加交大鐵道研究會時認識，新郎父親覺得年輕人想要有一個不一樣的婚禮「鐵道婚禮」很特別，他一口就答應，而覺得很滿意。

價值澄清：

1. 婚禮的規劃要考慮的因素有哪些？
2. 這趟不一樣的婚禮，給新郎、新娘、鐵道迷們有什麼意義？
3. 婚禮一生才一次，其應行準備的主要事項有哪些？
4. 這種特殊性的婚禮和傳統式的婚禮，有何差異？
5. 你將來的婚禮想要如何規劃？才會終生難忘，幸福甜蜜在心頭？

三、結婚的儀式

（一）傳統式的結婚

社會上很多人的婚禮均採傳統式婚禮，傳統式婚禮又分為婚禮前夕的祭拜、安慶禮及婚禮當天迎娶新娘的整套禮儀，待新娘娶進門後，在自宅附近宴請親友喝喜酒。

（二）公證結婚

公證結婚的程序與飯店行禮很相似，但較為莊嚴、正式與神聖感。公證結婚約須二週前，先到法院公證處辦理登記，結婚儀式在公證處的公證結婚禮堂進行，結婚後也可再行宴請親友。

（三）宗教儀式的結婚

天主教、基督教徒在迎娶新娘後，即前往教堂由牧師主持結婚福證，唱詩歌祝福（牧師福證），由長輩們對新人結婚的勉勵與期許；這種宗教儀式的婚禮莊嚴而隆重，完成後宴請親友或依飯店行禮；同樣的，佛教也有佛教式的婚禮。

（四）集團結婚

集團結婚較類似宗教婚禮，須事先向主辦單位登記並審核，婚禮會場的布置和儀式均由主辦單位負責，並由德高望重的機關首長主持證婚，大部分均配合節慶或特殊紀念性活動，而辦理集團結婚。集團結婚場面浩大而隆重，集團結婚完畢後，可自行在家宴請親友或依飯店行禮。

（五）特殊性的婚禮活動

時下很多青年男女或婚禮設計公司，為讓婚禮具創意、隆重、難忘、特殊又有意義，往往規劃許多與眾不同的婚禮活動，如潛水婚禮、輕航機婚禮、牛車婚禮、跳傘婚禮……等，往往使婚禮更為難忘而有趣，同時可製造很多浪漫、輕鬆、有趣的活動，消除男女主角在結婚當天的心理壓力與疲憊。

婚姻格言集

女孩子可以在婆婆身上找到自己的影子。

男孩子可以在岳父身上瞭解自己的未來。

愛上一個人靠機遇，持續愛一個人靠努力。

婚前男人把時間花在女人身上，婚後女人把時間花在男人身上。

問題與討論

1. 何謂結婚的消極意義與積極意義？
2. 何謂婚姻的有效性？今有一對表兄妹已登記結婚，請問這種婚姻有效嗎？為什麼？
3. 儀式制的婚姻和登記制的婚姻，有何差異？
4. 婚姻有哪些功能？在哪一種情況下，婚姻可提升家族的社會地位呢？
5. 你認為在什麼情況下，是一個人最好的結婚時間點？
6. 何謂婚姻契約？欲結婚的男女在什麼時候簽署婚姻契約最好？
7. 婚姻契約有何功能？其目的為何？
8. 婚禮規劃應由哪些人參與較好？婚禮規劃考慮的因素有哪些？
9. 婚禮有何重要性？請試著規劃一場隆重、特殊的婚禮。
10. 何謂同質性和異質性婚姻？

Chapter *4*

婚與不婚

許孟勤

第一節　結婚的理由

　　結婚不只是熱戀男女想確認感情之後的程序，更是組織家庭、生兒育女的開始，因此，一般交往多年的情侶，往往會很有默契地考慮結婚。結婚或許是戀愛之後最理所當然的結果，但現實生活證明，結婚不見得是幸福美滿生活的開始。

一、結婚的理由

　　未婚男女到了某個年齡之後，常常會對於自己依然單身、沒有對象而感到心煩，尤其看到親友們陸續步入結婚禮堂，更會萌生想結婚的念頭。結婚是需要衝動、需要傻勁的，科學家發現戀愛時人們的大腦會大量分泌激素，使人產生「愛的感覺」，因而做出許多不同以往，或是奇特、瘋狂的舉動，因此一見鍾情、閃電結婚的確不無可能。不過，結婚是人生大事，若抱持偏頗的觀念或不切實際的期待而結婚，婚姻的結果經常會不如自己所預期，甚至大失所望。

　　美國學者Knox（彭懷真譯，1985）曾探討結婚動機與婚姻穩定性的關係，結果發現，因為下列因素而結婚者，其婚姻穩定性較差，包括：遞補感情的空缺、厭倦或逃避原生家庭、體態外貌的吸引、減輕對孤獨的害怕、經濟壓力及社會壓力（比如年紀大了、家長催促）等，上述這些是比較不好、負面的結婚理由，應該儘量避免。而有助於婚姻穩定的動機，則包括：想要作父母、養育子女，以及願意在生命中與另一個人建立親密關係（吳就君，2000）。

　　此外，人們對於結婚的理由，尚可以社會認可與否來分類（林如萍，2001；Goodman, 1993）。「社會所認可」的理由，包含：愛、相伴、時機成熟、結婚是該做的事、性活動的合法化、生育子女的合法化等。至於「較不為社會認可」的理由，則是：改善經濟、反叛父母、失戀的反彈、婚前懷孕等。

二、良好的結婚動機

　　在結婚前，每個人都應該審慎思考為什麼要結婚，嘗試瞭解自己對於婚姻的真實期待，避免對婚姻有著虛幻的憧憬。結婚是雙方準備好，為幸福共同努力的另一個開始，根據前面曾提過的 Sternberg 愛情理論，婚姻關係若能具備愛情的三個基本元素：熱情、親密、承諾，感情才能愈顯堅定。熱戀情侶在說出「我願意」、「我們結婚吧」之前，可以先思考，兩個人之間是否有著對彼此的需要與渴望的熱情，且兩人在溝通互動過程中，是否有著相知相惜、信賴安全的感情，而樂意與對方長相廝守，願意犧牲、奉獻、負責的承諾。

　　因此，最能鞏固婚姻的結婚動機應該是：兩個人願意公開許下承諾，承諾彼此相屬，願意把對方視為終生唯一的伴侶，彼此照護、愛護與疼惜（林如萍主編，2002）。

三、結婚前的準備

許多影響婚姻狀況的因素都是可以預期的，但有些情侶卻是在存而不論的情況下，帶著許許多多未加思考的理所當然，而進入婚姻關係，當遇上現實的壓力和責任時，波濤洶湧的衝擊可想而知。結婚之前，林如萍（2007）建議可以從三大方面來檢視雙方是否已做好結婚的準備，說明如下。

（一）外在因素

結婚需要經濟基礎，更何況婚後可能會有新成員的誕生或加入。在結婚前要先好好瞭解雙方的經濟狀況，確定彼此的工作與收入是否能應付日後家庭生活所需，進而好好規劃家庭財務。另外，結婚關係著兩個家族的結合，親友的祝福與意見也事關重大，所以要多聽聽父母和至親好友的意見，讓親友成為幸福婚姻的助力。

（二）協調因素

結婚後兩個人相處的時間多，兩個人在個性、生活習慣、價值觀念的差異將浮上抬面。很多情侶在交往時對彼此的認識，可能只限於約會時的接觸，並未深入瞭解對方的家庭背景；因此，在結婚前，應該要多瞭解對方的背景，例如：到對方家庭和工作地點做拜訪，認識彼此的親朋好友，觀察對方家庭的生活習慣、價值觀念是否能互相配合。

（三）個人因素

結婚是一輩子的承諾，在結婚前要先確定對方是自己心中最理想的另一半，也要確認彼此有一份深入穩定的感情，自己是真的愛戀對方。

同時，要確定未來不論發生什麼事，自己都做好準備要和對方相守一生，絕不輕言放棄。

第二節　婚前教育

　　台灣的離婚現象一直是大家關注的議題。根據 2008 年內政部戶政司的統計，結婚未滿五年即離婚者，近十年來由 8.11% 上升到 11.61%，占每年離婚人數的 30.78%；其中有 1,700 對結婚未滿一年的夫妻，即選擇離婚，平均每天有 160 對離婚，此顯示婚姻維繫有愈來愈難的趨勢，以及許多夫妻在新婚階段即出現婚姻關係的瓶頸，而選擇結束婚姻。

　　美國著名的婚姻輔導與治療專家 Mace，在 1982 年積極倡導婚前教育，以預防的角度協助新人們能做好準備，再步入婚姻，並藉此減少離婚的機率。之後，各國學者紛紛提倡婚前教育，以幫助人們學習經營幸福婚姻的有效方法。

　　台灣於 2003 年通過《家庭教育法》，以鼓勵而非強制的精神提出了「婚前教育」規定：「直轄市、縣（市）主管教育行政機關應針對適婚男女及未成年之懷孕婦女，提供四小時以上家庭教育課程。」目前全國各縣市的家庭教育中心和民間組織，都提供了婚前輔導相關資源，例如：愛家基金會、愛鄰社區服務協會、愛盟家庭文教基金會、宇宙光全人關懷機構等。

一、婚前教育的定義

　　婚前教育（premarital education）是指，針對進入適婚年齡但未婚之男女，提供有關婚姻的相關課程和活動等，藉此幫助他們對婚姻的意義與內涵有所瞭解，並提升經營婚姻生活的能力（黃迺毓、林如萍、鄭淑子，2000；葉高芳，1980）。婚前教育相較於婚姻治療，較強調預防性

的學習取向，著重提供婚姻相關知識的建構（林如萍，2001）。

二、婚前教育的內涵

婚前教育實施範圍廣泛，一般分為交友階段、將婚階段，而參與對象可涵蓋無固定伴侶、有固定伴侶，以及即將結婚者等三種，不同的婚前教育對象，其學習重點也不相同（陳雅慧，2006）。婚前教育的基本概念，強調「婚姻需要預備，家庭經營需要學習」，對此，林如萍（2003）提出「婚前 CPR」的概念，倡導婚前教育應強化人們的三項關鍵能力：「C」（Commitment），澄清婚姻願景與承諾的能力；「P」（Problem-solving），提升解決問題的能力；「R」（Resources），獲得經營婚姻與家庭相關資源的能力。

針對將婚階段者，為幫助其在婚姻的各個條件上能更趨成熟，婚前教育的課程內容包括以下幾項。

（一）婚姻關係中的自我探索

一個人的心理健康會影響婚姻狀況，美滿的婚姻需要兩個健康的人才能長久維繫。如果一個人有著未解決的內心衝突，是很難靠婚姻來獲得解決，例如：渴求從婚姻中獲得安全感，或是證明自己的能力等，這些不成熟的心理狀況，勢必會影響婚姻關係。

為增進健康的自我概念，在婚前可以先深入分析自己的成長過程、家庭背景，以及探討父母的婚姻與生活等對自己的影響，避免將原生家庭中負面或不完整的學習，轉移到婚姻關係中。接著應瞭解自己的個性與能力，思考自己是否具備成熟的性格，可以做好婚前的學習與預備。

（二）釐清對婚姻的想法

結婚需要一股衝動，但對於結婚的理由是要謹慎思考的。將婚者應

該好好思考結婚的動機，瞭解彼此對婚姻的態度與期望，設想婚姻中可能出現的問題，實際考量婚姻生活的現實面。應自問自己是否準備好許下承諾，經營屬於自己的婚姻與家庭。

（三）婚姻中的溝通與衝突處理

在人際相處時，常常無法避免意見、想法不一致所產生的衝突。衝突處理不當，常導致情侶對衝突採取負向反應，長期下來，可能帶來威脅性、破壞性的致命傷。衝突既然是無法避免的事，將婚者就得學習有效能的衝突管理，採取正向、有建設性的處理方法，才可以讓感情更加深入和成熟。

（四）家庭理財規劃

家庭的建立與維持，脫離不了柴、米、油、鹽、醬、醋、茶等現實問題，如何將有限的經濟資源妥善管理，促使良好的家庭生活品質，是很重要的。男女雙方應該將婚後家庭的經濟預算、用錢原則，公開並具體地討論；及早規劃家庭資源，才能有穩定的經濟，過著想要的家庭生活。

（五）家庭生活的安排

共組家庭後，男女雙方的生活安排或未來的生涯規劃，必須以家庭為重，原先個人的休閒娛樂、工作進修，可能得做適當的取捨或調整。男女雙方應該在婚前對於未來的生活，預做討論和溝通，包括：家庭生活的期望、生兒育女的計畫、工作和家庭之間的平衡。才能避免在婚後，因對這些事情的意見不合，而導致傷害性的磨擦和紛爭。

婚前教育在台灣倡導多年，推動婚前教育的最大瓶頸之一，是多數

民眾並不認為婚姻教育是重要的與必要的，民眾參與的意願不高（林如萍，2001）。其實，良好的婚姻關係是家庭幸福的基石，而婚前教育更是良好婚姻關鍵的前提。婚前教育秉持著「預防勝於治療」的觀點，只要婚前有效的學習，人人都有機會把握與經營自己的幸福人生。

【案例探討與價值澄清】

主題：美女遭糾纏，談判時羊入虎口

案例：2011 年 5 月，在新北市有位已婚的保險業務員，因外貌甜美可愛，遭 32 歲的客戶陳○○盯上糾纏，陳某隨即展開熱烈的追求。美女業務員曾告訴他：「我有丈夫了」，但陳某仍糾纏不放，邀約被她拒絕還到她家騷擾。同年 4 月 24 日，陳某打手機恐嚇她，再避不見面就要打斷其丈夫的雙腿及小孩的手，她擔心家人安全，想與陳某說清楚，竟瞞著丈夫赴約，但一上車就被控制押走，被拘禁期間強拍裸照及暴力凌虐、性侵，該美女業務員受不了精神、身體虐待，每天活在恐怖日子中。不料有一天陳某因客人來訪，美女業務員趁陳某在客廳聊天時，偷用電腦郵寄給丈夫一封信：「我被囚禁，趕快救救我，如果看不到我，可能就是活不下去。」新北市刑大科技犯罪偵查專責組再根據郵電的網址（IP），查出犯罪地點，救出美女業務員。

價值澄清：

1. 該美女業務員最大的錯誤在哪裡？請列出二點？
2. 女孩子如何避免遭盯上糾纏？
3. 青年男女要談判，如何保護自身安全？
4. 談判時的場所，宜選在什麼場所較適合？有哪些人可請求協助來幫忙？
5. 女性在被監控的情況下，如何脫身？如何做好人身安全保護？

第三節　新婚的調適

　　結婚所代表的，不只是新生活的開始，更是一連串適應與改變的開端。「相愛容易相處難」，兩個完全不同家庭背景的人踏上紅毯，面對柴米油鹽的現實生活，勢必少不了磨合和衝突。舉凡生活習慣、休閒時間的規劃協調、家務分工、對新的親戚關係之適應等，都是從結婚的那一刻開始，夫妻將不斷需要去學習、協調與適應的一連串任務。

一、新婚調適的重要性

　　新婚階段是夫妻開始深入瞭解彼此在思想與生活習慣上的差異，並且必須學習適應對方的重要階段。婚姻調適（marital adjustment）是一種動態的歷程，會隨著歲月的變遷，夫妻兩人不斷地溝通、互相改變態度與行為，以滿足彼此的需求與期待，持續維持融為一體的婚姻關係。若夫妻能在新婚適應期適應良好，婚姻的滿意度和品質即相對提升；若夫妻彼此不能找到調適的平衡點，婚姻衝突是在所難免（林如萍，2001；張思嘉，2001）。

二、影響婚姻調適的背景脈絡

　　新婚夫妻的調適深受環境脈絡的影響，根據張思嘉（2001）的看法，會牽動新婚夫妻適應問題的社會脈絡主要有三，說明如下。

（一）父系家庭制度

　　台灣傳統上乃父權社會，結婚後的生活多以男性家庭為主，新婚女

性被期待融入夫家系統，例如：宗教信仰、飲食習慣、休閒娛樂等，都必須以夫家的文化規範為主。因此，妻子往往比丈夫更需要面對與調整，因婚姻關係而生之姻親角色，尤以與夫家同住的妻子，需要順應夫家生活習慣是最花時間和心力適應的（周玉慧、張思嘉、黃宗堅，2008；楊淑君，2003）。

（二）原生家庭的差異

夫妻兩人在各自不同的家庭長大，當各自原生家庭的價值觀、文化、生活習慣不同時，新婚夫妻即必須學習適應不同的習慣與相處方式。所以所謂擇偶需「門當戶對」，其緣由就是要盡量減少因雙方家世背景差距過大，而需要磨合的時間與衝突。

（三）性別及角色期待

夫妻因婚姻關係的建立，產生了姻親角色、配偶角色、原生家庭角色轉換之調適需求（吳秀敏，2003；楊淑君，2003）。傳統社會是「男主外、女主內」的性別分工模式，社會對女性角色的期待，包括必須傳宗接代、養育子女、侍奉家人、料理家務等；相較之下，男性則擔任保護家人與賺錢養家的責任。不過，受到現今社會變遷、經濟型態轉變的影響，傳統的性別分工模式已逐漸被打破，已婚男性對家務參與增多，同樣地，女性也可以當個職場上的女強人。

三、新婚調適的面向

新婚生活對於一對新人來說，可能是既甜蜜又充滿著挑戰，結婚後雙方調適的面向包括以下幾項。

（一）角色轉換

結婚後，新人被期許扮演各種的婚姻角色，表現出各種適當的態度與行為；新婚階段所需調適之角色，包含：配偶角色、姻親角色、原生家庭角色（楊淑君，2003）。在配偶角色方面，夫妻必須協調家庭經濟、料理家務、養育子女等家務分工；在姻親角色方面，則是要學習經營與親屬之間的互動，像是與公公、婆婆，乃至小姑、大伯等人，維繫良好的人際關係。在原生家庭角色方面，已婚者要脫離凡事對父母的依賴，學習獨立自主。

（二）生活習慣

不管是夫妻單獨居住的小家庭，或是與夫家同住的夫妻，長時間朝夕相處，若生活習慣上有差異，勢必需要去溝通與協調。生活中許多看似不起眼的小事，像是睡覺、吃飯、盥洗清潔等，任何芝麻蒜皮的事情都會突顯兩個人的差異；因此，夫妻必須花一些時間適應與調適生活習慣，減少因差異而產生的磨擦。

（三）夫妻互動

夫妻在婚前相愛的時候彼此吸引，享受相愛所帶來的甜蜜和浪漫，但結婚後，當生活由浪漫歸於平淡時，夫妻被生活中瑣碎的家務事纏繞，可能會忽略了溝通和互動，婚姻生活裡幸福與快樂的感覺就會慢慢減退。其實，婚姻需要經營，就如同愛情需要呵護一般，夫妻應該持續多給另一半支持與鼓勵，持續表達對另一半的愛意，善用良性的溝通方式，以減低衝突等，都是守護幸福婚姻的不二法門。

第四節　不婚的理由

　　俗話說：「男大當婚、女大當嫁」，一般男女到了適婚年齡，如果還不結婚，旁人常見的反應，大都是不斷地催促結婚，或熱心的介紹相親對象。如果未婚者明確表達「不結婚」的態度，旁人常會大驚：「怎麼可以這樣。」似乎選擇結婚乃順理成章，不結婚就是脫離民俗。

　　相較於二、三十年前，近年來國內的結婚年齡有逐漸上升的趨勢，愈來愈多已屆適婚年齡的年輕人仍然維持單身。有些單身者是非自願的，他們想脫離單身狀況，但找尋不到合適對象，只好暫時維持單身生活，他們對婚姻生活仍充滿期盼；只是時間一久，有些人會因為無法找到理想伴侶，而被迫維持單身。

　　有些人則是自願成為「單身貴族」，他們可能因為享受單身的快樂，主動延後進入婚姻的時間，不急著尋覓對象，但也不排斥進入婚姻。有些人則是一輩子想要過單身生活，並沒有進入婚姻的打算。

一、不婚的社會環境因素

　　台灣社會單身或選擇不結婚的比率逐漸上升，根據行政院主計處（2011a）的統計，台灣 25～34 歲人口之未婚率，由 2000 年的 42.3% 躍升至 2010 年的 56.7%，相當於每 100 個人，就有高達 56 位單身。台灣年輕世代的不婚趨勢，顯示婚姻對年輕人已慢慢失去吸引力（楊文山，2007）。

　　無論單身者是自願與否，單身現象增加的主因，包括下列幾項社會環境因素。

（一）女性教育程度提高

楊靜利、李大正、陳寬政（2006）調查台灣婚姻行為變遷的研究發現，女性教育程度提升，提供其抗拒婚姻壓力的能量，女性終身未婚的機會也跟著提高，不再視婚姻為人生必經的過程，也不需要靠婚姻來保障生活，或取得社會地位及角色的認可。

另一方面，因社會對兩性角色期待的差異，使得婚姻市場經常出現男女社經地位不對等的「婚姻斜坡」現象，將可能使社會階層較高的女性與社會階層較低的男性，在婚姻市場中擇偶的範圍變得狹窄，因而增加其單身的機會。

（二）經濟因素

在國內未婚民眾中，有許多人的考慮因素是經濟條件不佳，因為經濟不景氣，失業率居高不下，都影響了年輕人結婚的意願。楊文山（2007）發現，近年來許多未婚的成年子女，依舊選擇與父母同住，因與父母同住可以減少生活中的部分開銷，亦可享受父母給予的良好生活品質，故在不用自己經濟獨立的情況下，子女願意延後離開原生家庭的時間。另一方面，家人也因為「他們能為家裡帶來收入，所以家人不急著催婚」，而有晚婚或者未婚的趨勢。

（三）傳統婚姻觀的改變

過去習以為常的婚姻觀是「男大當婚、女大當嫁」，然而隨著性觀念開放、外遇、離婚比例大幅提高所帶來的社會衝擊，愛情已不是通往婚姻的唯一途徑，婚姻也不必然是愛情的最終結果。許多人面對婚姻會產生懷疑與不信任，因而不再急著追求婚姻，願意花更多時間等待，或是不想受到婚姻的束縛，想要開拓自我的實現。

二、單身者的生活型態

　　單身者和已婚者的日常生活有著不同的型態及立場，根據林如萍（2002）的比較，單身者的生活少了夫妻或親子之間的互動，有著更多的時間和精神來發展自己的個性及才華，擴展人際網絡，對個人的生涯有更自由和積極的規劃。內政部統計處（2012）的「100年台閩地區婦女生活狀況調查摘要分析」指出，已婚婦女每日處理一般家務的時間為2.12小時，照顧兒童或老人的時間超過6小時以上，但未婚女性每日僅花費1.15小時左右處理家務，3～4小時在照顧親人，此顯示未婚女性可運用的自由時間較多。

　　隨著未婚人口的增加，有人開始提倡享受單身，把單身視為一種生活價值的體現，也是一種新生活型態的形成。日本趨勢大師大前研一（2011）提出「一個人的經濟」，說明單身者漸漸遠離傳統家庭生活的集體消費型態，是以「個人」為單位的新消費族群。《30雜誌》曾於2010年進行單身族群的生活型態與消費行為，結果發現25～49歲與父母同住的單身族群，因為金錢規劃靈活，更願意將錢花在寵愛自己的活動上（李釧如、趙君綺，2011）。與歐美國家子女一成年就離開家庭不同，台灣未婚男女與父母同住的比率愈來愈高，在2010年有高達9成左右（行政院主計處，2011a）。對於這些單身族群來說，與父母同居不但能分攤生活開銷，又可以多了支配自己花費的彈性，因此，台灣有許多商家看準這千萬單身者的商機，紛紛推出單身商品（李釧如、趙君綺，2011）。

　　不過，單身者的孤獨感是自在生活的副產物，因少了家人的陪伴，有時候會較孤單。在生活照料上，也因為沒有家人的協助，很多事情必須學會自己獨當一面、獨立自主。所以單身者通常在生活安排上，得更用心規劃，才不會因為缺乏親人支持而難過或憂傷，或面臨孤立無援的窘境。

第五節　單身的調適

根據 Erikson 的心理社會發展理論，成年期的重要發展任務為親密或孤立，也因此一般人認為單身者是發展停滯，甚至對單身者存有許多偏見，例如：寂寞、無助、孤癖、有隱疾、不健康等，像最近日本人還給過了適婚年齡而未婚的女性取了「敗犬」的貶稱。

不過，許多研究發現，未婚生活並沒有太大的困擾，單身者擁有許多時間從事社交活動，無需負擔家庭責任，生活反而是忙碌而快樂的（Lamanna & Riedmann, 2000）。其實，單身者只要在經濟及老年生活上皆有妥善規劃，未來生活可以很愜意。

一、充實多元的生活安排

單身者不像結婚者，在成為父母角色時，必須將精神花費在子女身上，單身者有更充裕的時間可以安排在自己的工作、進修或休閒娛樂。但相對地，單身者隨著年齡漸長，原生家庭的陪伴功能將逐漸降低，而必須透過參與各種社會團體，並維持與周遭社交網絡的良好關係，以補足情感陪伴和支持的功能。

二、妥善規劃財務

隨著國民生命愈來愈長壽，一般人在 65 歲退休後，如要過著富足人生，勢必要有良好的理財規劃。單身的人少了另一半的經濟收入可以一起規劃，自然更要有未雨綢繆的準備；妥善的財務規劃，才能讓自己在面對突然的意外或危機時，能夠不慌不忙地應對。

三、保持良好的身體狀況

　　單身者生活自由、負擔較少。不過，根據美國路易斯維爾大學一項研究報導顯示，單身男女至少比已結婚者少活七年，且早逝風險高出兩成以上（王釋真，2011）。究其原因，可能是單身者比較不重視飲食，相對不健康、不規律，而且缺乏另一半來關心身體健康，這些都是增加死亡風險的原因。不過，無論是單身或結婚，身體健康是人生的一大財富，每個人都應該用心維持身體的健康，才能有良好的生活品質。

四、維持健康的心理

　　受到傳統婚姻文化的影響，父母對子女的期待，總將婚配視為他們生命中的一大責任，即使兒女已獨立自主，甚至事業有成，如果子女依然單身，還是會讓父母感到遺憾。所以，單身者無可避免於親朋好友的催婚、父母期待或社會負面評語的龐大壓力；因此單身者要有心理建設，能自我調適，並培養獨處的能力，以調適本身對婚姻或伴侶的期待。

【案例探討與價值澄清】

主題：台灣女性不婚、不生比率，再創新高

案例：2011 年 3 月行政院主計處的調查顯示，2010 年有 25 萬 8 千名
適婚的單身女性採「獨身主義」，終身不結婚，已婚的女性有
6 萬 8 千人不打算生小孩，只願與老公共享兩人世界，因而女
性不婚、不生的人數，雙雙創下歷史新高。專家分析國內女姓
不婚、不生人數明顯增加，與兩性平權、自由主義和女性自主
意識提高，以及女性受高等教育有關。根據教育部 2009 年的
調查分析顯示，在 45～64 歲的中高齡族群中，女性受高等教
育的比例只有男性的六到七成，而 25～34 歲的適婚女性，受
高等教育的比例反而高於男性，在女性受高等教育後，相對
的，女性結婚生子的「機會成本」，明顯增加許多，此也是不
婚、不生的主因之一。

價值澄清：

1. 女性不婚、不生、不育，對國家長遠的發展有何影響？
2. 女性不婚、不生、不育，對社會會產生哪些負面影響？
3. 女性受高等教育後，結婚生子的「機會成本」相對提高，但此現象
   再繼續下去，對台灣的人口政策有何影響？
4. 女性結婚生子的難處有哪些？政府該如何輔導？
5. 如何提高高等教育之女性其結婚生子的意願？

第六節 未婚同居

　　現代社會的青年男女對於未婚同居，此種非傳統家庭生活型態的接
納程度，正節節升高。在過去，同居會被認為是傷風敗俗的行為，得遮
遮掩掩，但曾經何時，同居已逐漸被世人所接受。

一、同居的動機

在今日的社會中，同居已經成為一個日益普遍的現象，甚至被視為是單身到結婚的一個必然發展階段（Nicole & Baldwin, 1995）。對於人們何以決定同居，有以下幾個理由（Noller & Feeney, 2006）：

1. 不安全感：關係親密到某一種程度的男女，為方便掌握雙方的行蹤，於是選擇同居。
2. 解放：有些人同居的理由是為了脫離原生家庭，尋求獨立自主；有些人則是因愛戀或性愛的相互吸引，但是不願意結婚，接受婚姻責任的束縛。
3. 便利：基於省錢或互相照顧等互惠的考量，而同住一個屋簷下。同居者通常會遵守傳統男女性別角色分工，由男性主控性關係及享有家庭主控權，而女性則擁有伴侶。
4. 試婚：對於許多同居者來說，同居是婚姻的試婚前奏，在結婚之前先藉由共同生活，增加對彼此個性、生活習慣的瞭解，以確定親密關係的穩定性與持續性，試驗彼此雙方是否適合。

同居會成為一種社會趨勢，也跟婚姻觀念的改變有關，對於未婚者而言，現在所有婚姻所提供的福祉與好處，均可以由同居所彌補。現代人們對同居的看法不外乎是可以獲得親密關係，而無需承擔婚姻約束。未婚同居的男女因為性愛、就近照顧、對婚姻生活的準備嘗試、經濟考量等各種因素而居住在一起，不但成為現今新興家庭戶，亦成為婚姻以外的替代性選擇（婦女救援基金會，2006）。

二、同居生活與法律地位

同居的生活型式和婚姻的情形十分相近，但卻省去婚姻的束縛和義務。不過，同居者對於彼此的關係與日常生活中權利義務的認定，難免

會陷入未來要「結婚」或「分手」的兩難中（林如萍，2007）。像是購買車子時，因為有可能分手的風險，所以該由誰來付錢，便成為傷腦筋的事。

同居關係缺乏法律的實質保障，彼此也沒有對未來許下承諾，任何一方隨時都可以宣告結束關係，重新開始自己獨自的生活，或是展開另一段與他人親密關係的生活（許連高譯，1991）。此外，同居在許多國家都未受法律合法的定義和保障，許多社會資源的挹注對象也僅限於法律所保障的婚姻關係。雖然有些北歐國家已經賦予同居者與婚姻者有相同的法律權力，但是台灣目前並未對於同居家庭有任何法律上的定義與約束，同居者無法在繼承權、關係結束的財產分配與子女監護權等各方面，享有相關法律給予的保障與福利。甚至像是針對合法婚姻關係中另一半的健保資格、退休金給付、養老津貼、撫恤金等，同居者完全無法享有。

三、性別在同居關係中受社會期待的雙重標準

同居生活與婚姻生活有部分雷同，它讓相戀的兩個人學習調適彼此的生活，但是在實際的生活管理上，卻有跟真正的夫妻不同之處，例如：結婚通常會促成姻親關係的建立，但是同居生活卻受限於傳統禮教的影響，通常無法公開讓親朋好友知道，社交網絡因而可能比一般夫妻來得狹隘。

男女在同居關係中，亦受到社會不同性別期待的標準所宰制。在父權社會中，男性對同居的開放態度明顯大於女性，一般人會默許或認同兒子可以跟他人同居，但卻視女兒與他人同居是一種恥辱（吳昱庭，2000）。國外許多研究調查發現，男性在同居關係中的角色，傾向於不願受拘束，例如：有些同居男性普遍並未期望成為父親，當他們經歷非預期的懷孕時，會有被拖累、想逃避的念頭（Lewis, Papacosta, & Jo, 2008; Smart & Stevens, 2008）。基本上，男性在同居關係中所願意付出

的責任明顯比較少。

相較之下，女性受限於父權社會的道德規範，通常對自己的同居情形採取緘默不談的態度，且較少得到原生家庭的認同與情感支持（吳昱庭，2000）。同居關係中的女性也沒有像男性那樣，追求不需要符合社會規範的生活模式，女性選擇同居是為了維持關係的穩定性，或是為往後結婚做預先練習或準備。

四、同居經驗對婚姻產生的影響

有不少同居者認為，同居是一種「試婚」，可以讓沒有婚姻關係的兩個人共同學習婚姻生活，對於日後的婚姻幸福有幫助，也可以降低離婚率。只是根據國外的實證研究發現，同居經驗會使人逐漸養成某些不利於婚姻關係的生活習性。同居者對婚姻的忠誠度較低，其獨立自主性比婚姻關係中的雙方來得高（Larson, 2006）。

如果同居時已經度過了適應彼此的過程，為何同居生活會不如預期，無法提升婚後的穩定與幸福呢？有學者認為，同居者通常具有強調個人主義、突破傳統規範之類的動機及人格特質，他們對於婚姻的堅持度比較低。林如萍（2007）認為，同居的確可以規避承諾與責任，在當下享受婚姻生活中的權利和快樂的一面，但及時行樂、好聚好散的生活態度，建立不起穩固的家庭。因此，如果同居的目的是為了提高完美婚姻的可能性，恐怕以目前的研究結果，會使所有意圖試婚的人大失所望。

第七節　成年未婚單親

成年者在未婚的情況下懷孕，部分的人會選擇結婚，以結婚做為喜事收場。但也有些走在時代前端者，會傾向自己可以擁有小孩而不願婚姻的束縛，故自願成為不婚的單親家庭，例如：台灣高鐵公司前董事長

殷琪、奧運跆拳道金牌國手陳怡安等，便是如此，由於這些名人未婚生子的效應，以及此現象的逐漸普及，不婚生子不再被視為離經叛道。

一、未婚生子面臨的困境

台灣的生育率逐年遞減，但非婚生子的比例卻創新高，根據內政部2006 年的統計，每一百名新生兒中，就有四名是非婚生子女；究其原因，可能是現代女性愈來愈有能力獨立撫養小孩，寧願選擇孩子卻拒絕婚姻，但也不排除是不負責任的男性所造成的結果（王淑芬，2007）。

對於年輕一輩的人來說，結婚已經不是愛情中必備的選項。婚姻對很多年輕人來說，反而是一種無形的枷鎖，所以有些人會開始尋找另一些替代婚姻的選項。《康健雜誌》曾針對台灣 21～40 歲女性做問卷調查，有四成的人認為如果能力許可，可以不婚生子；也就是生小孩不見得要以婚姻做背書，只要經濟自主，女人可以選擇自己想要的生活方式（林貞岑，2006）。

不過，不婚生子的想法雖然浪漫，但在現實生活裡，卻會面臨許多困境。未成年者未婚懷孕時，普遍得面臨結婚、墮胎的抉擇，以及學業中輟、家人不諒解、孩子無力扶養的沉重困境與考驗。成年未婚懷孕者在懷孕階段，同樣也得面臨若干抉擇，包括是否有要進入婚姻生活的選擇、個人的生涯規劃、孩子本身的去留問題（林玉英，2010）；其次，成年者未婚懷孕，如果沒有良好的經濟支持或家人當後盾，就台灣目前社福單位及政府的補助，幾乎全部集中在未成年懷孕，成年婦女未婚懷孕恐無社會資源可以援助，因而成為弱勢的一群（史倩玲，2011）；最後，雖然在現代社會，未婚生子似乎已經不是一件稀奇的事，但傳統的社會價值觀中，似乎還是存在著對未婚懷孕的異樣眼光和耳語壓力，無論是未婚媽媽也好，或是其非婚生子女也好，都將無可避免地受到外界的歧視。

二、成年未婚單親媽媽的母職角色

　　成年者未婚生子，其改變的趨勢，是從單身的角色，轉變為單親家庭中的母職角色。成年未婚單親媽媽的母職經驗是單親生涯規劃中重要的一環，特別是對於孩子愈小，愈需要母親投入照顧（林玉英，2010）。成年未婚單親媽媽本身社會的位置因素，有可能體驗不同的母親經驗；不過，在單親家庭裡，因為少了另一半的支持與協助，身為成年未婚媽媽必須一肩擔負起母職的所有職責，其照顧子女的壓力勢必不輕。所以，對於只想要孩子，而不要婚姻者，在成為未婚單親媽媽之前，還是要多想想自己有沒有足夠的資源和能力，能夠獨自擔負起家庭的所有職責。

婚姻格言集

女人婚後，希望有安定的生活。
男人婚後，希望有安靜的生活。

婚前的男女，形影常相左右。
婚後的男女，意見常相左右。

問題與討論

1. 請說明一般人結婚的理由。
2. 何謂婚前教育？婚前教育依《家庭教育法》規定，應由哪個單位主辦？
3. 你認為婚前教育必須涵蓋哪些必修的教材？
4. 新婚階段，新郎和新娘如何做好婚姻的調適工作？
5. 請敘述現今社會上，很多青年男女不婚的理由，以及其看法如何？
6. 你贊成青年男女同居嗎？為什麼？
7. 未婚同居有哪些好處？有哪些缺點？
8. 對於成年未婚單親，你的看法如何？
9. 單身的年輕人，其在老年階段該如何調適？
10. 成年的單親家庭有哪些會面臨的問題？如何解決？

Chapter 5

婚姻經營與婚姻危機

翁桓盛

第一節　夫妻感情的經營

「問世間情為何物，直教人生死相許」，為什麼愛情足以用生命相許如此重要，但卻又不知道愛情是何物？難道愛情是難以捉摸、漂浮不定嗎？筆者認為「絕對不是」，愛情雖然無形無色很奇妙，也非完全不可捉摸；只要夫妻有心，身心健全，努力持續的追求那份成熟的愛，相信夫妻能長年沐浴愛情的活水，努力經營婚姻，相信這種婚姻是幸福、快樂而充滿希望。但大部分的人，不懂也不去追求成熟的愛，導致夫妻彼此失去了異性的吸引力，而常怒目相向、反目成仇，很快的以離婚收場。台灣的離婚率始終居高不下，在 2009 年已達 49.16%（離婚對數除以結婚對數），如表 5-1 所示。孩子們因不懂愛情是何物，父母不會教，學校沒有教，社會教育又亂教，導致很多的青年男女或夫妻，鬧成不是情殺就是怨偶離婚，而造成社會不平靜的亂象，甚至常常有令人震撼的感情問題新聞發生，對個人、家庭、社會造成無法彌補的傷痛。

表5-1 台閩地區歷年結婚離婚對數比

年度	總人口數	結婚對數	離婚對數	結婚：離婚
1951	7,869,247	73,676	3,858	19.10：1
1956	9,390,381	76,268	4,537	16.81：1
1961	11,149,139	83,797	4,487	18.68：1
1966	12,992,763	95,897	4,915	19.51：1
1971	14,994,823	106,812	5,310	20.12：1
1976	16,579,737	152,401	8,177	18.64：1
1977	16,882,053	154,820	9,247	16.74：1
1978	17,202,491	163,613	10,625	15.40：1
1979	17,543,067	153,086	12,403	12.34：1
1980	17,866,008	175,090	13,478	12.99：1
1981	18,193,955	167,496	14,875	11.26：1
1982	18,515,754	162,103	16,953	9.56：1
1983	18,790,538	158,634	17,535	9.05：1
1984	19,069,194	155,364	19,022	8.17：1
1985	19,313,825	153,832	21,165	7.27：1
1986	19,509,082	145,859	22,385	6.52：1
1987	19,725,010	146,312	23,061	6.34：1
1988	19,954,397	155,548	25,012	6.22：1
1989	20,156,587	158,203	25,102	6.30：1
1990	20,401,305	142,943	27,451	5.21：1
1991	20,605,831	162,972	28,298	5.76：1
1992	20,802,622	169,461	29,205	5.80：1
1993	20,995,416	157,780	30,200	5.22：1
1994	21,177,874	170,864	31,899	5.36：1
1995	21,357,431	160,249	33,358	4.80：1
1996	21,525,433	169,424	35,875	4.72：1
1997	21,742,815	166,216	38,986	4.26：1
1998	21,928,591	145,976	43,603	3.35：1
1999	22,092,387	173,209	49,003	3.53：1
2000	22,276,672	181,642	52,670	3.45：1
2001	22,405,568	170,515	56,538	3.02：1
2002	22,520,776	172,655	61,213	2.82：1
2003	22,604,550	171,483	64,866	2.64：1
2004	22,689,122	131,453	62,796	2.09：1
2005	22,770,383	141,140	62,571	2.26：1
2006	22,876,527	142,669	64,540	2.21：1
2007	22,958,360	135,041	58,518	2.31：1
2008	23,037,031	154,866	55,995	2.77：1
2009	23,119,772	117,099	57,223	2.05：1
2010	23,162,123	138,819	58,115	2.39：1
2011	23,224,912	165,327	57,008	2.90：1

資料來源：節錄自內政部戶政司（2012e，2012f，2012g）

一、何謂成熟的愛

彭駕騂（1994）指出，成熟的愛（mature love）即是真正的愛，應該是相互瞭解、期許與接納，因為上帝造人或宇宙萬物不可能完美無缺，愛當然也無法十全十美，因而夫妻戀人要相互瞭解、期許，並一輩子相互包容與接納。

陳怡安（1984）認為，成熟的愛有六大特質：(1)愛需要彼此扶持與照顧；(2)愛要對對方的需要有高度的敏感；(3)愛要彼此有高度的信賴感；(4)愛要尊重對方的自由；(5)愛要能共同完成任務，彼此分享；(6)愛永遠要有一份驚喜。

成熟的愛，在愛情的類型上是屬於至愛，也就是完全的愛、利他的愛或奉獻愛，它是一種自我犧牲、無私無我、不求回報的愛，這種愛是雙方深切關懷對方的幸福，但以溫和且低調的方式表達（葉肅科，2000）。

因而，成熟的愛是建立在愛自己，更愛對方的基礎上，而時常反思、時時處處的為對方著想，夫妻相扶到老，沒有怨言，明白對方的需要，能明瞭對方的缺點與不是，接納對方，包容對方的過錯，彼此互信互賴，尊重對方，給對方有發揮的空間與舞台，共同分享二人合作建立的美好家園與願景。

二、夫妻感情經營的三步曲

（一）婚前理智、沉著選我所愛

青年男女婚前不可為性愛一時的衝動，或一時的被對方外表、儀容、花言巧語所迷惑，應以穩健的態度尋覓真正的愛侶，以理智的心情判別浪漫的愛、完全的愛或成熟的愛，依擇偶的條件與限制，選擇理念相近、個性相合、條件相似、門當戶對的另一半，讓愛萌發並慢慢成長。感情

的發展有一定的順序，並經深刻的考驗與體認，才能證實這種愛情是經得起考驗的完全之愛、成熟之愛，經男女雙方家長、親友的允諾與祝福，婚前尋尋覓覓尋得所愛，共同樂意簽署婚姻契約書，而成為婚後夫妻、家庭的生活公約，為美好、幸福的婚姻奠下良好基礎。

（二）婚禮正式、公開，接受親友的見證與祝福

　　婚姻專家研究，婚禮愈正式、公開，婚姻成功的機率愈大。青年男女有互愛、至愛的意念，決定互許終身時，兩人就可以好好企劃、商議舉辦一場有意義、有品味、有品質、很特殊的婚禮，會同雙方主婚人、婚禮秘書，並讓親朋好友、同事、師長在很愉快、幸福的氣氛下，正式公開的接受眾人的祝福，讓大家為這場公開的特殊婚禮留下美好回憶，並拍下甜蜜的婚紗照，對於夫妻日後的感情有增溫的效果，如圖5-1、5-2所示。

圖5-1　婚禮會場布置

圖5-2　結婚典禮

（三）婚後永續經營感情，面對現實挑戰愛我所選

　　夫妻婚前的理智，慎重擇偶，以成熟的愛為夫妻共同的感情基礎，但在婚後必須面臨現實生活、家族互動、健康、經濟、事業、養兒育女

等現實生活的挑戰與刺激，兩人要有堅定的信念與承諾，以不被打敗的精神，發展出夫妻相互適應的一套模式，多想念對方的好處，發展並保持配偶的興趣，認清對方的脾氣及處事習慣，參照自己的個性找出夫妻調適之道，這樣才能天長地久，感情彌堅；愛我所選，願為對方付出，奉獻至愛，共同建設溫馨、幸福、快樂的家園，帶給見證婚禮的親友們歡樂、喜悅與欽羨的氣氛。

第二節　夫妻家族關係的經營

　　人際關係（interpersonal relationship）是人與人之間存在無形的相互關懷與彼此印象。人際關係良好則處理事情事半功倍，互動良好；人際關係若不好，則事倍功半，而彼此互動不良，甚至老死互不往來。結婚的夫妻若與雙方家族的關係經營得好，是兩人事業工作上的助力，更是婚姻幸福的一大保障，但也有經營不良者最後以離婚收場，因而夫妻家族關係的經營甚為重要。

　　Schaffer與Lamm（2001）認為，影響家人關係的四個因素有：(1)家庭大小：家庭愈大，人口多，人際關係愈複雜；(2)家庭成員組成：家庭成員男性多較易相處，女性多則摩擦機會多；(3)父母態度：父母本身對家庭形式的態度與期望，會影響家人的人際關係；(4)子女出生時間：子女出生的時間按父母期望，則家人關係和諧。

　　夫妻家族關係的經營，會影響兩個家族的人際互動關係，和家族血親和姻親的關係，甚至會影響到家族內的和諧及夫妻的感情，在父系社會的台灣，夫妻家族關係較為複雜的是婆媳關係與妯娌關係。

　　姻親關係（the relationship of in-laws）是由婚姻關係而產生的家庭人際關係，是指經由婚姻的合法程序，所產生的親戚關係，例如：親家、伯嬸、姑嫂、妯娌等；而血親是以血緣關係連結的親人關係，例如：父

子、母女等。一般而言，血親關係因有血緣系統關係，血緣生命恩情，因此這種人際關係在對方或彼此間較有血緣親、包容性、體諒性、同理心，因而較好處理，也較易化解；而姻親關係包括婆媳、妯娌、姑嫂等關係，因這種人際關係不具血緣、恩情關係，較沒有包容性，因而容易產生衝突。

葉肅科（2000）指出，在姻親衝突的關係中，婆媳衝突約占 90%，可見婆媳衝突相當普遍且不易化解，又是家族人際關係中很重要之一環，再次為妯娌關係。

一、婆媳關係問題的原因

1. 沒有直接血緣關係：婆婆和媳婦之間，因沒有母女間直接生育之情，也沒有夫妻間的浪漫愛情，缺少直系血親的包容性。

2. 不同家族文化、地位：婆媳分別是兩個來自長久不同的文化家庭，因而對於很多事物的看法、處理方式不同，易生嫌隙；況且婆媳的輩分、地位相差很大，不易坦然溝通。

3. 角色扮演類似：因婆媳均為女性，在家庭中扮演的角色、工作性質非常類似、相近，容易有比較的心理，誰都不服誰，因而難以相處。

4. 爭愛與失落：丈夫是婆婆的孩子，婆婆一手帶大，自然聽話孝順，但丈夫結婚後與太太又有夫妻關係，不得不對太太獻殷勤，造成兩個女人爭奪一位男人的心，甚至婆婆會覺得「有了新娘，忘了老娘」，在失落感的心境下，忌恨媳婦。

5. 傳統觀念、不易改變：婆婆在當新娘時，對自己的婆婆又尊又敬，有時更害怕婆婆不高興，在這種傳統的觀念中，自己行之數十年，習以為常，因而腦海中對媳婦角色的要求標準，媳婦確實難以達成，況且時代在改變，今日的年輕女性看法又不同，因而婆媳不易和平相處。

6. 娘家理念影響媳婦：部分的娘家受時代觀念影響，心疼女兒受苦受累，左右女兒在婆家的表現，但娘家不瞭解婆家的文化與對媳婦的期待，因而媳婦的行事風格容易產生和婆家意見相左的情況，而造成公婆與媳婦的誤解。

二、婆媳和諧關係的解決之道

第一，改變惡婆婆印象，扮演好婆婆的角色：婆婆本身曾是痛苦的過來人，要有同理心，將心比心，把媳婦當成親生女兒，甚至更應體諒媳婦要適應一個完全陌生的家族、家族文化，何其可憐，而要協助她，幫忙她早日融入、習慣這新的家庭，改變過去傳統惡婆婆的印象，扮演一位開明、理智、有同理心的好婆婆，並能體諒兒子與媳婦真誠有愛，才是家庭的幸福，而贏得兒媳的尊敬與孝心。

第二，遵守孝道，扮演好媳婦的角色：時代雖然在改變，但倫理孝道是普世價值，永久恆存不變的真理，若媳婦能將公婆視同自己的親生父母，誠懇、親和、善念的與公婆相處溝通互動，感念、尊敬公婆的人生經驗與辛苦，並能早日融入婆家文化與家族的傳統文化，便能贏得公婆及丈夫的歡欣，努力扮演好媳婦的角色，若有困難或問題，坦誠與公婆互動，或請丈夫協助完成，相信好媳婦在家族的人際關係是受歡迎的。

案例探討與價值澄清

主題：夫癱瘓不離棄，一輩子推輪椅也要相守

案例：本案例發生於 2010 年 4 月。一對桃園縣的夫妻，太太陳○○21歲嫁給顏××，結婚後七年仍不孕，於是領養一子，丈夫因有傳宗接代壓力，於 1998 年與太太陳○○辦理離婚手續，但兩人仍住在一起，不料辦理離婚後太太竟意外懷孕，兩人連生二個女兒，卻也一直同居。2008 年 5 月，49 歲的丈夫被發現罹

患心臟病，經住院開刀裝支架後變成植物人，離婚妻子不離不棄的照顧，讓與她離婚的先生奇蹟式的甦醒，在前妻天天協助復健下，前夫現在會用緩步支架慢慢走路並開口，而陳○○每次餵飯時，還逗前夫吃一口飯，就說一次「我愛妳」；不料前夫又再度生場大病，並一度病危需緊急開刀，她通知相關親屬北上，得到的答案是：「親屬們決定放棄，讓他好走」，結果前夫又被搶救回來，她告訴自己：「顏××已經屬於我的了」，決定再婚再嫁給她，並說：「一輩子為他推輪椅，也要長相廝守。」

價值澄清：

1. 離婚的丈夫二度由鬼門關救回，尤其能讓植物人甦醒，其主要的原因為何？
2. 顏先生雖有傳宗接代的壓力，是否有其他方法解決，而不必辦理離婚手續？
3. 愛情的力量可讓彪型大漢心軟，也可讓心死的男兒精神重振，該如何發揮這無形的力量於家庭？
4. 夫妻婚前、婚後該如何經營感情？
5. 案例中的女主角救了前夫，救了這個家庭，社會該如何看待此事？

三、妯娌關係問題的原因

1. 角色相同、工作雷同，易於比較：妯娌同時是公婆的媳婦，因而在家族中扮演的角色雷同，工作類似，易於比較；但妯娌來自不同的家庭文化，可能也是不同的教育背景，因此處理事務的方法有異，成果不同。
2. 爭奪公婆寵愛：妯娌因身分相同，且均是外來的家族新成員，為

爭奪公婆的讚揚與寵愛，容易產生嫌隙與忌恨。

3. 分工不均、互推責任：妯娌在家族中承擔家務的工作，而家務事清官都尚難以論斷，容易產生工作分配不均或分工不同而相互比較，但當事情處理不好時，兩人為爭得公婆的印象又容易互相推卸責任，造成妯娌相處不易。

四、妯娌和諧關係的解決之道

第一，情同姊妹，相互尊敬：妯娌同樣是公婆的媳婦，也均是家族的外來成員，其處境、心境類似，因而要發揮姊妹之情，相互尊敬，相互幫忙，共同合力完成家事，以贏得公婆、先生的歡欣，並享受姊妹的溫情。

第二，共同進修，相互關懷：妯娌可能教育程度不同、專長不同、家庭文化背景不同，因而要共同進修有關家事處理或家庭經營的事項，慢慢取得處理家事的共識，並發揮姊妹相互關懷、相互提攜的精神，促進家族和諧。

第三節　夫妻衝突管理

夫妻衝突或婚姻衝突（conflicts in marriage）是不可避免的，也是夫妻家庭生活中，時常會發生的常事，重要的是要去瞭解衝突發生的原因，降低夫妻衝突的頻率，以找出婚姻衝突解決的方式，謀求對個人、家庭、社會最有利的解決方法。因為夫妻均來自不同的家庭，其成長背景、價值觀、教養方式、教育背景與長久的生活習慣均不同，故婚姻衝突是必然的，但每次的夫妻衝突有正向也有負向作用，盼望尋求正向的解決方法，並可激勵夫妻的成長與進步，才是婚姻衝突所付出的代價；但若夫妻意見不合就大吵特吵，積怨難解，而帶來感情的傷痕，若不知如何彌

補，久而久之就會帶來婚姻危機。

一、夫妻衝突的類型

（一）情境衝突（conflicts in real life）

情境衝突是指，夫妻現實日常生活中的看法、意見、習慣等不同而引起的衝突，如丈夫要吃中餐，太太對西餐有興趣而意見不合；先生刷牙擠牙膏從頭部擠，太太認為應從尾端擠才好看。因情境臨時發生，而雙方行為意見分歧。

（二）個性衝突（conflicts in personality）

夫妻結婚時，約為 20 至 30 歲左右，其成長背景、家庭生活方式、職場文化，無形中會形塑一個人的個性，其個性也將定型化，但夫妻個性不可能完全相同，甚至會產生很大的差異，因而容易產生爭執，例如：先生重視工作效率、講求時效，但太太注重完美主義，就慢慢的，就會如同急驚風遇到慢郎中，二人即容易起爭執。

（三）權力衝突（conflicts in power-possession）

結髮夫妻兩人合力建設家園，但在家園的建設過程中，經常遇到夫妻權力分配衝突的問題，因而引發夫妻衝突，例如：房子買誰的名字、家裡的錢誰來管、孩子的教育或監護權誰主導、家中重要事情的決策權誰主導等。

二、夫妻衝突的因素

張春興（1989）分析夫妻衝突的主要因素，依序為：(1)性生活不和諧；(2)家庭經濟問題；(3)對子女教養態度不一致；(4)個性理念相差懸

殊；(5)宗教信仰不同；(6)價值理念有差異；(7)個人興趣相異。

彭駕騂（1994）在探討婚姻危機的形成原因，共有十點：(1)夫妻人格特質未能配合；(2)夫妻婚前相知不足；(3)第三者介入；(4)家庭生活刻板；(5)夫妻間有成長差異；(6)家庭面臨經濟危機；(7)夫妻雙方均面對發展事業的生涯壓力；(8)姻親與人際關係問題；(9)夫妻性關係不和諧；(10)夫妻相處時間不足。

筆者歸納婚姻衝突的因素如下：(1)婚外情；(2)性生活不協調；(3)個性差異太大；(4)經濟或事業困境；(5)偏差惡習；(6)價值理念差異；(7)子女教育與教養態度不一；(8)生涯發展或生涯規劃不同；(9)宗教信仰不同；(10)家族人際關係不合。

三、夫妻衝突的管理策略與方法

1. 進修成長：夫妻共同進修成長，可擴大視野、增廣見聞，能學習家庭經營學理及溝通協調知能，開闊心胸往前看，增加生涯發展潛能。

2. 尋求衝突解決模式：夫妻衝突是難以避免的，但要尋求夫妻彼此均能接受的衝突解決模式，如不爭吵、不傷感情、找原因、請教專家等。

3. 對事不對人，更不對感情：夫妻爭吵若沒有共同認同的良好解決模式，會小事變大事，終致不可收拾；應針對事情講理，解決而不傷人，不攻擊對方，更不可傷害彼此的夫妻感情。

4. 最有利平衡點：婚姻衝突無法避免，但在屢次的衝突中，要尋求對對方、對家人、對社會最有利的平衡點，並要夫妻均可接受，如此還可學得問題的解決方法，促進夫妻的成長進步。

5. 學習溝通、協調知能：良好的溝通可融合雙方的意見與感情，優良的協調知能，很容易尋求最好的問題解決方法及結果，並能在良好的氣氛、和諧的心態下，化解夫妻的衝突。

6. 冷靜、理智不動氣：婚姻衝突意見不合、利益不均，夫妻很容易動怒又動氣，造成雙輸，因而遇到不如意、不滿意、不公平的事情發生，首先要冷靜，因動氣只會把事情鬧大，無法解決問題；其次要理智思索解決的方法，分析各種不同方法中的利弊得失，取其對家人、社會最有利的平衡點。

7. 私下吵，不翻舊帳：俗話說：「清官難斷家務事」，因而夫妻衝突，旁人是難插手更難瞭解的。夫妻吵架要私下吵，謹守分際，或請教婚姻專家；也絕不翻舊帳，因翻舊帳只會增加對方的怒氣與問題的複雜度，於事無補，更何況此事非彼事，是不同的兩回事，應就此事論是非，實事求是。

案例探討與價值澄清

主題：愛上恐怖情人，生命隨時恐不保

案例：本案例於 2009 年 12 月發生在台北市的一所私立兒童托育中心。安親班老師黃〇〇（40 歲）與男友吳××鬧分手，吳××不滿女友要分手，多次打電話或到黃女老家騷擾，黃女也曾向警方報案。恐怖情人吳××曾於 16 年前，因當時女友要他幫忙借錢，他借不到錢被當時女友譏諷而大怒，憤而持刀刺死女友，被法院判決無期徒刑；吳××服刑完畢後假釋出獄。2009 年 12 月 1 日下午三點左右，吳××不滿女友要分手，徒步走到托育中心，猛按大門對講機，大喊：「黃〇〇妳下來！黃〇〇妳下來！」，而托育中心置之不理，吳××再以手機進行「奪命連環叩」，黃女最後不堪其擾，欲出面協調，不料一出面就被男友以手槍槍擊，擊中後腦，子彈卡在頭顱裡，生命垂危。

價值澄清：

1. 青年男女在尚未投入感情前，是否該徹底瞭解對方的個人資料，如教育、家世背景、遺傳、情緒控制、責任感，或是否有前科？

2. 黃女是否該讓男友知道其老家？為什麼？

3. 黃女是否該因男友到上班地點吵鬧，而心軟出面協調？為什麼？

4. 男女在交往、感情發展過程中，該如何保護自己，有哪些方法？

5. 若你不慎愛上了恐怖情人，該如何解決？

6. 你認為案發當天最好的處理方式是什麼？

第四節　成功的婚姻與婚姻危機

夫妻兩人結婚，婚姻的本質是動態（dynamic）的關係而非靜態（static）的事實，夫妻如何在婚姻變動的環境中，維持不變的相愛關係？完美婚姻或成功的婚姻本質，不在於夫妻雙方從未發生衝突，而是在於雙方是否有能力解決彼此不同的需求，這才是婚姻關係的本質（葉肅科，2000；簡春安，1996）。青年男女，人人渴望擁有浪漫的愛情，更盼望自己的婚姻能完美成功，那麼就要靠婚前擇偶的理智努力，讓婚後感情婚姻的經營永不停息。

一、成功婚姻的內涵

要有成功婚姻（successful marriage）之前，先要有穩定的婚姻，穩定婚姻特別強調婚姻關係的穩定性，換句話說，不管夫妻兩人的感情關係如何，只要夫妻婚姻關係是穩定的、不變的，有了安定的婚姻，才能更一進求得成功的婚姻或完美的婚姻；而成功婚姻是指，夫妻兩人對婚姻都感覺滿意、幸福，而覺得婚姻完美，才算是婚姻成功。

完美婚姻（perfect marriage）是指，男女兩人若能儘量門當戶對、兩情相悅、互尊互重、互信互諒、榮辱與共，有生命共同體的概念，夫妻彼此在事業各自努力，家事或子女教育夫妻分工（部分無法取代），完成家庭階段性任務，有計畫、有希望的合組幸福美滿家庭，而讓夫妻感受到對於婚姻有良好的滿意度。一般而言，婚姻成功的可能性指標因素及重要性分析（彭懷真，2003），如表 5-2 所示。

表5-2　婚姻成功的指標性因素

重要性	促成婚姻幸福的因素
A	1. 父母的婚姻情況：幸福
A	2. 婚前性經驗：沒有或僅限於成婚對象
A	3. 無不良嗜好
A	4. 價值觀：理念相近
B	5. 熟識：彼此熟識深交六個月以上
B	6. 結婚年齡：男性超過 22 歲，女性超過 20 歲
B	7. 年齡差異：男方比女方為大或相近
B	8. 正確家庭觀念
B	9. 有正常工作
B	10. 教育水準程度：專科以上
B	11. 岳父母的態度：支持
C	12. 與父親的衝突：完全沒有或絕少
C	13. 與母親的衝突：完全沒有或絕少
C	14. 人際關係良好
C	15. 關心別人有愛心
C	16. 政黨或政治理念
D	17. 適應力：一般適應情況良好
D	18. 與父親關係：親近
D	19. 與母親關係：親近
D	20. 父母的管教：不太嚴苛
D	21. 認識時間：九個月以上
D	22. 異性深度交往經驗：很少
D	23. 童年經驗：愉快或非常愉快
D	24. 父母的婚姻情況：幸福
D	25. 心理狀態：平衡
D	26. 職業：專門性職業
D	27. 儲蓄：有一些存款
D	28. 性知識：正確
D	29. 性教育的來源：父母

資料來源：彭懷真（2003：64）

根據表 5-2 顯示，完美的婚姻或成功的婚姻沒有一定的標準，但依邏輯理論的觀點可推測而得，尤其在預測婚姻成功指標因素的重要性方面，A 的比例愈多愈好，此表示夫妻兩人各方面相似特質愈高。有了良好的婚姻成功指標基礎，也需夫妻兩人有心持續共同經營，婚姻自然感覺幸福美滿。

二、影響成功婚姻的主要因素

周麗端、吳明燁、唐先梅、李淑娟（1999）認為，影響成功婚姻的主要因素，包括以下幾點：

1. 年齡差距：年齡差距雖無一定標準，但年齡與成長年代、價值觀有關，會影響夫妻的處世方法與溝通。
2. 教育程度：教育程度與價值觀有關，教育程度差距過大，夫妻不易溝通。
3. 結婚年齡：結婚年齡與個人人格成熟度有關，年紀太輕，成熟度不足，因應婚姻挑戰的能力會較差。
4. 親友態度：若有親友祝福與支持的婚姻，其婚姻成功機率較高。
5. 結婚長短：結婚愈久，婚姻成功的機率愈高，因為結婚愈久，夫妻愈瞭解對方的期望與看法，容易找出夫妻互動的模式，婚姻滿意度較高。
6. 相似條件：相似條件包括宗教、興趣、價值觀、角色認同、種族、教育程度，條件愈相近，婚姻成功機率愈高。

綜上而論，婚前有了良好的婚姻成功指標，結婚時有成功婚姻的要素，有賴夫妻雙方持續不斷的努力，努力經營夫妻的感情與家庭，而成功的婚姻不是天生註定，也非夫妻先天擁有的能力，而是靠夫妻永續、耐心、用心的培養與經營。

三、婚姻危機（the crisis of marriage）

　　婚姻是透過合法程序，將一對來自不同環境、背景、價值理念、文化的兩個人，合法正式的共同在一起生活，因而婚姻衝突在所難免。在婚前的擇偶時，需透過理智、冷靜、深思、多觀察、多考驗、多分析，來研判雙方是否合適，在「候選人儲存槽」中選擇最合適的人選；並且儘量避免婚後發生婚姻衝突，但若婚姻衝突發生時，雙方也要有耐力、有毅力，更應沉思，秉持樂觀的態度，尋求夫妻衝突的解決模式，尋求最有利、最合適的平衡點；兩人均該勇於面對現實，檢討因果關係，知錯能改善莫大焉，否則婚姻危機隨時浮現。因為婚姻隨時均處在動態（movement）的關係中，若是危機發生，導致不幸的結果，相信對男女雙方、雙方家族、社會乃至國家，均是不幸的大事，因而夫妻相處要儘量尋求婚姻的穩定（stable）狀態，避免觸發婚姻危機的不良因素產生，而任何人均有責任避免婚姻危機發生。

（一）處於婚姻危機邊緣的男性

1. 大男人主義：傳統思想、唯我獨尊。
2. 偏激心態：把女方當成女傭看待。
3. 不良生活習慣：嗜酒、衛生問題。
4. 偏差行為：吸毒、暴力、好賭。
5. 缺乏責任感：沒有家庭責任、遊手好閒。
6. 不積極：沒有上進心、不努力。
7. 外遇、婚外情：不正常的男女關係。
8. 吝嗇守拙：守財奴、視錢如命。
9. 追求享樂：愛名牌、花天酒地。
10. 婚姻暴力：家庭暴力、虐妻，以暴力解決問題。

11. 人際關係不好：尤其是婆媳關係，雙方家族人際互動不佳。

12. 好高騖遠：夢幻生活、追求虛無飄渺。

13. 自暴自棄：欠缺積極人生觀，沒有鬥志、放棄希望。

14. 沒有原則主見：處事沒原則，無法處事、家務一團亂。

15. 事業心太強：太專注個人事業，對夫妻二人共同的生活品質不重視。

16. 政治理念不同：政黨意識過於強烈，嚴重影響夫妻生活。

17. 性問題：性無能或性變態。

18. 宗教：宗教理念明顯差異，難以溝通。

19. 經濟：經濟能力不好，難以維持家庭開銷，面臨討債債務。

20. 病弱：身體病弱無法滿足夫妻生活，或維護家人生活。

（二）處於婚姻危機邊緣的女性

1. 過度優越型：嫌對方及對方的家族不好，認為自己委屈，難以和對方及家族共同生活。

2. 浪漫夢幻型：沉溺愛河中，不知如何面對現實生活。

3. 完美主義型：眼裡容不下一點瑕疵、心理盛不下一絲缺點，太過挑剔。

4. 情感放縱型：婚外情、外遇、不專情。

5. 自我封閉型：無法與他人溝通協調，無法達到生命的融通與感情的交流。

6. 嘮叨挑剔型：碎碎念、總覺得別人不好，太過於主見。

7. 遷就順從型：自己沒有原則、見異思遷。

8. 吝嗇守拙型：守財奴、視錢如命。

9. 追求享樂型：喜好名牌、不做家事。

10. 暴力情緒型：有暴力傾向、情緒管理差。

11. 幼稚依賴型：圓滿婚姻與成熟度成正比，成熟度不足依賴成性。

12. 人際不良型：婆媳、家族、朋友關係處理不好。

13. 無家庭觀念型：對家務、家事沒用心，沒有家庭觀念。

14. 性問題型：性冷感或對性持有特殊意見。

15. 病弱型：女性身體病弱，易引發男性不滿。

　　不管先生或太太，若有婚姻危機的因素，應要取得對方信任，努力去除，共同維護婚姻的穩定，創造幸福、快樂，有希望的家庭。

第六節　離婚與離婚的影響

一、離婚的定義（the definition of divorce）

　　離婚是指，夫妻雙方經法律程序，認定不再有夫妻關係。彭懷真（2003）認為，離婚是法律上有效婚姻的破滅，而 Goodman（1993）則認為，離婚是結束婚姻的法律過程。在《民法》第四編第五節中，自第1049 條至 1058 條規範了離婚的要件：離婚有兩願離婚（協議離婚）和判決離婚兩種。協議離婚又稱為無過失離婚（no-fault divorce），只要男女雙方協議完成，有二位證人，就可向戶政機關提出書面申請離婚；而判決離婚須符合要件，並由法院判決（彭懷真，2003）。離婚的目的在解除法律上的婚姻關係，以獲得離婚欲達成的心願，因而離婚原因及離婚的目的也因人而異，依內政部統計有關協議離婚和判決離婚的比例平均約為 84.50%與 12.64%，如表 5-3 所示。

表5-3　台灣地區近五年離婚方式之比率　　　　　　（單位：對；%）

年別		離婚對數按離婚方式					百分比分配				
		總計	兩願	判決	法院調解	法院和解	總計	兩願	判決	法院調解	法院和解
民國 96 年	2007	58,410	50,789	7,621	…	…	100.00	86.95	13.05	…	…
民國 97 年	2008	56,103	48,548	7,555	…	…	100.00	86.53	13.47	…	…
民國 98 年	2009	57,223	47,677	9,546	…	…	100.00	83.32	16.68	…	…
民國 99 年	2010	58,037	48,098	5,783	3,215	941	100.00	82.87	9.96	5.54	1.62
民國 100 年	2011	57,077	47,265	5,738	3,056	1,018	100.00	82.81	10.05	5.35	1.78

資料來源：節錄自內政部戶政司（2012h）

二、離婚的原因

　　青年男女在擇偶前左尋右覓、苦思良策，約會時緊張刺激、得失心強，戀愛時海誓山盟、甜蜜回味，新婚時恩恩愛愛、相愛恨晚，婚後數年爭爭吵吵、紛紛擾擾，最後自恨遇人不淑、勞燕分飛；其實每一對離婚夫妻，都可寫成一篇篇驚天動地的故事，其背後隱藏著很多不為人知的離異原因。彭懷真（1996）指出，全世界的離婚率正在快速增加中，美國是全世界離婚率最高的國家，離婚的原因和社會複雜程度有關，社會學者研究整體社會結構時發現，都市化、工業化、社會控制、社會連帶因素均與離婚率有關。每對夫妻離婚的原因各自不同，蔡文輝（1998）和 Sullivan（1997）認為，離婚率增加的原因有：(1)家庭功能改變；(2)負面態度減輕；(3)道德制裁力降低；(4)再婚可能性增加；(5)法律約束放寬；(6)婦女就業機會增加；(7)夫妻子女數減少；(8)兩性日益平等。Sullivan（1997）同時指出，離婚率較高的族群有：(1)夫婦社會差異大；(2)低社經地位；(3)年輕早婚；(4)一見鍾情的愛。在台灣地區，較都市化人口密度高的地方，離婚率也較高，例如：新北市、台北市、台中市、高雄市、桃園縣等（如表 5-4 所示）。

表5-4 各縣市人口結婚和離婚對數及結婚和離婚率按性別及結婚次數分（按發生日期統計）　　　　　　　　（單位：對；‰；人）

區域別	結婚對數	粗結婚率(‰)	初婚人數 男	初婚人數 女	初婚率 男	初婚率 女	再婚人數 男	再婚人數 女	再婚率 男	再婚率 女	離婚對數	粗離婚率(‰)	每千有偶人口離婚率 男	每千有偶人口離婚率 女
總計	165,305	7.13	141,072	142,819	37.85	45.90	24,233	22,486	26.65	13.20	57,077	2.46	11.10	11.34
新北市	31,263	8.00	26,765	27,193	40.49	47.78	4,498	4,070	31.15	14.73	10,892	2.79	13.09	12.85
臺北市	21,378	8.11	18,356	19,037	46.37	48.88	3,022	2,341	34.18	12.35	5,875	2.23	10.03	9.75
臺中市	19,961	7.51	17,234	17,412	40.48	47.92	2,727	2,549	29.22	14.25	6,430	2.42	11.29	11.14
臺南市	12,389	6.61	10,760	10,801	35.09	43.03	1,629	1,588	21.13	11.09	4,298	2.29	10.23	10.51
高雄市	18,703	6.74	15,943	16,098	34.57	42.10	2,760	2,605	23.20	12.01	7,229	2.61	12.03	12.20
臺灣省	60,989	6.60	51,508	51,734	35.26	45.30	9,481	9,255	24.74	13.39	22,239	2.41	10.55	11.23
宜蘭縣	2,820	6.13	2,369	2,415	32.33	41.44	451	405	23.29	11.24	1,095	2.38	10.36	11.12
桃園縣	15,518	7.73	12,878	12,924	40.74	50.65	2,640	2,594	35.39	18.89	5,944	2.96	13.69	13.72
新竹縣	3,922	7.61	3,284	3,324	44.19	58.24	638	598	33.09	18.03	1,265	2.45	10.46	11.04
苗栗縣	3,940	7.02	3,327	3,333	37.84	49.40	613	607	25.53	14.90	1,302	2.32	9.74	10.77
彰化縣	8,519	6.53	7,555	7,609	36.37	46.46	964	910	21.87	10.70	2,321	1.78	7.53	8.07
南投縣	3,053	5.82	2,586	2,603	30.96	40.25	467	450	19.49	10.68	1,227	2.34	9.96	11.02
雲林縣	3,964	5.54	3,376	3,446	31.92	42.46	588	518	18.68	9.06	1,419	1.98	7.88	9.25
嘉義縣	2,968	5.49	2,493	2,498	30.33	40.44	475	470	18.48	10.75	1,201	2.22	8.87	10.16
屏東縣	4,802	5.53	4,094	4,044	28.55	37.12	708	758	16.67	10.63	2,125	2.45	10.80	11.58
臺東縣	1,269	5.53	998	983	24.10	36.43	271	286	21.13	12.70	559	2.44	11.69	12.86
花蓮縣	2,066	6.12	1,685	1,644	28.28	38.35	381	422	20.47	13.08	890	2.63	12.77	13.68
澎湖縣	524	5.40	438	420	27.50	33.86	86	104	19.49	13.47	189	1.95	8.32	9.04
基隆市	2,385	6.24	1,906	1,934	29.04	36.54	479	451	26.07	13.45	1,067	2.79	13.15	13.68
新竹市	3,552	8.50	3,093	3,083	50.67	59.91	459	469	32.85	17.21	950	2.27	10.44	10.11
嘉義市	1,687	6.20	1,426	1,474	33.30	39.69	261	213	25.73	10.13	685	2.52	12.13	11.83
福建省	622	5.62	506	544	30.82	38.33	116	78	28.90	10.85	114	1.03	3.91	4.49
金門縣	563	5.60	461	491	31.24	37.41	102	72	28.73	10.90	101	1.00	3.85	4.31
連江縣	59	5.88	45	53	27.08	49.63	14	6	30.24	10.28	13	1.30	4.50	6.78

資料來源：內政部戶政司（2012i）

就微觀而論，美國學者 Miller 與 Moore（1990），曾研究美國社會高離婚率的主要因素有：

1. 年紀太輕就結婚，尤以不滿 20 歲即成婚者最為明顯。

2. 從認識到結婚期間太短，例如：不到兩年就結婚。

3. 婚前交往時期太短，以不到半年最明顯。

4. 父母的婚姻不快樂。

5. 親友明確表示不同意該段婚姻。

6. 背景的明顯差異。

7. 宗教信仰不同。

8. 求學階段有輟學經驗。

9. 未能建立良好的社會參與。

10. 對丈夫和妻子角色義務的認定有異。

11. 社會連帶（social bonds）較弱。

根據學者 Calhoun、Light 與 Keller（1996）就離婚現象的研究，發現下列群體離婚率較高：

1. 居住在都市地區者。

2. 夫妻均工作，但收入並不高者。

3. 妻子對家事分工採平權態度，但丈夫沒有。

4. 夫妻均無強烈的宗教認同。

5. 夫妻均是自由主義者。

6. 夫妻均對生命採取悲觀主義者。

7. 雙方或一方的父母有離婚紀錄者。

筆者根據多年的實務工作經驗，發現除了上述原因外，尚有：

1. 性功能和性態度有問題。

2. 身體病弱問題。

3. 夫妻分居二地（岸）。

4. 行為偏差怪異。

5. 情緒不穩，成熟度不足。

6. 經濟危機。

7. 法律制定的離婚要素。

8. 家族不合亦是離婚的主要原因。

我國判決離婚的原因，依 2012 年 6 月 13 日總統公布修正之《民法》第 1052 條規定：「夫妻之一方，有下列情形之一者，他方得向法院請求離婚：

1. 重婚。

2. 與配偶以外之人合意性交。

3. 夫妻之一方對他方為不堪同居之虐待。

4. 夫妻之一方對他方之直系親屬為虐待，或夫妻一方之直系親屬對他方為虐待，致不堪為共同生活。

5. 夫妻之一方以惡意遺棄他方在繼續狀態中。

6. 夫妻之一方意圖殺害他方。

7. 有不治之惡疾。

8. 有重大不治之精神病。

9. 生死不明已逾三年。

10. 因故意犯罪，經判處有期徒刑逾六個月確定。

有前項以外之重大事由，難以維持婚姻者，夫妻之一方得請求離婚。但其事由應由夫妻之一方負責者，僅他方得請求離婚。」

筆者分析台灣地區夫妻離婚依結婚期間分，夫妻結婚前八年離婚的對數及可能性較高，如表 5-5 所示；結婚期間離婚率所占總離婚率的百分比，如表 5-6 所示。

三、離婚的狀況（形式）（state of divorce）

彭懷真（2003）將離婚形式分為下列六種：

1. 感情上離婚：夫妻雖未正式離婚，但已分居或同床異夢，夫妻之間不再有愛情。

2. 法律上離婚：經法律程序解除夫妻的婚姻關係，其目的在解除婚姻的法律束縛。

3. 經濟上離婚：夫妻分成個別的經濟單位，各自有其經濟收入與花費控制，以及稅務、債務的責任。

4. 撫育上離婚：離婚父母要負擔子女財物上的支持，如生活費或教育費用，以及法律上的責任，如教育權和監護權。

5. 精神上離婚：夫妻貌合神離，想念配偶以外之對象，甚至心中有著不可告人的幻想對象，會重新尋得新的精神寄託。

表5-5 台灣地區各結婚期間的離婚對數

年別	總計	未滿1年	1年	2年	3年	4年	5年	6年	7年	8年	9年	10~14年	15~19年	20~24年	25~29年	30年以上
民國77年 1988	25,013	1,248	1,873	1,881	1,917	1,943	1,650	1,618	1,552	1,351	1,220	4,196	1,870	928	407	1,359
民國78年 1989	25,128	1,233	1,868	1,843	1,857	1,752	1,630	1,584	1,447	1,358	1,259	4,528	2,085	953	402	1,329
民國79年 1990	27,482	1,430	2,030	2,005	2,006	1,835	1,807	1,594	1,539	1,465	1,398	5,015	2,421	1,136	490	1,311
民國80年 1991	28,324	1,331	2,066	2,207	2,135	1,946	1,735	1,597	1,577	1,383	1,317	5,201	2,804	1,252	548	1,225
民國81年 1992	29,277	1,400	1,998	2,311	2,118	2,016	1,768	1,687	1,502	1,415	1,305	5,421	3,125	1,423	559	1,229
民國82年 1993	30,263	1,452	2,289	2,255	2,319	2,217	1,940	1,752	1,599	1,430	1,362	5,777	3,283	1,515	631	442
民國83年 1994	31,889	1,534	2,268	2,649	2,307	2,312	2,163	1,829	1,622	1,419	1,349	5,804	3,683	1,726	715	509
民國84年 1995	33,260	1,623	2,424	2,601	2,602	2,273	2,183	1,974	1,656	1,464	1,401	5,736	3,992	1,964	813	554
民國85年 1996	35,937	1,783	2,598	2,765	2,717	2,446	2,203	1,981	1,834	1,655	1,373	6,075	4,564	2,333	977	633
民國86年 1997	38,899	2,136	2,704	3,019	2,912	2,652	2,483	2,199	1,948	1,697	1,525	6,225	4,851	2,715	1,080	752
民國87年 1998	43,729	2,609	3,240	3,158	3,151	3,083	2,725	2,496	2,108	1,991	1,754	6,728	5,320	3,164	1,289	913
民國88年 1999	49,157	3,367	3,432	3,667	3,548	3,198	3,116	2,825	2,594	2,098	2,007	7,228	5,614	3,793	1,558	1,112
民國89年 2000	52,755	4,920	3,802	3,533	3,536	3,376	3,097	2,793	2,554	2,397	2,001	7,724	5,838	4,043	1,885	1,262
民國90年 2001	56,628	6,014	4,547	3,630	3,503	3,308	3,158	2,900	2,615	2,453	2,278	8,215	6,041	4,454	2,027	1,485
民國91年 2002	61,396	5,797	4,984	4,588	3,825	3,512	3,285	3,082	2,729	2,667	2,425	8,887	6,270	4,919	2,604	1,828
民國92年 2003	64,995	6,785	5,275	4,917	4,522	3,610	3,179	3,053	2,846	2,667	2,494	9,364	6,431	5,019	2,844	1,989
民國93年 2004	62,635	4,845	5,382	4,721	4,487	4,082	3,164	2,935	2,925	2,656	2,390	9,269	6,148	4,749	2,926	1,956
民國94年 2005	62,650	3,110	5,056	4,822	4,322	4,008	3,761	2,908	2,872	2,803	2,636	9,941	6,520	4,712	3,110	2,071
民國95年 2006	64,476	2,846	4,058	4,708	4,496	4,150	3,846	3,691	2,928	2,862	2,695	10,595	6,943	4,863	3,351	2,444
民國96年 2007	58,410	2,727	3,769	3,789	3,865	3,831	3,577	3,446	3,300	2,644	2,421	9,419	6,396	4,169	2,745	2,312
民國97年 2008	56,103	2,751	3,431	3,513	3,295	3,560	3,512	3,195	3,117	3,069	2,493	8,983	6,104	3,889	2,745	2,446
民國98年 2009	57,223	2,844	3,463	3,554	3,340	3,041	3,377	3,431	3,126	3,459	3,168	9,188	6,247	3,824	2,622	2,539
民國99年 2010	58,037	2,888	3,459	3,407	3,168	3,146	3,111	3,727	4,254	3,663	3,223	9,411	6,029	3,780	2,395	2,371
民國100年 2011	57,077	3,455	3,368	3,328	3,224	2,997	2,982	3,192	3,730	3,395	2,902	9,798	6,161	3,746	2,361	2,438

資料來源：內政部戶政司（2012j）

表5-6 台灣地區各結婚期間的離婚率所占百分比

年別	總計	未滿1年	1年	2年	3年	4年	5年	6年	7年	8年	9年	10~14年	15~19年	20~24年	25~29年	30年以上
民國77年 1988	100.00	4.99	7.49	7.52	7.66	7.77	6.60	6.47	6.20	5.40	4.88	16.78	7.48	3.71	1.63	5.43
民國78年 1989	100.00	4.91	7.43	7.33	7.39	6.97	6.49	6.30	5.76	5.40	5.01	18.02	8.30	3.79	1.60	5.29
民國79年 1990	100.00	5.20	7.39	7.30	7.30	6.68	6.58	5.80	5.60	5.33	5.09	18.25	8.81	4.13	1.78	4.77
民國80年 1991	100.00	4.70	7.29	7.79	7.54	6.87	6.13	5.64	5.57	4.88	4.65	18.36	9.90	4.42	1.93	4.32
民國81年 1992	100.00	4.78	6.82	7.89	7.23	6.89	6.04	5.76	5.13	4.83	4.46	18.52	10.67	4.86	1.91	4.20
民國82年 1993	100.00	4.80	7.56	7.45	7.66	7.33	6.41	5.79	5.28	4.73	4.50	19.09	10.85	5.01	2.09	1.46
民國83年 1994	100.00	4.81	7.11	8.31	7.23	7.25	6.78	5.74	5.09	4.45	4.23	18.20	11.55	5.41	2.24	1.60
民國84年 1995	100.00	4.88	7.29	7.82	7.82	6.83	6.56	5.94	4.98	4.40	4.21	17.25	12.00	5.90	2.44	1.67
民國85年 1996	100.00	4.96	7.23	7.69	7.56	6.81	6.13	5.51	5.10	4.61	3.82	16.90	12.70	6.49	2.72	1.76
民國86年 1997	100.00	5.49	6.95	7.76	7.49	6.82	6.38	5.65	5.01	4.36	3.92	16.00	12.47	6.98	2.78	1.93
民國87年 1998	100.00	5.97	7.41	7.22	7.21	7.05	6.23	5.71	4.82	4.55	4.01	15.39	12.17	7.24	2.95	2.09
民國88年 1999	100.00	6.85	6.98	7.46	7.22	6.51	6.34	5.75	5.28	4.27	4.08	14.70	11.42	7.72	3.17	2.26
民國89年 2000	100.00	9.33	7.21	6.70	6.70	6.40	5.87	5.29	4.84	4.53	3.79	14.64	11.07	7.66	3.57	2.39
民國90年 2001	100.00	10.62	8.03	6.41	6.19	5.84	5.58	5.12	4.62	4.33	4.02	14.51	10.67	7.87	3.58	2.62
民國91年 2002	100.00	9.44	8.12	7.47	6.23	5.72	5.35	5.02	4.44	4.33	3.95	14.47	10.21	8.01	4.24	2.98
民國92年 2003	100.00	10.44	8.12	7.57	6.96	5.55	4.89	4.70	4.38	4.10	3.84	14.41	9.89	7.72	4.38	3.06
民國93年 2004	100.00	7.74	8.59	7.54	7.16	6.52	5.05	4.69	4.67	4.24	3.82	14.80	9.82	7.58	4.67	3.12
民國94年 2005	100.00	4.96	8.07	7.70	6.90	6.40	6.00	4.64	4.58	4.47	4.21	15.87	10.41	7.52	4.96	3.31
民國95年 2006	100.00	4.41	6.29	7.30	6.97	6.44	5.97	5.72	4.54	4.44	4.18	16.43	10.77	7.54	5.20	3.79
民國96年 2007	100.00	4.67	6.45	6.49	6.62	6.56	6.12	5.90	5.65	4.53	4.14	16.13	10.95	7.14	4.70	3.96
民國97年 2008	100.00	4.90	6.12	6.26	5.87	6.35	6.26	5.69	5.56	5.47	4.44	16.01	10.88	6.93	4.89	4.36
民國98年 2009	100.00	4.97	6.05	6.21	5.84	5.31	5.90	6.00	5.46	6.04	5.54	16.06	10.92	6.68	4.58	4.44
民國99年 2010	100.00	4.98	5.96	5.87	5.46	5.42	5.36	6.42	7.33	6.32	5.55	16.22	10.39	6.51	4.13	4.09
民國100年 2011	100.00	6.05	5.90	5.83	5.65	5.25	5.22	5.59	6.54	5.95	5.08	17.17	10.79	6.56	4.14	4.27

資料來源：內政部戶政司（2012j）

6. 社交生活的離婚：離婚夫妻各自尋求新的生活及社交圈，擁有各
自的新朋友。

四、離婚率（divorce rate）

離婚率表示，一個國家結婚的夫妻結束其婚姻法律關係的比率。台
灣的離婚率是亞洲第一，這表現出台灣離婚現象的普遍性，國人均應深
自反省。人口學者對離婚率的計算有三種主要的指標：

1. 觀察離婚對數的變化，是每年增加或減少。
2. 以離婚人口數除以總人口數。
3. 以　年中離婚對數除以結婚對數，例如：台灣在 2011 年有 165,327
對結婚，57,008 對離婚，離婚對數除以結婚對數，得 34.48%。

其中以第三種描述最為驚人，也最常被一般人所引用；台灣的離婚
對數不斷增加，也看出結婚對數之比率逐漸下降，與目前台灣社會普遍
存在的諸多社會問題、社會亂象有密切關係，例如：少子化、單親家庭、
隔代教養、青少年問題、治安惡化、中輟生現象日趨嚴重。離婚率在台
灣各縣市間，也有明顯的差別，由表 5-1 可明顯看出，台閩地區離婚對
數比，由光復初期 1951 年的 19.10：1 到 1991 年的 5.76：1，再演變到
2001 年 3.02：1，而至 2011 年已經飆到 2.90：1。同樣的，隨著年代增
加，台灣社會由單純樸實的農村，演變為繁榮的工商社會，而至現今社
會問題重重的資訊社會，形成社會問題與離婚率問題齊頭並進的狀況，
因而政府為求有效的防止社會問題產生，宜從婚姻關係、夫妻問題、家
庭問題著手。

一般而言，教育程度低、收入低、社經地位低、太早結婚者、婦女
擁有大專以上學歷者、自由主義者、政治意識強烈者，其離婚率較高；
但當景氣低迷，經濟下降時，則離婚率也跟著下降。

五、離婚症候群（the syndrome of divorce）

　　夫妻離婚不管男方或女方，對其而言均是一生中最大的憾事之一，更會造成子女永遠的痛，也會造成男女雙方家族的困擾；因而青年男女從擇偶、訂婚到結婚，均應慎重，千萬兒戲不得。離婚對男女雙方均會造成很多、很大、很久的傷痛，其離婚症候群如下：

1. 羞辱與退縮：離婚後，男生和女生均會有羞辱感，畢竟離婚目前在世界上或台灣社會，並不是一件光彩的事，舉手投足間也會出現退縮現象。

2. 罪惡感：夫妻會造成離婚，畢竟男女雙方都有錯，經冷靜省思後，均會自覺有罪惡感，尤其已有小孩的夫妻會覺得對不起父母和小孩。

3. 失落感：離婚後，會忽然覺得人生以前擁有的有形或無形資產，失去了一大半，如朋友、親人、財產等，而有失落的感覺。

4. 失望、消沉：離婚後，頓時覺得人生失望無助，並有意志消沉現象，腦海中呈現負面的思緒，而覺失望消沉。

5. 矛盾：離婚後會有空虛失落感，因而感覺和以前生活差異很大，而有懷疑自己的決定是否正確，當初要離婚的決定是否是對的之矛盾感。

6. 憤怒、粗暴：離婚後，可能因對以前另一半的不滿，因而引起情緒性的暴躁，而有憤怒與粗暴現象，甚至會找對方，產生離婚傷害事件。

7. 行為偏差：很多夫妻一旦離婚，沒有另一半的相互扶持、鼓勵與約束，日常生活容易變調，而走上行為偏差的道路，如酗酒或結識不良份子。

8. 解脫：離婚一定有其非常不滿意對方，且無法容忍的原因，想與對方切割關係甚至一刀兩斷，因而離婚後有解脫桎梏，生命獲得

解脫的感覺。

9. 焦慮、自殺：很多夫妻一旦離婚，生活頓時失去重心，沒有依靠、沒有安全感，而產生焦慮不安與憂鬱惡習，且會有自殺或不滿的傾向，因而離婚不久的夫妻，很容易自殘或自殺。

六、離婚的影響（the impacts of divorce）

青年男女婚前戀愛甜蜜，彼此為愛沖昏了理智與理性，在戀愛滋味中似乎一切都很好，情投意合、海誓山盟，才走上結婚禮堂，並感覺相見恨晚、相愛恨遲；但婚後由於日夜相處、新鮮感不再，異性的吸引力降低，而發現彼此缺點多多。但這追根究柢，就是她（他）們缺乏對擇偶、婚姻的重視，對婚姻的認知不足，視婚姻如兒戲，最後走上離婚之路，造成一生無法彌補的憾事，而形成全輸的局面，其影響之大難以想像。

英國學者 Wallerstein 與 Blakeslee（1989）長期探討離婚影響，證實離婚會產生持續性的創傷，往往會留下永久性的後悔，造成壓力、不快樂和生活障礙。Clapp（1922）研究指出，離婚是除了喪偶以外，人生最大的壓力事件。

在 Wallerstein 與 Blakeslee（1989）的研究中指出，離婚時做妻子和做兒女的是較大的受害者，所受創傷持續時間較長，平復時期需要較久，做丈夫的則受苦較輕、較短。社會學者研究可能的原因如下：

1. 社會結構：女性社會地位普遍較男性為低，所得亦較男性為低，生活品質難以維持。

2. 文化方面：男性再婚的比率較高，約為 40%，女性再婚比率只有 16%，而男性再婚對象又更年輕。

3. 功能的整合：離婚後子女的生活功能受影響，因子女畢竟是弱勢，需要母親的撫育成長。

4. 社會行動：一般而言，女性較易緊張、仇恨、人際關係差，重新

認識異性機會低、意願也不高。

5. 權力、資源：妻子、子女常是弱勢，可運用的權利或資源較少，女性結過婚衰老較快，青春不再，較難吸引異性。

離婚會造成生涯規劃的錯亂、家庭的解組、子女頓時的不知依靠、夫妻的反目成仇、家庭的困頓、整個生活步調大亂，一般來說，必然會面對下列幾個問題，分述如下。

（一）經濟問題

如果離婚婦女平日沒有工作，會馬上面臨家計問題，需衡量自己是否具有從事某種工作的能力或專業，或者需要一段職業訓練的時間，才能順利找到工作；而離婚的丈夫也是不好過，有時還必須負起前妻和子女的生活費用，家務事也沒人協助，有時還需要花一筆費用請專人幫忙整理家事。

（二）居住問題

離婚夫妻居住方面也是一大問題。在台灣社會，離婚後的妻子往往要搬離原來社區或搬回娘家，尤其有子女者更會造成居住的大問題，原來社區親戚朋友已熟，而且馬上必須面對子女學區的轉移，子女的教育轉學適應，以及新住社區就業的問題。

（三）孩子的問題

孩子怎麼辦？如何安排對他們是最好的？孩子是跟母親住或跟父親住？這都是很大的問題。跟父親或母親住均各有利弊，但因父母離婚，不管跟誰住，皆已對子女造成很大的傷害，而且子女對適應新的生活方式，或新的鄰居、朋友，或新的學校、新的班級同學，都要有一段很長的適應期。

（四）生活重組問題

離婚夫妻往日的家庭生活，已有一貫的生活模式，遇到問題有人可以相互扶持、相互鼓勵、相互關心，離婚後頓時失去生活重心，全家大小勢必一團紊亂，要歷經一段漫長的重組期。

（五）社會現實問題

離婚後遇到舊識、親朋好友或長官同事，有苦難言，相遇時更難以啟齒，開門跨出第一步，就怕別人以異樣眼光看待，尤其更怕別人提及家庭問題。

（六）家族關係問題

離婚的夫妻，一定經過很多的誤會與衝突，往往在離婚的過程中，家族人士均會參與其中，彼此的誤會與不滿會造成雙方家長怒氣難消，雙方家族關係惡化。

（七）其他

離婚所造成的問題相當多，其影響層面廣大，而且非短時間內可以恢復，例如：財產處理、子女教育、子女的監護權……等，夫妻離婚後生活也有很大改變，社會活動參與較少、收入少、親友往來互動少，所以要有一段很長的調適期。

第六節　再婚與對再婚者的建議

隨著交通的便捷、社會的開放、道德觀念的轉變、自由主義的興起，

離婚率雖然逐漸增加，但相對的離婚後再結婚的人數，也逐漸在增加中，但再婚的人，他們再次離婚的比率也較一般人為高。

一、再婚率

再婚率（the rate of remarriage）是指，離婚者或喪偶者在前一次婚姻關係結束後，再次結婚的比率。隨著社會的民主開放，人們的思想轉變，離婚率與再婚率均同時增加。

蔡文輝（1998）研究指出，美國的離婚者大約有 80%能夠再婚，其中男性高達 83%，女性則約為 75%。藍采風（1996）以台灣離婚夫妻為研究對象，發現男女離婚者與喪偶者的再婚率，均有提高的趨勢；男性的再婚率自 1971 年的 26.9%，升到 1990 年的 32.5%，女性則由 14.4%提高到 18.2%。筆者再針對台灣的再婚率加以研究，1999 年到 2003 年男性的再婚率達到最高峰，平均為 48.82%，後即急速下降，約在 25%左右，如表 5-7 所示。此可能因全球遭逢金融海嘯，台灣的通貨膨脹、婚姻生活開銷大增，造成願意同居者增加，而再婚者減少，畢竟過著同居生活而不結婚，一樣可以享受男女生活的樂趣。但就國內外再婚率而言，男性的再婚率均高於女性的再婚率。

蔡文輝（1998）和徐光國（2000）認為原因如下：

1. 男女性比例：一般而言，30 歲以上的人口性比例，均女性多於男性。

2. 離婚媽媽有著子女的牽絆：離婚夫妻若有子女，會造成離婚男性很多的困擾，尤其子女數愈多，就愈難找到再婚的對象。

3. 婚姻斜坡效應：女性找結婚對象，會找年齡稍大、資源多、社經地位好，因此條件好、教育程度高的離婚女性，就不易找到再婚的對象。

4. 生理差異：男性離婚後，其生理儀容外貌、條件仍是相當不錯，而女性超過 35 歲，便有高齡產婦及人老珠黃的現象，而且男性結

表5-7 台灣地區歷年男生與女生的再婚率

（單位：對；人；%）

年別		結婚對數	粗結婚率	初婚				再婚			
				人數		初婚率		人數		再婚率	
				男	女	男	女	男	女	男	女
民國 64 年	1975	149,958	9.33	144,948	144,916	62.04	95.40	5,010	5,042	28.55	12.67
民國 74 年	1985	153,721	8.01	144,759	143,899	52.25	74.84	8,962	9,822	34.26	18.12
民國 84 年	1995	161,258	7.58	146,534	147,747	46.12	62.46	14,724	13,511	35.14	16.62
民國 90 年	2001	167,157	7.48	139,175	150,056	41.28	55.93	27,982	17,101	48.36	15.02
民國 91 年	2002	173,343	7.72	142,347	153,533	42.17	57.50	30,996	19,810	50.93	16.59
民國 92 年	2003	173,065	7.67	138,564	150,729	40.82	55.53	34,501	22,336	53.96	17.87
民國 93 年	2004	129,274	5.71	106,178	113,700	30.94	41.06	23,096	15,574	34.27	11.91
民國 94 年	2005	142,082	6.25	119,897	125,636	34.49	44.48	22,185	16,446	31.15	12.02
民國 95 年	2006	142,799	6.26	120,613	125,113	34.26	43.50	22,186	17,686	29.54	12.37
民國 96 年	2007	131,851	5.75	110,508	115,121	31.02	39.34	21,343	16,730	27.11	11.23
民國 97 年	2008	148,425	6.45	126,798	129,732	35.24	43.68	21,627	18,693	26.43	12.11
民國 98 年	2009	116,392	5.04	95,505	98,910	26.21	32.74	20,887	17,482	24.60	10.95
民國 99 年	2010	133,822	5.78	111,797	114,251	30.24	37.13	22,025	19,571	25.01	11.85
民國 100 年	2011	165,305	7.13	141,072	142,819	37.85	45.30	24,233	22,486	26.65	13.20

資料來源：節錄自內政部戶政司（2012k）

婚喜歡找年輕貌美的女性。

5. 資源差異：男性的事業及經濟基礎約於 40 歲達到高峰，擁有有形
和無形的資源較多，而女性因生理年齡的關係擁有的資源較少。

二、再婚者的影響與建議

再婚家庭彼此間的背景差異很大，而多數再婚家庭面臨的難題，相
似性很大，例如：再婚的目的、再婚夫妻的親密關係、親子問題、溝通
協調、親子教養問題、經濟問題、家人關係複雜、家人的互動問題、與
前任配偶的關係互動等，均會影響再婚夫妻的家庭經營策略與方法。

再婚家庭又稱為重組家庭，意指離婚或喪偶的父親或母親於再婚後
所組成的新家庭。單親家長再婚的對象，可能是一位未婚的單身、單身
但已結過婚，或單親有子女的家長，如此的家庭成員，包括再婚者的父
親或母親，雙方單親家長所生的所有子女，或許還可能再加入這對單親
家長再婚後所再生的子女，這種家庭的家人關係極為複雜，家庭組織中
的成員關係很難調適，繼父母也很難有一致的標準教養小孩，家庭要有
和諧氣氛較難，但還是要秉持著溫暖、開明、公平、民主中有權威的治
家謀略。

三、給再婚者的建議

（一）家庭領導目標明確而合理化

再婚家庭因為成員複雜，而且是由彼此來自不同家庭文化的成員再
組合而成，因而每個人的思想價值觀互異，再婚者宜綜合家庭成員的能
力，家中擁有的資源，擬定合理化的目標，做為全家共同追求的理想，
以全家人一致的信念，促進再婚家庭的成長。

（二）營造溫暖有愛、有原則、有希望的家庭氣氛

再婚家庭組織繁雜，家庭成員均來自不同的家庭成員，再婚後可能又有新出生的小孩，人際關係的處理較為繁雜、不易，因而再婚者宜敞開心胸，請教婚姻專家，建構溫暖、有愛、有規範準則、有希望的家庭，否則家庭成員的心理不平衡，互相猜忌、忌妒，易產生紛擾而難以收拾。

（三）尊重、接納、耐心，要有調適期的心理準備

再婚家庭因成員複雜，原本生活背景不同，教養態度不同，與原生父母有感情因素的存在，因而繼父、繼母宜敞開胸懷，接納與喜歡家中的任何成員，並要尊重其生活思想的空間，有耐心的處理家事，並與繼子女友善的相處；且不能期望親生子女或繼子女在短時間內相互認同或肯定、相互支持，而是需要一段適應期，透過重組家庭的開明理性規範，以及繼父母更用心努力的經營，使他們能安心的和諧相處。

（四）再婚家庭的資源宜公平分配，所有子女對待方式一致而有彈性

再婚家庭的成員關係極為複雜，子女間彼此的感情不易融合，而且子女間敏感度特別高，因而再婚者在有形或無形資源的分配上應儘量公平，才不易產生紛爭與猜忌。對待所有子女的方式，宜有彈性，但表面上是公平一致的。

（五）積極學習教養兒女的方法與一致的教養態度

再婚家庭的家族成員複雜，彼此理念、價值觀、生活習慣差異很大，繼父、繼母要有決心，請教教育專家，學習教養兒女的良方，如何在各種教養方法中，視情境而相互為用，達到最佳的教養效果，而且不可因

繼父、繼母理念不一，或與他們親生父母的態度不同而灰心，應積極明瞭繼子女原來各種不同的家境文化、價值，而能與生父、生母取得一致性的教養共識，讓他們幸福快樂的成長。

（六）繼親與生親相互支援、健全兒女身心發展

繼父、繼母很難為，因與原生家庭過去的生活態度、生活習慣有差異，很難獲得繼子女的認同，甚至於很努力仍得不到回報，動輒得咎。但教導孩子是生父母、繼父母應負的天職，因而生父母應主動支援、關心，並提供繼父母意見，讓繼父母能深入瞭解每個兒女的特質與發展，而能安穩、快樂、健康的成長。

第七節　婚姻諮商、婚姻輔導與婚姻治療

婚姻是合法夫妻的共同生活，而共同生活的運行，如同一部電腦或機器的運作，難免會出現當機或故障，更何況夫妻是有思想、有主見的生命體，婚姻生活還要面對複雜的社會與現實生活的考驗。

婚姻問題層出不窮，婚姻壓力是多數夫妻都能體認的，且壓力來源愈多愈複雜，壓力也愈大，有婚姻危機感的人也愈多。社會上許多領域、許多機構逐漸被期待能提供各項有關婚姻的服務與協助，臨床心理學家、精神科醫生、社會工作員、婚姻諮商、教牧諮商、家庭教育中心、家扶中心等，紛紛成為婚姻輔導的主要人力，而婚姻輔導是增加夫妻間的親密關係，與婚姻諮商和婚姻治療有別，茲分述如下。

一、婚姻諮商（marriage counseling）

婚姻諮商不是要替夫妻解決婚姻問題，而是要協助夫妻或家人發展

新的溝通能力，或看待事情的角度，協助走出婚姻問題或困境（彭駕騂，1994）。換句話說，婚姻諮商是諮商人員給被諮商者提供有關婚姻的學理、各種夫妻間溝通互動的方法與模式，從各種不同的觀點提供意見，作為處理有關婚姻問題的參考。

藍采風（1996）分析諮商者提供的諮商種類有三大類，分別為：

1. 婚前諮商：係針對青年男女或將結婚的情侶在面對結婚有關的疑難問題時，所作的諮商工作，如婚前輔導、婚禮規劃、感情發展等。

2. 婚姻諮商：係針對已結婚的夫妻，在現實的婚姻生活中，所遭遇的各種婚姻問題，如家庭經濟、夫妻溝通、夫妻感情、兒女教養、親子互動等。

3. 離婚諮商：係針對夫妻難以相處，將面臨離婚或要離婚的相關問題，如離婚後心理重建、家庭經營、兒女教育、財產處理等。

二、婚姻輔導（marriage guidance）

婚姻輔導是對準備結婚或已婚者的輔導工作。彭駕騂（1994）認為，婚姻輔導的主要目的是為了提高夫妻對婚姻的滿意度，滿意度的內容包括：(1)夫妻人格特質相輔相成；(2)夫妻相知愈多，包容性愈大，相許愈深；(3)夫妻成長差距縮小；(4)改善家庭的經濟狀況；(5)夫妻和諧；(6)為人父母的角色及親職教育；(7)性知識。彭懷真（2003）也認為，婚姻輔導是針對準備結婚或已婚者所作的輔導工作，婚姻輔導的內容相當廣泛，包括：性知識、夫妻相處、人際關係、子女的教育與教養態度等。

三、婚姻治療（marriage therapy）

彭懷真（2003）認為，婚姻治療是屬於心理治療的方法之一，婚姻治療的對象不單指一個人，而是婚姻當事人的夫妻關係，以協助夫妻二

人改善他們之間的關係。

　　曾端真（1991）指出，婚姻治療是治療者協助個體解決婚姻生活中的各種困擾，以及其與配偶間的衝突所進行的心理治療過程。

　　婚姻治療的目的在協助改善夫妻之間的關係，婚姻治療的重點即在藉著會談諮商，使夫妻改善溝通方式，從而恢復夫妻間的和諧相處。

　　青年男女結婚前可透過婚姻諮商，瞭解未來的婚姻生活和即將面臨的社會現實生活，結婚後在婚姻的旅程中發現有問題，即應透過諮商師、社工人員、精神治療師，提供婚姻輔導的專業建言，協助走出婚姻的困境與夫妻生活的陰霾，以提高婚姻的滿意度。若沒有改善，則夫妻應攜手尋求婚姻治療，千萬不可讓婚姻問題更惡化，輕易的走上離婚之路，畢竟任何事業的成功，絕對無法彌補婚姻的失敗和家庭的破碎。

婚姻格言集

失敗的婚姻造成一生的失敗，家庭的災害。

成功的婚姻正是夫妻的光彩，兒女的好將來。

婚後的男人，只圖耳根清淨。

婚後的女人，只圖不見為淨。

問題與討論

1. 何謂成熟的愛？成熟的愛有哪些特質？
2. 夫妻感情經營的三步曲是什麼？請詳述之？
3. 一般婆媳不和的原因有哪些？該如何和諧解決較好？
4. 夫妻衝突的因素有哪些？衝突解決的策略與方法如何？
5. 何謂完美的婚姻？影響成功婚姻的主要因素是什麼？
6. 為何台灣的離婚率會這麼高？你認為該如何解決？
7. 離婚有哪些症候群？離婚對兒女的傷害如何？
8. 為何男人離婚後的再婚率較女人高？其主要原因有哪些？
9. 試擬一套再婚家庭的經營策略與建議？
10. 婚姻諮商、婚姻輔導的目的為何？夫妻在什麼情況下要做婚姻治療？

Chapter **6**

家庭的基本概念

許孟勤

第一節　家庭的定義

　　家庭（family）是社會團體中最基本的組織，長久以來，學者對家庭的定義會隨著社會文化背景而有所不同。傳統的家庭定義是指，經由婚姻、血緣、收養等法律途徑所組成的親屬關係（黃迺毓，2001；謝秀芬，1986；謝繼昌，1984）。家庭的形成通常是由夫妻雙方所組成，然後開始孕育子女、養育子女，直到子女長大結婚、成家立業後，又共組另一個新的家庭。

　　然隨著社會變遷，家庭的定義亦隨之擴大，有學者認為家庭是由相互分享、互相許諾，或其他親密關係的人所組成的團體（Popenoe, 1993; Tallman, 1993）。此廣義的定義，並不強調透過婚姻、法律的途徑而為家庭者，家庭成員不再侷限於合法婚姻關係的兩性組成，或具有血緣關係的一群人，只要是共同生活、有相互依存的經濟關係，彼此承諾長期相互照顧，即可視為一個家庭，例如：沒有婚姻關係的異性同居、同性戀的一對、老年人和照顧者一起生活等。

　　若從法律層面來探討家庭，依我國《民法》親屬篇第六章第 1122 條，對家的定義為：「稱家者，謂以永久共同生活為目的而同居之親屬團體。」周月清（2001）進一步就《民法》的定義指出，我國的「家」在法律上的認定，有以下三個重要指標：(1)永久共同居住；(2)同居者必須是親屬關係；(3)必須要有兩個人以上之團體。依此而言，在《民法》的定義中，同居而非永久共同生活、單獨一人，或同居之團體者，若非是親屬關係，都不能算是「家」。

　　現今《民法》對家庭的定義，可能並未吻合目前台灣多樣化的家庭型態，例如：通勤家庭、同居家庭、同性戀家庭等另類家庭。有不少社運人士希望政府能夠修法，廣納多樣性的家庭型態，因為政策與法令如何定義家庭，將影響家庭可以得到多少政府的福利。因此，在現實社會變遷下，家庭的定義有必要隨著家庭生活及型態的轉變而日趨多元，讓多元家庭都得到平等的對待。

第二節　家庭的功能

　　家庭是人類所有社會中，規模最小、關係最親密，而且是經營最早、最久、最普通的團體。一般而言，家庭應該具備下列幾項功能，但有可能不見得每個家庭都一定具備。

一、經濟的功能

　　在農業社會中，一般家庭從事農業或家庭手工業生產，而形成一個經濟單位。在現代化社會中，大多數生產活動都發生在家庭之外，家庭已經不是一個自給自足的生產單位，但家庭仍然擁有經濟支持的功能，依賴家庭成員在外工作獲取薪資來維持生活所需。家庭的經濟活動轉變為消費，必須採買維持生活所需的各項物品，例如：房屋、汽車、電視

機、食物、衣物等。

二、生育及養育的功能

　　每一個社會要確保人口的維持及延續，都需要有新成員的加入，家庭是為合法傳宗接代的地方。對中國人而言，生殖更是為了維繫家族繁榮以及孝順的表現；家庭在延續香火的過程中，同時也需要發揮照顧養育子女的功能，使其平安健康成長。不過，近年因為家庭消費支出增加，難以生養眾多子女，家庭的生育功能逐漸萎縮，家庭成員減少，造成了嚴重的少子化現象。

三、照顧與保護的功能

　　家庭具有保護家庭成員免受外人的侵害或遭遇危險事故的傷害，並在家庭成員生病、受傷、老邁或遭遇困擾時，給予照顧和關懷；所以，家庭是每個人最重要的避風港，它孕育、培養個人，給予個人保護和支持。

四、社會化的功能

　　從發展的觀點而言，家庭最重要的功能是照顧，並促進兒童的社會化。家庭是個人從出生開始最先接觸的環境，是個人成長與學習的最初場所，於此，家庭中的父母對子女在人格養成、認知學習、社會互動等社會化發展上，具有實質關鍵的影響性。家庭需依照社會的要求，管理家庭成員的行為，使個體在家庭中學會合乎社會規範的社會行為。

五、情感維繫的功能

　　人類是需要和他人有親密互動的動物，家庭就是最適合提供這類需

求的場所。家人之間彼此的關懷、接納和支持，可以滿足每個成員的情感和親密的需要，使家庭成員的人格得以穩定發展。不過，近年隨著社會變遷，家庭規模變小、家庭人口變少、家庭成員的距離變遠，連帶家人相聚的時間減少，延伸的結果便是家人之間的情感較為疏遠（陳若琳，2005）。

六、娛樂的功能

在農業社會，休閒活動以家庭為中心，一般人多半藉著節慶活動，家人才能齊聚一堂，共度歡樂時光。在現代社會生活裡，由於週休二日，休閒娛樂愈來愈受到重視，家庭安排合宜的休閒活動，不但可以增進家人關係的親密與和諧，也能培養子女善加規劃閒暇時間的好習慣。

家庭除了具備上述功能之外，還具有一些其他的功能，例如：宗教的功能、教育的功能、政治的功能等。隨著時代的進步，家庭的某些功能已經漸漸地由社會制度所取代，例如：以往 6 歲以下的幼兒多半在家由親人照顧，並接受家庭教育，近年因婦女就業、家庭無其他人協助照顧幼兒，造成幼兒就學年齡下降，於是家庭原本的教育功能，轉而由幼兒園背負起重責大任。

除此之外，在現代化的社會裡，社會生活日趨複雜，家庭的功能亦必須仰賴其他機構的補充，例如：在家庭的保護功能上，現代人無法再單純的生活在家庭裡，凡事只依靠家長或家人的保護，反而在很多方面都需要政府的福利措施和機關團體，來讓我們的生活更安全、更有保障，例如：政府提供健康保險制度、設置警察來管理社會秩序等。不過，儘管家庭的功能已漸漸被社會機構所取代，但迄今為止，還是沒有理想的替代物能夠完全代替家庭的重要性，家庭仍是對個體影響最長久、最深遠的地方。

第三節　家庭的分類

　　在社會學裡，常以不同的分類方式，將家庭的型態予以分類。以下茲從婚姻方式、家庭權力分配、家庭香火承續者、家庭人口組成等方式，說明家庭的各種型態。

一、由婚姻方式區分

　　世界上大部分國家的婚姻方式是一夫一妻制，每個人只擁有單一配偶的關係。在台灣，若是一個男人同時娶了兩位妻子，或是已有合法婚姻關係的人再結婚，就會觸犯重婚罪。不過，目前仍有少數國家施行一夫多妻制，允許一個男人娶一位以上的妻子，如伊斯蘭教國家，其目的在於繁衍子孫、成立血親的集團。至於一妻多夫制是指，一個女子同時和兩個以上男子結為夫妻的婚姻制定，其最早的出現時期，可能是在母系社會時期，在現今並不常見。

二、由家庭權力分配區分

　　所謂家庭權力是指，在重要的家庭決策上，以本身的意志或偏好去影響配偶的能力；若按此分類，可分為父權家庭、母權家庭和平權家庭。通常華人社會多是父權家庭，即以丈夫的意見為依歸，例如：父母對於未成年子女的權利行使意思不一致時，由父行使之；如果父母離婚，子女的監護權原則上由父任之。

　　少數母系社會則由妻子來掌權，由妻子決定家庭的重要決策，例如：中國雲南的摩梭族是世界上唯一還保存母權家庭的少數民族。近年來，社會婦女意識抬頭，男女愈加平權，許多家庭在家庭決策或家務分工上

的執行方式，夫妻雙方已愈能共同協商和分擔，而形成平權家庭。

三、由家庭香火承續者區分

婚姻的目的通常是繼承祖先血脈，讓家族能延續香火。台灣傳統社會是以「父的意思」為優先，家系、姓氏、財產等均由父方傳遞下去。至於母系家庭，則是家系、姓氏、財產等均由母方傳遞下去，像台灣的阿美族是母系社會，男子成年後入贅到妻家，所生的子女從母姓，以母親、長母姨或外祖母為家長。

近二十年來，由於教育的普及化，民主社會思潮的關係，男女平等已漸成共識，因此香火傳遞和財產繼承漸漸可由父方或母方為之，像是我國《民法》親屬篇於 2003 年修正通過「姓名條例」，讓子女的姓氏不再只能單方面從父姓，而改為「由父母書面約定」，對父系及母系有同等尊重。

四、由家庭人口組成區分

由家庭同住家人的組成來區分，一般可分為：擴展家庭、主幹家庭、核心家庭，說明如下：

1. 擴展家庭：是指由二對或二對以上有旁系親屬關係的親屬同住在一起所構成；這種家庭成員多、關係也較複雜，俗稱「大家庭」。
2. 主幹家庭：同住成員中有祖父母、父母，以及至少一位未婚孫子女等三代同堂的家庭，又稱為「折衷家庭」。
3. 核心家庭：由父母親，以及至少一位未婚子女所組成。

歷年來，台灣的家庭型態一向以父母及未婚子女所組成之核心家庭所占比重最大。但是根據行政院主計處（2011b）調查 2000 年及 2010 年我國家庭組成型態之演變，核心家庭的比率已由 2000 年的 45.5%逐年下降至 2010 年的 39.9%，如表 6-1 所示。

表 6-1　我國家戶型態統計

項目	2000 年	2010 年
家庭總戶數（千戶）	6,682	7,937
平均每戶人數（%）	3.3	2.9
單人家庭比率（%）	21.5	22.0
夫婦家庭比率（%）	7.8	11.0
核心家庭比率（%）	45.5	39.9
三代家庭比率（%）	10.5	10.9
單親家庭比率（%）	5.8	7.6
隔代家庭比率（%）	1.2	1.4
其他家戶比率（%）	7.8	7.2

註：核心家庭比率含「夫婦及未婚子女」與「夫婦及已婚子女」的比率。

資料來源：行政院主計處（2011b）

反之，只有夫婦二人居住的家庭和單親家庭，其成長速度最快。根據表 6-1 統計顯示，2010 年夫婦二人家戶占全國戶數的 11.0%，和 2000 年相較之下，成長了 41%，不但是十年來成長最快的家庭類型，也取代了三代家庭，成為僅次於核心家庭、單人家庭外的台灣第三大家庭類型。單親家庭則從 2000 年的 5.8%，到了 2010 年已上升至 7.6%，成長了 31%。在平均家戶人數方面，2000 年時平均每戶人數還有 3.3 人，但是到了 2010 年，則僅剩 2.9 人，此顯示家庭除了型態日益多元之外，也呈現家庭變小、人數下降的趨勢。

第四節　台灣家庭組成型態的變遷

家庭型態與社會變遷息息相關，隨著工業化、現代化的進展，對傳統的家庭型態也造成重大衝擊。傳統社會認定的主流家庭，是父母健在、有親生子女、人口不多也不少的中產階級家庭，然而，根據行政院主計

處（2011b）統計 2000 至 2010 年我國家庭組成型態之演變，單親、隔代、單人、夫婦二人等非主流家庭，占所有家戶的比率，由 2000 年之 36.3%，逐年增加為 2010 年之 42%。這些另類家庭的出現，正快速拆解傳統的家庭圖像。

一、單親家庭

單親家庭（single-parent family）是指，由離婚、分居、喪偶或未婚的單一父親或母親，和其 18 歲以下未婚子女所組成的家庭。根據內政部調查，2010 年我國單親家庭有 32 萬 4,846 戶（男性占 43.32%，女性占 56.68%），較 2001 年之 24 萬 8,299 戶（男性占 42.19%，女性占 57.81%），十年間增加了 7 萬 6,547 戶，或增加 30.83%。

單親家庭倍增的原因主要來自離婚率，以 2010 年的單親成因主要以「離婚」者占 82.45%最多，較 2001 年之 65.77%，提高了 16.68%。此外，每年數千個非婚生嬰兒或喪偶，也是造成單親家庭的因素。

單親家庭由於結構上的限制，要比核心家庭更易缺乏資源來因應所面臨的困境，也因此單親家庭在過去常被冠上「破碎家庭」或「問題家庭」等標籤而飽受歧視。但經過實務界的研究，對單親家庭問題作深入的了解後，已使單親家庭逐漸擺脫問題家庭的刻板印象（薛承泰、劉美惠，1998）：並不是單親家庭皆會對子女造成影響，而是家庭的氣氛與互動模式才是影響之關鍵因素。

二、隔代教養家庭

隔代教養家庭（separated generation family）是社會變遷下的一項產物，因父母離婚、分居、遺棄等形成的單親或雙親死亡、服刑或再婚、無經濟能力撫養等情形，使得祖父母在自願或非自願的情況下，必須負擔起照顧孫子女的責任。根據陳麗欣、翁福元、許維素、林志忠（2000）

的調查，我國隔代教養的原因，主要有父母工作（51.65%）、父母離異（45.50%）、父母喪偶（0.93%）、父母雙亡（0.93%）、父母不願照顧（0.31%）、未婚生子（0.31%）。

很多祖父母在體力及經濟許可下，樂意協助照顧自己的孫子，他們能從中獲得含飴弄孫的樂趣，對父母親而言，也能減輕負擔，促進家庭關係的和諧，發展良好的祖孫關係。較負面的是，祖父母在沒有選擇之下，硬是扛下教養的責任，便常有抱怨或不悅的言語；而當祖父母長時間替代親職，在親職功能不彰，或照顧經驗不足，加上體力、經濟有限時，對祖父母和孫子女較有負面的影響。

國內研究顯示，祖父母與孫子女年齡差距大，語言溝通和價值觀念不同，容易造成代間溝通的問題。另一方面，因世代差異，祖父母管教態度與技巧不佳，亦會影響孫子女的教育。

三、繼親家庭

繼親家庭（step family）是指，父母雙方之任何一方因離婚或死亡，而另一方再婚，再婚之對象即為兒童的繼親；兒童與繼父母及生父母共住的家庭，又稱為重組家庭（reconstituted family）。由於台灣社會離婚與再婚的人數增加，除了形成許多的單親家庭之外，也使得再婚的繼親家庭也逐漸增加。

翁恒盛（2012）認為，這種家庭成員間的關係較為複雜，家庭關係也較難調適，家庭要有和諧氣氛著實不易，因而更需要繼父母用心努力的經營再婚後的家庭，使家庭能和樂融融。

四、夫婦二人家庭

只有夫婦二人的家庭數，從 2000 年的 50 萬餘戶，增加到 2010 年的 81 萬餘戶，是台灣 2010 年的第三大家庭類型。夫婦家庭的成因，包含了

有些夫妻是尚未生育，有些是不願意生育子女，自願成為「頂客族」（Double-Income-No-Kids，簡稱 DINK）；還有一些是子女長大成人，離家工作，因此未與父母同住的空巢期家庭。值得注意的是，在 2010 年調查的夫婦家庭中，有超過三成的比率是 65 歲以上的老人與配偶同住，此顯示家庭人口年齡老化的現象（行政院主計處，2011b）。

夫婦家庭的大幅成長，意味著子女離家居住，或是家庭沒有後代的趨勢，這樣的家庭一旦家中有事，能支援的人手相對減少，也因此家庭的許多功能需借重家庭外的專業人員，可能使長期照顧等問題變得更嚴重。

五、單人家庭

根據美國社會學者 Klinenberg 的調查，美國成年單身人口總數已達 3,100 萬人，占全國總戶數的 28%，成為美國社會的主流家庭（Klinenberg, 2012）。台灣的情況雖然不算嚴重，但高達 22%的比率，還是排在 2010 年家庭類型的第二名。

傳統觀念認為單身和獨居不是好事，但 Klinenberg 認為，現代網路科技的發達，彌補了單身者孤單的缺憾。同時醫療技術的進步，使人們健康良好、壽命延長，這些都是單身家戶數量增加的因素。

面對單身獨居的現象，前衛生署長楊志良曾寫了一本新書《台灣大崩壞》，談到對台灣出現「不婚、不生、不養、不活，沒有前照」的「四不一沒有」之擔憂。「少子化」和「不婚、不生」，除了讓台灣人口愈來愈少，也愈加邁向高齡化社會之外，單人戶家庭徒具「戶」名，卻沒有共同生活的家人，使得家庭這個社會最重要的機構，已不再能提供個體親屬關係和所需的情感支持，這恐將造成人際的孤單和寂寞（楊志良，2012）。

六、其他的多元家庭型態

台灣現今除了上述家庭型態之外，尚有其他的多元家庭類型，以下逐一說明。

（一）共生家庭

共生家庭是指，一群志同道合好友同住，也可能因理念、宗教關係而共食共耕，彼此沒有血緣關係，但他們是「一家人」，例如：台灣位於桃園縣楊梅鎮有一個全台最大的共生家庭，名為「希伯崙」社區，約有兩百多名沒有血緣關係的人，在共生家庭的溫暖包容中，共同生活在一起。

（二）通勤家庭（commuter family）

近年來，人們愈來愈勤於出外工作，一家人分隔兩地，只能在週末或放假時，方能返家與家人同聚，此種家庭又稱為「兩地家庭」（two-location families）或「遠距婚姻」（long distance marriage）。自台灣開放至大陸通商後，造就了難以數計的遠距婚姻。通勤家庭容易因聚少離多，而發生夫妻感情疏離的婚姻危機，或是赴外地工作的父母未能善盡親職角色等問題。

（三）同居家庭

同居家庭是指，未婚者在尚未結婚前，因為性愛、就近照顧、試婚、經濟考量等各種因素，而選擇共同居住在一起，此已成為現今新興的家庭戶。

（四）同性戀家庭

　　同志家庭存在於台灣社會已久，但同志婚姻在法律上尚未合法，同志家庭親子關係的建立未被立法與司法機關重視，同志伴侶僅能組成事實上的家庭。近年來，台灣社會風氣開放，對同性戀者的接納包容日增，有不少人士願意公開出櫃，更勇於與另一半共組家庭。

（五）外籍配偶家庭

　　台灣自 1994 年開放核准東南亞國籍配偶依親簽證，致使外籍配偶人數快速激增。根據內政部入出國及移民署（2012）的統計，台灣與外籍配偶的結婚對數，從 1998 年逐年增加，到 2003 年時達到最高峰，占 31.86%；之後比率雖有下滑，但在 2006 至 2011 年這六年間，每年仍高達 2 萬對以上，占結婚比率 13～18% 之間（如表 6-2 所示）。台灣過去對外籍配偶家庭常持有偏見或歧視，但近幾年在強調接納和包容多元文化的氛圍下，如何幫助這些家庭發揮良好的功能，成為政府當局關注的重點。

表6-2　我國人與外籍人士結婚統計

年份	結婚對數	本國對數	外籍或大陸配偶國籍（地區）								
			合計		大陸港澳			外國籍			中外籍結婚對數比
			對數	百分比	對數	大陸地區	港澳地區	對數	東南亞	其他地區	中外籍結婚對數
1998年	145,976	123,071	22,905	15.69	12,451	12,167	284	10,454	…	…	6.4
1999年	173,209	140,946	32,263	18.63	17,589	17,288	301	14,674		…	5.4
2000年	181,642	136,676	44,966	24.76	23,628	23,297	331	21,338	…	…	4.0
2001年	170,515	124,313	46,202	27.10	26,797	26,516	281	19,405	17,512	1,893	3.7
2002年	172,655	123,642	49,013	28.39	28,906	28,603	303	20,107	18,037	2,070	3.5
2003年	171,483	116,849	54,634	31.86	34,991	34,685	306	19,643	17,351	2,292	3.1
2004年	131,453	100,143	31,310	23.82	10,972	10,642	330	20,338	18,103	2,235	4.2
2005年	141,140	112,713	28,427	20.14	14,619	14,258	361	13,808	11,454	2,354	5.0
2006年	142,669	118,739	23,930	16.77	14,406	13,964	442	9,524	6,950	2,574	6.0
2007年	135,041	110,341	24,700	18.29	15,146	14,721	425	9,554	6,952	2,602	5.5
2008年	154,866	133,137	21,729	14.03	12,772	12,274	498	8,957	6,009	2,948	7.1
2009年	117,099	95,185	21,914	18.71	13,294	12,796	498	8,620	5,696	2,924	5.3
2010年	138,819	117,318	21,501	15.49	13,332	12,807	525	8,169	5,212	2,957	6.5
2011年	165,327	143,811	21,516	13.01	13,463	12,800	663	8,053	4,887	3,166	7.7

資料來源：內政部入出國及移民署（2012）

案例探討與價值澄清

主題：美國民間團體抗議：男同性戀代孕「正毀壞文化」

案例：美國一部電視劇「新常態」（The New Normal），講述一對男同性戀雇傭代孕媽媽生孩子。該劇意在重新定義「家庭」，其海報標語寫到：「現在，家庭有著各種各樣的形式：單親爸爸、兩個媽媽、捐獻的精子和卵子、一夜情等。……現在是2012年，什麼事情都會發生。」該節目正在上映時，卻遭到家庭價值觀濃厚的組織「百萬媽媽」（One Million Moms）的抗議，指責該節目「使美國孩子對同性戀麻木不仁」，忽略了「數百萬強烈認為婚姻是介於一男一女之間的美國人」。他們著手說服廣告商不要贊助這個節目，並勸說美國廣播公司（NBC）停播這個節目。不過，反對「百萬媽媽」的團體組織則批評他們的作法，因為他們支持重新定義「家庭」的涵義。

價值澄清：

1. 現今社會有哪些各種各樣的家庭？
2. 「百萬媽媽」的抗議說詞是否合理？
3. 家庭的定義是否應該重新界定？
4. 我們該如何面對一些非典型的家庭呢？

第五節　家庭成員的互動

在中國傳統思想中，家庭成員的角色關係，是父慈子孝、夫義婦順、兄友弟恭，這樣的倫理思想不只強調家長的權威，也重視上對下的單向溝通，以及子女順從的倫理互動。近年來，隨著社會變遷，家人關係受到價值思想的改變，愈來愈重視雙向溝通，強調家人的互動應該是基於相互尊重與關懷，儘管家人之間的關係受到文化價值觀的牽動，家人之

間的關係與生活滿意度有正向的關聯，仍是無可置疑。

一、家人互動

個體在家庭中，與其父母、配偶、親子之間，形成代間、夫妻、親子等三種家人關係。依照家庭生命週期的變化，家人關係有兩個主要的階段：第一個階段是父母與未成年子女的關係，偏重的是子女教養問題；第二個階段則是父母與成年甚至已婚子女的關係，年老父母的奉養成為主要關注問題（朱瑞玲、章英華，2001）。

（一）親子互動

親子之間的關係一向是家人關係中最重要的一環，父母必須學習如何教養下一代子女，營造良好的親子關係，讓子女在家庭中健康、快樂、平安地長大。父母與子女之間的相處，應本著子女會長大、父母會變老的原則，雙方都應該在人生旅途中不斷的發展與變化，時而相互調整、時而相互適應（黃慈，2003）。

（二）夫妻互動

夫妻之間的溝通與互動，不只影響婚姻情感，亦影響家庭氣氛。利翠珊（2006）指出，忍耐是華人夫妻得以維繫婚姻的重要因素，忍耐自抑和寬容退讓是重要的婚姻維繫方式。

（三）代間互動

從兩代社會互動的角度來看，兩代之間常彼此相互聯繫與幫助（黃慧真譯，1994）。中年世代和老年父母之間，有著互惠、尊重與責任；中年世代提供老年父母經濟上的支柱，讓家庭成為老年人的最佳生活保

障，同時對老年父母表示尊重、順從，老年父母則幫忙照顧孫子女，讓中年世代無後顧之憂而投入職場（林明良，2006）。不過當前台灣有很多父母與子女並沒有住在一起，這些家庭結構的改變，使得傳統「養兒防老」的觀念淡薄，奉養父母的難度也隨之增加。

二、家人關係

家庭成員共同居住在一起，彼此之間有著訊息的交換、情感的傳達和問題解決的行為。在訊息交換時，家庭成員的表達形式、溝通過程；在情感傳達時，家庭成員情緒的表露、接納；在問題解決時，家庭成員所採取的因應策略、支持系統。以上種種行為，都將影響家人的互動關係品質，產生對家人有喜愛或厭惡的感覺，與家人之間有親密或疏遠的感情。

Olson、Sprenkle 與 Russell（1993）創造了「原生家庭環繞模式」（Family Circumplex Model），提出決定家人關係最重要的三個向度是：凝聚力（cohesion）、彈性（flexibility）及溝通（communication），說明如下：

1. 凝聚力：係指家庭成員間情感連結、親密的程度。當凝聚力太多時，家庭成員的生活將纏繞在一起，而形成干擾，但過少時，則保持疏離孤立。

2. 彈性：是指家庭中領導、角色關係與規則改變的程度。當家庭的彈性過多時，會導致太多的改變、不可預測或混亂，而當彈性過少時，則會引起僵化與停滯。

3. 溝通：溝通是推動凝聚力與彈性兩個向度移動的動力，它是家人關係的潤滑劑，也是減少家庭生活摩擦的一劑良方。

Olson 與 DeFrain（2003）認為，在凝聚力與彈性這兩個向度上，能達到平衡是最好的。當凝聚力與彈性不致於過高或過低，家庭成員較能表達其情感，關係較能平等自主，可以允許彈性變化的空間，並符合家

庭成員之間的需求。如果凝聚力與彈性這其中一個向度愈往極端（太高或太低），則家庭的功能較不良。

第六節　原生家庭對個人的影響

家庭是個體一出生便接觸到的第一個環境，童年的家庭經驗對個體成長之後的影響既大且深，不論是人格發展、語言發展，甚至價值觀念，都有很深遠的影響。由於本書以婚姻和家庭為主，著重在原生家庭對個人親密關係、婚姻關係的影響。

一、與原生家庭的分化

原生家庭（family-of-origin）是指，個人出生後被撫養的家庭，是個人未成年前所待時間最久的家庭。在我們的一生當中，對我們影響最早、最有力，也持續最久的，就是原生家庭。

個人一出生，仰賴父母親的照顧，對父母產生依附和建立親密感的需求。一個人的理智與情緒如果老是被家庭牽連，害怕與家人分離、過度依戀家人，則會分不清楚自己與家人的界限，內心常會被家庭情緒所困擾。但有些人卻是與家人疏遠，沒有情緒的交流，常運用自己的理性，將自己獨立於家庭之外。

個人與父母形成親密關係的經驗，往往會持續在往後的親密關係中，人們在親密關係中，不是複製早期在原生家庭中所建立的關係模式，就是採取與過去完全相反的情感連結模式。因此，Bowen 認為，每個人都必須處理人際關係中自主和親密的張力，即自我分化（differentiation of self）。簡單來說，就是人和人之間的界限，一方面維持與他人情感的連結，另一方面也保障個人之獨立自主。人和人之間的界限如太過固著、僵化，則個體會欠缺親密；若界限過度糾結，個體則會失去自我（王玲

惠，2012）。在進入親密關係前，每個人需要有清楚的自我界限，能夠區分自己與他人的情緒，彈性運用情緒和理智，不需要藉由與他人過分的貼近來獲得安全感，也不易受到人際關係的牽絆，而影響理智的判斷。

二、超越原生家庭的影響

美國家庭治療大師 Virginia Satir（1916-1988），曾以「千絲萬縷」形容一個人和原生家庭的剪不斷、理還亂之關聯。建立婚姻與家庭的先決條件，是一個人能「割斷臍帶作大人」，讓夫妻關係超越父母原生家庭的影響（吳就君譯，1994）。

每個人都各自帶著自己原生家庭的價值觀、想法進入新組成的家庭，當自己能夠清楚自己從何而來，就可以讓原生家庭的影響力降至最低。美國著名的婚姻專家黃維仁（2012）建議，人們可以參考 Olson 與 Sprenkle 所創的「原生家庭環繞模式」，去洞悉自己與原生家庭之互動的凝聚力和彈性，了解原生家庭帶給自己及親密關係的影響，並學習面對與成長。

> ### 練習與討論

根據黃維仁（2012）修改自 Olson 與 Sprenkle 的理論而成的「原生家庭關係圖」（如下圖），可用來幫助我們了解自己的原生家庭。下圖的橫軸是「親密度」，縱軸是「彈性度」。

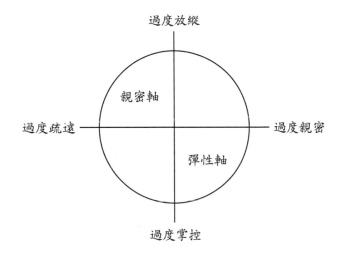

請回想你的原生家庭，試著探討下列問題：

1. 在原生家庭中，家人互動的親密與彈性程度為何，請試著在上圖中的
   適當位置標記出來。並舉一些實例說明，這些互動是怎麼進行的。

2. 請分享原生家庭對你現在人際關係所帶來的影響。

3. 在原生家庭中，有哪些好的特質或傳統，是你想帶入現在或未來的親
   密關係與家庭中？哪些不好的特質，是你不願意帶入現在或未來的親
   密關係與家庭中？

治家格言集

任何事業的成功，絕對無法彌補家庭的失敗。

父母以更大的耐心與包容，協助孩子度過成長的依賴期；
父母以更堅強的毅力與決心，永續經營溫暖有希望的家園。

問題與討論

1. 請説明你對家庭的定義和看法。
2. 對你而言，哪些家庭的功能是重要的？為什麼？
3. 請依據第三節家庭型態的分類，説明就你的觀察，台灣現今的家庭型態為何？
4. 你對另類的家庭型態（如單親、繼親、隔代家庭）有什麼看法？
5. 你對單身戶或夫妻兩人的家庭有什麼看法？
6. 在家庭成員之間的關係中，你認為哪些向度或要素是重要的？
7. 原生家庭對個人有哪些影響？
8. 你認為何謂健康的家庭？該如何營造呢？

Chapter 7
家庭相關理論與實務

翁桓盛

第一節　結構功能論

　　家庭是社會、國家的一個小單位，也是社會的一個組織結構體。結構功能論（the functionism of structure）強調，社會是由各個部門的結構體組成，部門間彼此相互影響，而且每一個體系的組成單位均有其功能與貢獻，以維持整個大結構體得以正常運作，並維持穩定與平衡的關係。

　　家庭的結構功能論要點如下：

1. 經濟的功能：家庭是一個生產單位，也是消費單位，同時也是經濟決策的單位，能提供家庭成員經濟活動的資源。
2. 安全的功能：家庭是家人溫暖的窩，也是避風港，負有家人安全生活居住的功能。
3. 娛樂的功能：家庭可提供家庭成員娛樂、休閒、育樂的資源，是家人的加油站。
4. 教育的功能：家庭負有教育家中成員正確價值觀與生活的知能，以及良好生活習慣的養成。

5. 生育的功能：家庭因婚姻關係而形成，負有傳宗接代的任務與功能。

6. 情愛的功能：家庭中的成員彼此有血緣關係，有夫妻情、父子情、手足之情。

7. 傳達文化的功能：家庭負有家庭教育、家族精神及文化傳承的責任。

8. 安定社會的功能：家庭是社會結構的一部分、社會秩序的根基，具有安定社會秩序及生活倫常的功能。

除了上述的消極性功能外，還有積極性的功能，例如：開發兒女潛能、正確價值觀的培養、生活知能促進……等。

第二節 家庭經濟論

一、何謂家庭經濟學

家庭是社會結構的一個獨立單位，每一個獨立單位均須衡量單位的收入、支出與社會行為，來滿足家庭成員的需要，維持單位的穩定。

家庭經濟學（family economics）是屬於現代經濟學的創新研究，它以家庭為研究對象，是由美國芝加哥大學 G. S. Becker，針對經濟學與社會學的交叉領域，開創性的運用微觀經濟分析社會問題，而獲得 1992 年的諾貝爾經濟學獎。研究的內容主要包括家庭生產、家庭支出、投資理財等經濟性的相關活動，讓家庭經濟性的活動滿足家庭成員的日常需要，維持家庭的正常運作。

二、家庭經濟學的內涵

Becker（1991）認為，家庭活動不只是單純的消費性活動，還是一種生產性活動，它使用消費性的商品和生產社會上需要的產品，同時納入時間資源的成本概念，同時家庭要有家庭經濟決策的概念，使家庭資源的效用最大化。

家庭經濟包括有形的資源，如家庭生產的產品，例如：水果、花卉、農產、薪水或工商產品，而進行生產決策、合理分配資源，滿足家庭成員的需求，實現家庭生產效用最大化的目標。

家庭是一個綜合性的經濟行為主體，需考慮時間價值的波動，對家庭生產、家庭消費、家庭決策做出合理的安排，以滿足家庭成員需求，維持家庭行為正常運作，實現幸福家庭的最大化終極目標。其他有關家庭經濟的活動，例如：家庭勞動、就業、家人休閒時間的安排，以及投資理財的活動等。

綜上而論，家庭乃獨立的經濟行政單位，若要維持獨立行政單位的正常運作，就需要家務分工合理化、有效化，懂得經濟決策與投資理財策略，求得家庭在時間資源有限的情況下，藉著休閒、音樂，滿足家人需求、增加家人體能，促進家庭的活力，使得家庭的生產總值最大化，消費商品合理化、適性化，並轉化為正向的報酬行為，讓家庭行政運作生生不息，並在穩定中求發展。

第三節　家庭衝突調適論

家庭生命旅程中必然會發生衝突（conflict）和適應（adaption），婚姻或家庭的衝突並不可怕，可怕的是家人沒有彼此協調適應的方法，而

正向的衝突，反而可帶來家人的共識與處理家務的原則，讓家人在衝突後慢慢理出家人生活的模式，為家庭帶來可長可久的家庭制度。

一、衝突的種類

1. 基本性衝突：係指家人基本的角色與功能的衝突，如夫妻角色的扮演、家務的分工、父子角色的不同與責任。
2. 非基本性衝突：係指與角色功能無關的衝突，如意見不同、作法有異、態度有別等，而彼此因認知、理念不同所產生的衝突。

二、家庭衝突的種類

1. 地位權力的衝突：夫妻彼此對家庭地位的認知不同，父權社會的男性有較大的權力地位，而不管對方的能力或對錯，因而引起另一方的不滿。家中權力的核心、最後的決策者擁有較多的決策權，而引起家中其他成員不滿。
2. 財務衝突：家中很容易產生財務衝突，因財務與每天的生活息息相關，夫妻爭財務，如土地、房產、股票等；父子爭財務，如零用錢的分配等。
3. 人際關係衝突：家中成員每天共同生活，因而很容易產生衝突與摩擦，人際關係的衝突又分為三種：個人與個人的衝突，如夫妻衝突等；個人與團體的衝突，如個人與父母等；團體與團體的衝突，如家族與家族等。

三、家庭衝突調適的方法

1. 讓步：衝突發生時，雙方若沒有為大局、長遠目標著想，事情則無法解決；若雙方不再堅持己見，願各自退讓一步或一方願意配

合,則事情很快就能獲得解決。

2. 贊同:衝突發生時,往往是因誤會或認知不同而引起,若一方能有理論述、感性召喚,則較容易獲得另一方的贊同。

3. 協商:衝突發生時,若雙方都以靜制動,則事情無法解決,若一方主動或雙方有意相互協商,站在對方立場、互相尊重,則事情就很快可以解決。

4. 調解或仲裁:衝突發生時,或許雙方認知不同,或為其它因素,如面子問題或雙方需求差距過大,無法自行解決時,則需透過長輩或其他具公信力的單位來調解或仲裁;家庭事務的衝突,也應有一套調解或仲裁的模式。

第四節 目標管理與火車理論

　　家庭的生命旅程猶如個人的人生旅程,在人生的旅程中不可能一帆風順,也不可能事事如意,其實有風有浪、有起有伏、有暗礁有浪花的人生,才是人生的正常旅程,但人的目標要遠大,前途才會光明。在家庭的生命旅程中,彷彿像滿載遊客的火車行駛,好的火車駕駛員,會在轉彎處輕微震盪中安然走過,讓遊客既感受平穩震動又睡意濃濃,在山巔溪谷的軌道中,好的司機不會讓火車像雲霄飛車般上下大幅跳動,驚醒車上所有的乘客;火車走過一處一處的黑暗山洞後,光明就在眼前,目標也在前方,柳暗花明又一村。

　　家庭的領導,夫妻的相處,就如火車的司機,能幹的夫妻領導著這個大家庭,家中的成員老少,以家庭為生活的中心,更是家人幸福的希望。好的夫妻和好的火車司機一般,家庭的生命旅程,其目標相當明確,採有效能的目標管理,夫妻帶領家中的成員,若沒有衝突危機、經濟危機、感情危機、事業危機、生理健康的危機等,那是不可能的,但可能

的、最好的策略，就是夫妻需要學習家庭經營的哲理，讓家中的每一份子，有解決適應危機的能力，而不是害怕危機的發生；有時危機就是轉機，也可能成為成功的契機。

火車理論的領導策略：

1. 目標明確：夫妻規劃家庭的願景、衝突解決的模式，擬訂具體可行的目標，夫妻要有大局為重的共識，且目標相當明確。

2. 終身學習：家庭經營包括家人感情、家庭經濟、醫護常識、兒女教養方法、人際關係……等，家庭的經營包羅萬象，而且社會不停的變遷，時代一直在進步，因而應養成終身學習的習慣。

3. 培養挫折容忍力：夫妻經營家庭遇到不如意、困頓、大災難在所難免，若沒有堅強的毅力、恆心，培養挫折容忍力，很容易就會被打敗，而面臨家庭崩潰解組，因而平日宜培養家人挫折容忍力。

第五節　溝通互動論

夫妻和家人天天的日夜相處互動，可讓家庭運作正常，增加家人、夫妻的情感，但在互動的過程中，也容易產生誤會與摩擦，家人宜擬出良好的溝通互動方法與模式，發揮家庭功能，增進夫妻的情感，茲分述溝通的意義與要素以及圓融的家人溝通互動方法如下。

一、溝通互動的意義

Robbins（2001）認為，溝通（communication）是意義的傳達與瞭解的過程。翁桓盛（2012）指出，溝通應是經由語言、肢體語言或符號來傳達，將一方的訊息與另一方產生互動，並進而產生認知與情感的交流；家人間的溝通互動良好，能做有效的溝通，除了增進良好的家人親情關係，並能使子女人格、品德、身心健全發展，家庭幸福、快樂而美滿。

二、溝通互動的要素

溝通除了當事者溝通時所使用的工具、媒介、環境與溝通有關外，謝文全（2004）認為，溝通的要素有六：人（發訊者、收訊者）、訊息、媒介、管道、環境，以及回饋，這六個要素結合而形成一個完整的溝通流程，如圖 7-1 所示。

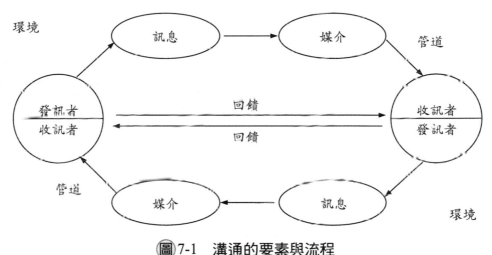

圖 7-1　溝通的要素與流程
資料來源：謝文全（2004：210）

由圖 7-1 可知，要產生良好的溝通，而引發良好的互動，除了發訊者、訊息、媒介、管道、收訊者外，溝通的環境與回饋更為重要。家人互動要有良好的氣氛、和諧的環境與回饋，否則如同對牛彈琴，達不到溝通的目的。

三、家人溝通互動的目的

家人的溝通互動產生家人的共識，增加家人彼此的相互瞭解與體諒，

自然能引發家人情感，促進家人情緒的穩定與知能的學習。發展健全的人格，有助於家人身心健康和發展。家庭溝通互動的目的，如下所述。

（一）資訊的傳達

家人有良好的互動，資訊相互傳送，能各自表達自己的情緒、意志、希望與需求，獲得身心靈的滿足。

（二）情緒的穩定

家人的溝通互動少，容易產生誤會與衝突，造成家人情緒不安；唯有透過良好的家人溝通互動，才可使家人的情緒穩定，尤其是遇到家庭的亂流來襲時，家人更會建立共識。

（三）知能的成長

在人生的旅途中，透過家人的溝通互動，可從父母或貴人身上學習到很多的知能，成為日後家中優秀的一份子；相對的，父母也可從與兒女的互動過程中，促進彼此相互學習與成長，增進家人的情感與生活知能。

（四）人格、身心的健全發展

良好的家人互動，可使家人產生良好的感情，穩定的情緒發展，拓展家人良好的人際關係，在成長的過程中和父母、師長、朋友互動，共同成長，建立自己健康的人生觀。

（五）增進親情

親子關係是世界上最純潔、最高貴、最誠摯的愛，親子溝通若能產生良好的互動，其親子情誼血濃於水，親子互動相互回饋，能增進彼此的認識與情感，這絕對是世上最美好、最純真的愛與良好的情誼。夫妻養成良好的溝通互動，亦能增進夫妻情誼。

（六）精神的傳承與相互的期許

在家族、家人溝通互動中，長輩往往透過有形、無形，經意的或不經意中，把家族的精神、家族文化傳達到家人身上，並產生回饋，使得家族精神得以傳承；在親子互動中，父母和子女分別有不同的需求與期望，也在互動中迎合所好、各取所需。

四、圓融的家人溝通互動

我們常聽到：「年齡不是差距，代溝不是問題」，由此可知，圓融的溝通互動是不分年齡、理念的差異，均能取得很好的共識，有共同一致的決定，拉近彼此間的感情。林進財（1995）認為，代溝不是年齡的差距，而是思想的遠離。只有在愛的環境中，才能孕育家人健康或成熟的人格，為人父母者需帶領家人同步成長，與社會的腳步、家人的心理發展接軌，因而家人溝通互動的重點，不在於觀念與作法的一致，而是情感方面與價值理念的相互融通。圓融的家人溝通互動原則（rules of mutual communication），說明如下。

（一）適性輔導，目標明確

天生我才必有用，家中每位成員的天性、特質、專長與發展不一定相同，因而為人父母者，要與兒女增加溝通互動的機會，深入瞭解兒女

的個性，並適性輔導。在生活輔導互動中，視子女的身心發展階段，以及發展的狀況，結合正確的價值觀，明確可欲的目標，以做為兒女處事與人生的方向。

（二）家人共同成長，親情加溫

在忙碌的生活中，父母不可因事業的忙碌，而忽略家人身心發展的需要，父母應多留點時間陪同兒女一起成長，一起解決兒女面臨的難題，增強兒女的信心，給予鼓勵、給予關懷、給予自信，增加家人互動的機會，為親情加溫，並能掌握子女的發展狀況，給予適性的教育與輔導，成為家人人生發展方向的明燈。

（三）設計家人共處互動的時間，培養良好的情誼

繁忙的工商資訊社會，父母每天忙於事業，兒女忙於上各式的補習班與課後輔導班，家人相聚機會少，相聚的時間相當有限。為人父母者要主動安排與家人共處、一同旅遊互動的機會，增加家人視野，瞭解家人成長過程中的喜好與興趣，教導並培養兒女從事正當的休閒活動，增加家人溝通互動的機會，培養親子和手足情誼，為來日的溝通互動做良好的準備，如圖 7-2 所示。父母應安排時間，多與子女作有意義的共同活動，在快樂的活動中，產生親子良好的溝通與互動。

（四）以家庭會議培養解決問題的能力與責任感

當家人或家族成員面臨重大問題或抉擇，在年度結束或家庭聚會時，或是在階段性任務完成時，應定期或不定期的召開家庭會議。在會議中家庭成員發揮民主素養，共同研析、探討、共同決定，以培育兒女來日溝通、協調解決問題的能力，並讓兒女明瞭家庭發展的近況、願景，增加家人參與家務與做決定的機會，並可培養家人的責任心；每個人在家

圖7-2　全家安排假日活動，增進溝通互動

中的表現，要多給予肯定與鼓勵，增進兒女對家人相互體恤的情懷。

（五）以愛化礙，用寬容的胸襟化解溝通互動的障礙

　　在家人的溝通互動中，難免發生意見不和的障礙或阻力，為人父母者應以長輩自許，要有寬大的胸襟，更大的包容心，體恤兒女的成長，用愛與諒解溫暖兒女的心胸，化解親子間溝通互動的衝突與障礙，順勢引導兒女正確的價值觀與人生的方向，培養包容他人的胸襟，欣賞他人的優點，包容他人的缺點，則親子間必能相互體恤關懷，親子間的溝通互動自然良好。

（六）精神、物質並重，養成良好的生活知能

　　在資訊工商社會裡，父母每天忙於事業，較沒有時間陪同家人一起成長，而且當前社會很多父母的教育價值觀念偏差，以為父母只要有錢供給子女花用即可，藉金錢與物質補償父母因無法陪同子女成長，而產生的愧疚感；殊不知子女精神上的需要，親情的關懷比物質的滿足更為

重要。尤其父母的身教、言教，應從生活中做起，以養成兒女良好的生活知能。

在資訊社會裡，重視人際的溝通與互動，若能溝通互動良好，則家庭一團和氣，家人榮辱與共，有生命共同體的概念，家人對家庭的向心力強，子女的偏差行為自然很少，並能防範於未然，幸福健康的家庭自然形成。

案例探討與價值澄清

主題：恨父母偏心，高一生跳樓

案例：本案例於 2011 年 5 月發生在屏東某私立明星高中。高中一年級的王姓男同學認為父母偏心，較疼愛弟弟，因此心情沮喪，下課時找同班吳姓同學談心，吳姓同學坐在陽台地板上聽他談心事，王姓同學說：「感覺家人都不關心我，父母親比較疼愛弟弟，我想跳樓算了！」吳姓同學以為對方說說而已，不料幾分鐘後，王姓同學突然翻牆往樓下跳，吳姓同學要伸手攔截已經來不及，他立即跑下樓報告教官，只見王姓同學趴坐在水泥地磚上，血流滿面。非常幸運的，只有臉部及左大腿骨折，學校立刻送醫，該生沒有生命危險。王姓學生的父母趕到醫院，卻說：「我們親子感情很好，他要什麼，我們都給他最好的，不可能偏心。」屏東家庭福利服務中心主任表示，新世代挫折容忍力低，對事情的反應較直接，父母須時時傾聽，最好每天有 15 分鐘左右的親子溝通時間，讓孩子有紓壓的管道，也有可能父母忙碌，而有很多小孩的問題，孩子反映過很多次，但父母沒聽進去，再遇到內向、較悲觀的個性，孩子很容易想不開。

價值澄情：

1. 整件事，你認為最主要的原因為何？

2. 王姓學生的父母認為對他很好，沒有偏心，而王同學卻對吳同學說父母較疼愛弟弟，請問真相如何？

3. 家扶中心主任認為，父母每天要有 15 分鐘的親子溝通時間，你的看法如何？

4. 如何提升父母對兒女的敏感度，避免類似事件再度發生？

5. 溝通的要素有哪些？如何做到有效的溝通？

6. 如何培養教師的敏感度？如何增進教師的輔導諮商知能？

第六節　行為改變技術與行為治療

一、行為改變技術與行為治療的異同

　　許天威（1985）認為，行為改變技術（the technique of behavioral change）是應用心理學的原理及技術，引導個體朝著某一個方向產生某種行為，其有效的方法是探索個體在環境中如何學習、環境如何安排，才能引發個體產生預期的行為。邱書璇等人（2010）指出，行為改變技術是應用實驗心理學，特別是學習理論或行為原理的技術與方法。

　　行為治療（behavioral therapy）是依據制約學習，以及實驗心理學之原理，只針對異常行為及心理失常的矯治，以減輕人類的不適應行為，培養良好的行為功能。

二、行為改變技術的應用

（一）增強原理

在刺激與反應之連結有正向作用者，稱為增強（reinforcement）或增強作用，換言之，有助於刺激後產生反應者即為增強作用；而有助於產生連結作用的物質，即有助於產生反應者，則稱為增強物。增強作用有二種，可分為正增強（positive reinforcement）與負增強（negative reinforcement），茲分述如下。

1. 正增強

若某一刺激能產生反應，該反應能滿足個體的需求，或能使個體帶來愉悅的感覺，即稱為正增強，而該刺激物即稱為正增強物（positive reinforcer）。換句話說，當個體接受某種刺激或在某種情境下，做出某種行為反應，而該反應合乎當事者心意；若該刺激或情境再度產生，則引發該行為反應的機率會升高，合乎行為改變技術的原理。而增強物不限於有形的物質，凡是能滿足個體心理、生理、內在、外在的需求，或有助於解決個體困境的需求，均視為增強物，例如：學校師長常給學生口頭稱讚，則學生日後表現會更合乎教師期望；家中兒女有好的表現時，父母給予口頭稱讚、肢體語言等無形，或獎品、獎金、物質等有形的鼓勵，均視為正增強。

2. 負增強

當個體表現出某種行為反應後，即將負增強物移去或消除，可以引發個體表現出該行為的比率增加，即為負增強；而使個體所渴望避免的，或不想要的刺激，即為負增強物（negative reinforcer）或是厭惡刺激。負增強是透過負增強物的出現，來強化某種受歡迎的行為，例如：在班級學生考試時，因學生不用功、考得不好，教師提出規定做為負增強物，

凡是考不好，或考不到標準的學生，在假日或午休時就要被要求到校，接受特別的輔導。於是學生因怕假日或午休時間被剝奪，於是開始特別認真用功念書，其成績就自然會進步，如此便是負增強作用；而假日或午休時間被要求到校接受特別輔導的行為，即是負增強物。

3. 懲罰

懲罰（punishment）是指，當個體有不良行為出現時，為遏止該不良行為的產生，施予受懲罰者所不喜歡的刺激，其目的在減少孩子不好或不適當的行為，例如：訓誡或打罵等。懲罰可抑制或遏止不良行為的再度出現，但卻未能培養良好行為的產生，因而懲罰與負增強不同；懲罰要在不當行為發生後即予實施，且父母、師長要保持一貫態度，並於要實施懲罰制度前，應先公布規條及其應受懲罰的程度，懲罰也要在理性、冷靜的情境下為之。

4. 體罰（physical punishment）

體罰是指，當個體有不良行為出現時，為遏止對方停止並不再出現該行為，而有著失去理性的懲罰，該懲罰會嚴重危害兒女的身心，並產生心理的重創，害怕恐懼而有心理發展後遺症，以及身體生理上受到嚴重的傷害。一般體罰大部分是在失去理性或情緒失控情況下為之。

5. 立即增強與延宕增強

當個體表現出受歡迎的行為時，即給予增強物，使個體增加良好行為表現的機率，此即為立即增強（immediate reinforcement）；當個體表現出良好行為時，增強物拖拖拉拉，或隔了一段時間再給予增強，此即為延宕增強（delayed reinforcement）。

例如：父母在兒女有良好行為出現時，立即給予正增強物，如此增強行為是為立即增強；若是良好的行為出現很久，才給予增強物，即為延宕增強。在心理學及實務上，立即增強的效果較延宕增強為好，因而當學生有良好的行為表現時，父母或師長即應給予增強物。

（二）增強原理的使用原則

1. 強化增強的行為目標應明確

要培養兒女受歡迎的行為，或要強化兒女良好的行為，目標應相當明確，使兒女有一明顯的方向、明確的目標，而且目標行為（target be-havior）愈具體明確，其增強效果愈好。

2. 立即增強效果優於延宕增強

當兒女有達成預期的良好行為出現時，即應給予增強物，並立即增強，不要拖了一段時間才給予增強，延宕增強的效果就沒有那麼好，何況增強作用對當事人是一種很好的鼓舞作用。

3. 增強行為要與成就標準配合

兒女表現出良好的行為應給予鼓勵，但給予增強的程度不可一概相同，應按每個人個別的能力、成就標準、成就程度的不同，而給予不同等級的增強物，例如：能力好的學生考 90 分，和能力中等的學生考 90 分，均給予同樣的增強物，則增強效果不同，對學生也不甚公平。

4. 增強物的給予應因人而異，符合個人需求

因人而異的增強物之使用非常重要，有的增強物對某些人在某個階段有特殊的功能、興趣與喜好，因而在給予增強物時，除時間的選擇外，增強物在給予前的選擇亦非常重要，例如：對嬰幼兒的增強作用，玩具有其需要，但對成人來說，玩具就沒有興趣，甚至於會被別人覺得好像垃圾、浪費；在同年齡層中的小孩，興趣、喜好也有個別差異，或甚至於某人有特別的偏好，因而在選擇增強物時，要非常用心考慮，才能達到很好的效果。

5. 增強次數亦應因人、因地而制宜，增強物也應多元而變化

為了建立某一良好的行為，宜在良好行為的表現初期，就給予增強，但該行為經過一段時間或次數後，即應改為間歇增強。良好行為建立前，

應適度減少增強次數，當增強作用時也應考慮時、地、物，以及個人不同的特質，而採取合適的增強次數；增強物的種類也應多元而有變化，符合需求者心理。

6. 增強作用應在公開場所為之較為有效

每當個人或團體表現出良好行為時，即應給予鼓勵，而增強行為宜在公共場所為之，可增加個人或團體的自信心、榮譽感，產生增強作用的附加價值，導引其他人的行為表現，引發替身效應，達到預定的行為目標，亦可將團體的行為導向更為良好的目標表現，更可強化該良好之行為規範。

三、行為的塑造與減弱

（一）行為的塑造（shaping）

馬戲團動物的精彩表演並非一天可成，兒女優秀的表現也非一天學會。許天威（1985）認為，在教導訓練兒童時，就要選擇其可能接近之目標行為中的某一特定反應，予以增強，接著還可進一步的增強另一個更接近的近程目標行為反應。邱書璇等人（2010）指出，塑造就是要把達成目標行為的歷程，加以細分成漸進的若干階段，再運用增強原理逐步訓練以達目的，以養成行為目標，例如：幼兒學習走路，可先教導幼兒學習站立，等待幼兒會站立，平穩後再學習跨步，並一步一步向前跨，直至學會自然平順的自行走路行為為止。其他如馬戲團或海洋世界的動物之表演，均是運用塑造原理而來。

（二）行為的減弱（extinction）

不受歡迎的行為或不良的習慣已經養成，會因增強的消弱遞減，而使該行為出現機率銳減，這也可能已經是制約的行為，會因增強的減弱，

而使該行為減少出現或不再出現，此稱為減弱，例如：哭鬧的嬰兒為引起父母的注意與同情，博取父母的關心、注意、抱抱，而以哭鬧、耍脾氣、惡搞的方式，若以消弱原理，則該嬰幼兒久而久之即會放棄這種不理性的方式；教師在上課時，有些頑皮、好動、功課差的學生，會做出各種怪異動作，其目的在引起老師的注意與關愛，此時教師若採用消弱原理，久而久之，該學生就不再表現出那些不受歡迎或令人討厭的行為或動作。

四、行為塑造與減弱的原則

（一）確定要塑造與減弱的行為或動作

父母平日宜對自己的子女做深入的瞭解，知悉子女有哪些該消弱去除的行為，或有哪些該學習培養的良好行為，以作為子女努力學習的目標，父母宜按減弱或塑造的原理養成兒女的良好習慣。

（二）行為改變技術應考量個體的能力與負荷

子女各種不同的能力，為人父母應深入的瞭解，若是子女之能力無法負擔，或是屬於非常精密科技的能力，是其當前能力所無法達成或負荷，則父母應站在學習者的立場，深思熟慮，確定可以達成再實施；若實施上有困難，或學習起來有高難度，則應考量配合子女生理、心理、社會性能力的發展情況而定。

（三）起點行為與目標行為應相當明確

父母宜深入瞭解每位幼兒或家人的起點行為，明瞭先天具備的資質，再分析其能力，確立明確的目標行為，使家人或兒女知其所追尋的方向與目標，作為努力的目標。

（四）行為塑造應按部就班、循序漸進

行為的塑造是細分行為目標，為更具體的較細小目標，使小目標易於達成，增強學習者的信心，並按部就班、循序漸進，不可躁進或想一蹴可幾，反而易於「吃緊弄破碗」（台語），而功虧一簣、弄巧成拙。

五、代幣與代幣制度

（一）代幣（token）

幼兒園的貼紙或超商的積分點卷，即為代幣。代幣有其功能與作用，代幣的使用符合心理學原理，在幼兒階段給予金錢、黃金或貴重的文具用品，對幼兒心理的感受，反而沒有如貼紙、圖案、點卷、積分卷來得實用；因而為人父母或幼教教師，應常以此類有美麗圖案，又有鼓勵性質的點卷、貼紙來鼓勵兒女或學生，效果會更好；而成年人對百貨公司禮卷或超商點卷也非常喜歡。而這些禮卷、點卷、圖案、貼紙、積分卷就叫代幣，它們可以累積到某一定程度或張數，再向百貨公司、父母、教師換取更大、更喜歡的獎品，漂亮又喜愛的玩具，或是實質增強物，例如：華麗的衣服、玩偶、洋娃娃、遙控車等。

（二）代幣制度（token system）

夫妻或老師以代幣為增強物來鼓勵家人、兒女、學生，以培養良好的行為表現，而發揮行為改變技術的功能，實行此一制度稱為代幣制度。代幣制度在實施之前，要事先與家人、兒女、學生約定實施的細則與辦法，即兌換獎品的標準與守則，往往代幣或獎品，均是兒女和學生們的最愛，教師也可針對學生的特質，自行設計或從電腦網頁圖檔中，引用時尚性的圖案，幼兒們會更為喜愛，例如：海綿寶寶、Kitty貓等，以強化增強作用的效果，如此一來他們會對增強物更為珍惜，而愈加努力表現更好。代幣制度實為針對嬰幼兒、小學生或國中生的一種良好增強作

用的辦法。

（三）代幣制度實施的原則

1. 事先公告約定代幣制度的使用要點

事先公告代幣如何使用、獎勵及使用的標準，行為表現程度的評估，與代幣的給付等值或對等，均須事先約定或公告，以做為實施的依據。

2. 代幣兌換獎品或實施增強物的辦法

代幣的點值累積到某種程度，為擴大增強效果，可兌換的獎品種類，或代幣實施的有效期限，均應事先有明確的實施辦法。

3. 立即增強優於延宕增強

家人若一旦出現良好的行為，達到預期目標應立即增強，可明示家人、兒女、學生明確的目標行為，導引兒女、學生的方向，以培養良好的行為表現。

4. 代幣的實施要有實質增強物為配套

父母、教師可調查兒女、學生最喜歡的實質增強物有哪些，或從媒體、時尚界體察，當前最受歡迎的幼兒玩具，以配合代幣制度的實施，增強代幣的效用。

5. 要實施獎勵或增強良好行為表現，最好於公開場合為之

實施獎勵增強若在公開場合實施，除了獲得實質增強物外，可給予當事者精神上更大的附加價值鼓勵，並可對尚未得獎的人有良好的示範與良好行為目標的指引作用，啟發家人、學生樂於表現更好的行為。

第七節 兒女教養之學理

一、教育與教養的區別

談到教育（education），幾乎人人均講的頭頭是道，但真正懂教育的人又有多少？在台灣，幾乎人人均有機會到學校接受正規的教育，但那真的懂何謂教育嗎？

按照《國語辭典》的解釋，教育是「培植人才，幫助人類發達，以能適合於世界進化的一種事業」，所以教育重在培養專業及生活基本知能，以能學有專精，具備謀生的生活能力，而適應於社會。

教養（upbring education）是指教導與養育，按字面的解釋，教導不但要教還要導，要教育兒女還要引導兒女，養育則是培養、養護與培育，因而養育較側重品德、品行、人格、習慣的養成，因而教養是教導養育兒女，讓其有良好的品德、正確的人生觀及良好的生活習慣和人格。

綜上而論，教育較重視專長、知識、人才的培植，而教養則較重視品德、品行、良好習慣、人格的培育。

二、教養兒女的重要性

夫妻教導孩子是一門高深的學問，也是一種生活實用的教養藝術，有些家庭不但子女教養好，子女的表現也好，親子的互動亦師亦友，溫馨的親情流露在日常的親子互動中，令人羨慕萬分；同樣的，也有家庭的親子間彼此怒目相向，互不信任，宛如仇人恨之入骨；前後兩者，均是為人父母，但表現出來的卻是完全不同的兩樣情。父母的地位是天賦，林朝鳳（1994）認為，我們無法期望全天下的父母，都有具備類似醫生、

教師或法官等人員的專業態度，但是透過親職教育，可協助父母們瞭解教養子女的專業知能，因而成功稱職的父母是可以學得的。

三、教養子女知能的重要性

有好的教養子女知能，才能培養出優質的下一代。社會上有很多的父母、很多的教師，都教養出優質的下一代子女，他們的下一代子女，很多都是教師、法官、醫師或建築師，他們在社會上的表現，不但生活禮儀、品德受肯定，在職場專業上的成就，更是高人一等，他們的下一代很有競爭力，所以教養子女的知能實在非常重要。

（一）有教養的子女是家庭的希望、社會的安定力量，更是國家競爭力的表徵

一般而言，有教養的子女，肯學、上進、講理而好禮、品德修養好，在專業上的表現更為突出，為家庭帶來活力與希望，他們是社會上一大穩定、支持的力量，更為國家帶來更高層次的競爭力，帶動社會、國家的整體發展與向上提昇，是評估國家整體競爭力的表徵。

（二）社會快速變遷，教養子女的專業知能更為重要

目前全世界社會變遷快速也更為複雜，教養子女專業知能的學理，更需與日精進，並與現實社會、世界接軌，因而教養子女專業知能的學習更為重要，否則為人父母者，若只懂複製前人管教子女的經驗到自己子女身上，子女會感到與父母的心理距離愈來愈遠，代溝就會一代比一代更深，親子間在心靈上難有交集，親子間的感情就會像路人，甚至可能成為仇人，而怒目相向。

（三）掌握兒女的教養關鍵期，子女們沒有再版的人生

在人類發展學中，人類的發展有其階段性，例如：新生兒、嬰幼兒、幼兒、童年早期、童年中期、青春期、青少年期等，而每個成長階段都有不同的階段性任務，故每一成長階段教養子女的專業知能都不同，而且有很大的差異，例如：新生兒階段重在衛生、保健、母乳的重要性，青春期則應留意子女的生理發展、認知發展的開發，以及社會心理、情緒性的穩定，為人師長或父母應深入瞭解學生或子女的生長發育階段及個體的特質。在不同的階段教養子女的方法各異，但在子女成長的過程中，各種教養方法宜交互為用，採取適時、適性、適當的教導，畢竟子女個別差異大，階段不同，隨著歲月快速流逝，為人父母若錯過一時的教養關鍵期，會導致子女很大的傷害，會耽誤子女一生的發展，任何人均沒有再版的人生。

（四）有教養的子女，是父母的榮耀，帶來父母晚年的幸福

父母若有優質的教養子女知能，可培育具專業、有禮、上進的下一代，他們服務社會，在社會上的表現，對國家的貢獻，是父母最大的榮耀，是兒女對父母送來晚年的大禮，更是父母家庭幸福的表徵。稱職的父母天天快樂、幸福滿滿，失敗的父母晚年日夜還要為兒女操心，收拾兒女留下的爛攤子，甚至送著兒女去坐牢，日日坐困愁城。

四、兒女的教養方式

夫妻與兒女互動的型態有威權專制型、無為而治型、討好放任型、責備挑剔型、說教嘮叨型、理智開明型等，到底夫妻與家人、兒女的互動，適宜採取何種方式呢？教養子女的方式又該如何？好讓兒女快樂成長，便成為一門高深的學問，也是一種高深的領導與生活管教的藝術。

（一）權威型（authority type）

　　此類型是指，夫妻教養子女採用專制權威的方式，認為子女是其附屬品，夫妻擁有子女的所有權，子女似乎是次等家人，而父母的知識與經驗永遠多於子女，子女很難有表達意見的空間，親子關係容易緊張而對立，子女有畏首畏尾的心態，因而子女的潛能常遭壓抑，無法充分發揮，子女感受家庭缺少愛與關懷，有苦與委屈也難以申訴。

（二）放任型（noninterference type）

　　此類型是指，父母過度重視自己的事業與工作發展，或只在意自己的興趣與個人享受，而對子女的教養沒有責任感，或放任不管，對子女的所作所為均不做干涉，或很少表示意見，甚至明知兒女有不正確的價值理念及偏差行為也不做導正與管教，常以尊重孩子或讓子女學習獨立為藉口，而對子女的言行不加聞問，未盡到以身作則或教養的責任，子女無法感受到親情的溫暖與照顧，家人間相處冷漠，彼此難以溝通。

（三）溺愛型（fondness type）

　　此類型是指，夫妻在兒女成長過程中過度保護，或一味的滿足子女的需求，子女誤以為那是應該的，而不知感恩惜福，因此養成兒女嬌寵的惡習，資源任意揮霍而不自知，子女不但自己不努力，也不學習自立，挫折容忍力低；由於父母過度的保護，其子女無法接受刺激與挑戰，不但自己能力差，遇到困難不如意時，還會怨天尤人，無法體悟家人的關懷與溫暖，總認為父母偏寵是應該的，不知感恩惜福不長進。

（四）民主型（democratic type）

　　此類型是指，父母平日以身作則，對於子女的行為要求與價值觀是

一致的，使得子女平日生活有所依循，與子女的相處採平等方式，對於問題的解決以理性開明的溝通方式，使子女有表達意見的機會，親子溝通互動良好，若是好的見解，父母亦可採納，但有一定的底線，可讓子女感受到父母的愛與關懷，家人互尊、互重、和諧、快樂，有家庭倫理的概念，家人溫馨熱愛家庭，家中充滿民主、開明、平等、有愛、互助、關懷的氣氛。

（五）倡導關懷型（initiation & attentive type）

此類型是指，父母在兒女的成長過程中，一方面會留意兒女的興趣、特長與資質，適時的鼓勵兒女成長、培養良好的習慣，共同建構可欲的目標；另一方面，會給予兒女合宜的生理需求及健全的心理、社會性發展，採行高關懷的態度，讓兒女感覺父母友愛、溫暖、親和、理性、重視身教言教、有理想，與兒女容易溝通互動，適時、適性、適當引導兒女，符合兒女特質的高倡導目標，培養積極性的人生態度。

父母在兒女成長的過程中，對於兒女的教養方式，幾乎無法採單一方式從一而終，宜因人、因時、因事、因不同的成長階級，混雜使用或同時交互並用，只是平常可以較常使用，或符合父母教育理念而主要採用某一種類型；但教養兒女最主要的目的，還是希望未來子女能理性任事、通情達理，傳承家族精神、愛護家人，謙恭禮讓、刻苦耐勞，與時俱進、發揮潛能，服務社會，增強國家的競爭力。

案例探討與價值澄清

主題：資優女生蹺家投奔工人，「爸媽您們不懂我的心」

案例：本案例發生於 2011 年 6 月。台中市的一位國二資賦優異的陳姓女學生，父母均是高學歷，對她期待甚高，天天要她去補習班上課，但該女卻對美術、繪畫、創作相當有興趣。有一天，父母逼她讀書去補習，而把她最愛的繪畫工具丟掉，陳姓女資優生從此沒到補習班上課並失聯，父母獲知後急著報案，並請媒體協尋，母親更於媒體面前痛哭，呼喚女兒回家。三天後，台中市警局少年隊在高雄找到她，她卻不願說出這三天的去處，更不想說出男網友的姓名、身分，儘量保護對方；警方突破心防後，說出男網友已經於網路認識一個多月，是大她 21 歲的工人，男網友高職美工科畢業，曾經交過多位女友，但那些女友在得知他僅有高職學歷後紛紛離去。資優女生抱怨父母只逼她課業，把她的畫具丟掉，剝奪了她的興趣與專長；而男網友在警局說：「女學生英文很好，喜歡畫畫，又不會看不起我。」他並表示二人雖然相差 21 歲，但他認為女學生是他的命中情人，打算娶學生一起打拚，她將來在藝術上會有很好的成就。

價值澄清：

1. 女資優生為何會蹺家私奔？

2. 男女相差 21 歲，且身分相差如此懸殊，為何會譜出戀情？

3. 父母的職責有哪些？親子溝通有何困難？

4. 圓融的親子溝通有哪些原則？

5. 開發兒女潛能是親職教育的一部分，父母該如何培養對兒女的敏感度？

6. 男網友說：「打算娶女資優生為妻，一起打拚。」你認為萬一成真，這對婚姻會幸福嗎？為什麼？

五、優質的教養兒女原則

（一）教養目標明確，適時激勵增強

父母要教養子女，應給予兒女明確的行為準則、具體的方向和行為目標，讓兒女知所依循，例如：很多的父母常說，兒女將來要勤儉持家、自立自強，但父母卻常常帶著兒女去吃麥當勞、肯德基等速食或高級餐廳，對於兒女貪睡、懶散的生活作息又不加理會，造成目標含糊，那如何教養出勤儉、自立自強的兒女呢？為人父母應明確告知兒女明確的成長生活方向，若兒女表現良好，應適時鼓勵，善用增強原理，以強化兒女良好的行為目標，培育優質的兒女。

（二）認清父母職責，善用教養藝術

林朝鳳（1994）認為，父母對於子女的責任，不僅在身體的養育，也包括心理的輔導，這種責任是父母雙方共同的，而非單方面所有。父母對於子女行為的發展、子女智能的開發、夫妻和諧關係的維護、家庭經濟情況的安排、對待子女的態度、環境的設計安排等各方面的知能，夫妻均應深入瞭解學習，並認清這些都是父母應有的職責，應善盡父母的天職，對於各種教養方法深入瞭解，有效靈活的運用教養藝術，養育兒女。

（三）認清子女特質，適性輔導、因材施教

對於每位家人或每位兒女，不僅男女個性有別，其特質嗜好、興趣、專長、優點、弱點……等，更是彼此有差異，即使同樣的一對夫妻，生下的兒子或是女兒，其子女間的特質也不可能完全相同，為人父母者，要用心的去認識自己的兒女，瞭解每一位兒女的特質與天賦及彼此間的

差異，採適性輔導、因材施教，絕對不能以一套教養方法，試圖教育所有子女，否則容易失敗。

（四）認清成長階段，適時、適性、適當的教養與輔導

兒女成長的階段不同，在每一成長階段中，其階段的特性與任務不同，兒女個別的特質也不同，為人父母者應深入明瞭兒女成長的階段，即每位兒女的特質、每一階段性的任務，以及各階段的輔導方法，給予適時、適性、適當的輔導，善盡父母的天職。

（五）父母教養理念一致，配合學校教育、社會教育

父母來自不同的成長背景，因而其價值觀、人生觀、教育子女理念不一定完全相同，但夫妻要溝通、要協商、要一起成長，取得教養子女共同一致的理念，夫妻採取共同的態度、目標與子女發展的方向，其教養子女方法可彈性，但方向、目標要明確，並配合學校師長的教育，讓兒女在方向明確的教養中成長，並符合社會的期待。

（六）身教、言教，更要有好的家教

父母對於子女的教養，除了瞭解教養子女的知能外，並要靈活應用各種教養方法。父母對於子女的教養應循循善誘、諄諄教誨，以愛心、耐心來對待每一位兒女，並能以身作則，透過日常生活的模仿學習，給予兒女良好的示範，為人父母平日待人處事接物，應有一定的生活準則，表現出有教養、有禮節、有希望、有未來的精神與風範，那才是兒女最好的學習榜樣，是一部生活的活教材，更是最好的家庭教育。

（七）關懷兒女的同儕，對待兒女要互尊、互重

成長中的兒女如進入兒童中期後，社會性的需求殷切，同儕間的歸屬感與認同感甚為重要，有時同儕的影響力不容小覷，為人父母對於兒女同儕的認識、瞭解與關懷，無形中可增進親子間的關係，並能與兒女互尊、互重，不把兒女當成父母的附屬品，隨意漫罵、隨意使令，讓兒女在健康、溫馨、有愛、受尊重的環境中長大，自然能在將來的社會中，與人和善相處，並能與人互尊、互重，擁有良好的人際關係。

（八）真愛而不溺愛，合宜期望，激勵成就動機

天下父母心，哪個不疼愛自己的兒女？但愛要有方法，要講究藝術，不可未倒先扶，更不可溺愛或寵愛。台灣社會近幾年來，面臨國人價值觀嚴重扭曲，更由於少子化的關係，父母過度保護自己兒女，沒有培養出兒女的挫折容忍力，而一味的寵愛和溺愛，影響兒女的價值觀及人格的發展。對於每位兒女的特質、專長、缺點，都應該要認真去評估，給予合理可欲的期望，適時而適度的給予激勵成就動機。

（九）和諧的親子關係和幸福溫馨的家庭，是教養子女的不二法門

親子間由於年齡的差距、思想的距離，難免會有意見不一的時候，但親子間要有默契，父母不可用成人的權威壓制兒女的思維意見，兒女不可以哭鬧來換取父母的同情，彼此應以關懷、理性、開明、積極的態度，做為親子互動的基礎，營造和諧的親子關係。父母更應以身作則，攜手建構溫馨幸福的家庭，使兒女在溫暖、有愛、有希望的環境中成長。

兒女的教養方法很多，親子間的溝通互動不易，每位兒女的身心特質有別，各個兒女成長的階段任務不同，為人父母者應以愛心、耐心努

力學習，長期進修學習有關教養子女的知能及藝術，營造溫馨幸福的家庭，合理的對子女可欲的期望，開發每位兒女的潛能，使他們對社會、國家有服務的熱誠。期待好的教養方法，能夠孕育健康、有品德、有活力的下一代。

第八節　情緒管理

　　我們都知道好的情緒可以讓我們的生活多采多姿、生活快樂、做事順利、工作效率提升；壞的情緒會讓我們的生活陷入低潮，干擾我們的生活，失去生存的動力、失去希望、做事不順，嚴重影響工作而鬱鬱寡歡得憂鬱症，甚至有自殺的念頭。既然情緒的影響那麼大，我們就應經常做一些讓自己快樂的活動，使日常生活帶來快樂與充實，同時，我們也應避免壞情緒的產生，以及避免情緒的惡化影響到生活或人生的鬥志，最重要的是，人人應接受情緒教育，有效地控制情緒。

一、情緒與情緒智商的涵意

　　我們都知道，情緒（emotion）是個體對刺激所做的反應，所獲致的主觀情感與個別的經驗；情緒也是一種意識狀態，對個體具有觸動或干擾作用，嚴重時會影響我們的生活。

　　林仁和、黃永明（2009）指出，情緒現象是由刺激或誘發事件所引起，並且持續的時間較短；比較而言，心境卻具有持續時間較長，且不針對某一個具體客體的特點。就心理而言，情緒應是刺激與反應的連結，只是反應發生後，會影響我們的心情、思緒、行為，而產生對個體多種不同的作用。

　　林仁和、黃永明（2009）又指出，美國心理學家 Peter Salovey 於1991 年創立「EQ」（Emotional Quotient）一詞，稱為「情緒商數」，簡

稱「情商」，代表人的情緒智能或情緒智商，那是一種評量情緒自我控制的能力。簡單來說，「情商」是一種控制和應用自己與他人相互關係的情感能力；EQ 是決定個人成功、快樂與否的關鍵。EQ 不但是可以學習的，更可從小加以培養，而有效的控制自己的情緒。

Salovcy 將情緒智商歸為五人類：

1. 認識自己情緒的能力：瞭解自己，掌握自己的情緒。
2. 妥善管理自己的情緒能力：情緒管理能自我安慰，擺脫焦慮與不安。
3. 自我激勵能力：具有自制力，能克制衝動與延遲滿足，保持高度熱誠等。
4. 認知他人的情緒能力：讀心術、同理心，它建立在自我認知的基礎上，且需將心比心。
5. 人際關係的管理能力：具有管理他人的情緒藝術，包含：傾聽、溝通、說服等情緒智商，此意味著個人自我掌握，以及人與人之間圓融互動的能力或人格特質。

如何激勵自己愈挫愈勇，如何克制衝動與延遲滿足，如何調適情緒，如何設身處地為人著想，而能有良好的情緒管理，關係著個人的人際關係，也影響一個人一生的成就。

二、情緒管理的重要性

1. 影響家庭和諧：家人若情緒控管差，常在家中鬧脾氣，就好像家中不定時的未爆彈，易引起家人相互摩擦、誤會、吵架，影響家庭的和諧。
2. 影響個人身體健康：個體若情緒管理良好，則生理系統正常運作，內分泌系統順暢，快樂荷爾蒙增加，全身舒暢、心曠神怡、身心健康；反之，則痛苦度日，度日如年，痛苦荷爾蒙增加，全身難以協調舒暢，以致百病入侵。

3. 影響個人潛能開發：個體若情緒管理良好則身心健康，能專心的努力學習，開發潛能；若情緒控管不良，則事端連連，更難專心處事，一事無成。

4. 影響個人人際關係：家人若情緒管理良好，凡事能將心比心，以同理心待人，自然人緣好，到處受人歡迎，人際關係佳；若情緒控管差，則易引起眾怒和誤會，人際關係當然不好，易成為孤鳥而坐困愁城。

5. 影響工作效率和干擾工作環境：個人若情緒控管良好、心情好、工作順利，工作效率自然很好，而且能帶動工作環境的氣氛；若情緒控管差，心情差常易引起思緒錯亂，容易做錯事，工作效率差，而且會破壞整個工作團隊與干擾工作環境氣氛，令人坐立難安。

6. 影響團隊合作與生產力：情緒控管差的人，在團隊中容易引起很大的爭吵，破壞團隊的合作氣氛與意願，更嚴重的會影響團隊或社會的生產力。

案例探討與價值澄清

主題：建中學生壓力過大，跳軌慘死

案例：本案例發生於 2012 年 4 月 3 日汐科火車站。有位建中學生蔡○○，當天疑似課業壓力過大，不願進入教室上課，原因是「身體有怪味」，學校於是通知家人接回，不料在汐科火車站時，蔡生向阿姨表示要上廁所，隨後再走進月台，看見火車將駛入車站，一躍而下，結束了年輕、有才華的寶貴生命。該生於本學期開學前一天，在臉書上寫著：「今日在人生中算是蠻精彩的一天，凌晨四、五點醒來，窩回去還是睡不著，不知道是太緊張，還是怎麼樣，在桌前聽音樂，寫數學、用電腦，下午去學校考數學，結果被電慘了，明天就要開學了。」

價值澄清：

1. 自殺事件是否有前兆？該事件的前兆是什麼？

2. 資優生忙於課業，對於抗壓訓練、情緒教育，該如何進行？

3. 父母對於兒女的敏感度教育，該如何培養？

4. 中小學教師每天與學生密切互動，如何培養教師的警覺性與敏感度？

5. 年輕、有才華的建中生自殺，該事件父母與學校輔導管教，有哪些值得檢討的空間？

6. 類似資優生自殺事件為何而起？我們該如何輔導，避免類似事件再度發生？

7. 父母及老師該如何培養年輕人的挫折容忍力？

三、情緒的種類

1. 喜樂情緒：屬正向的、愉快的、滿意的情緒，是積極性的情緒反應，例如：愛、快樂、幸福、愉悅等。

2. 憂鬱情緒：屬於負向的、痛苦的、不滿意的情緒，是消極性的情緒反應，例如：憂愁、焦慮、悲傷、擔憂、罪惡感等。

3. 敵對情緒：屬於負向的、仇恨的、對立的不滿情緒，也是消極性的情緒反應，例如：憤怒、憎恨、嫉妒、意識形態、仇恨等。

4. 友善情緒：屬於正向的、仁愛的、善念的，是積極性的情緒反應，例如：友誼、親密、親和、愛、信賴、摯愛等。

上述四種情緒反應，黃德祥（1994）指出，Kostelnik、Stein、Whiren 與 Soderman（1988）將喜悅（joy）、悲傷（sadness）、憤怒（anger）與恐懼（fear）稱為核心情緒（core emotions），如表 7-1 所示。

表7-1　核心情緒及其對應的情緒種類

喜悅	悲傷	憤怒	恐懼
快樂（happiness） 歡欣（delight） 滿意（contentment） 滿足（statisfaction） 愉悅（pleasure） 得意（elation） 榮耀（pride）	灰心（dejection） 不快樂 　（unhappiness） 苦惱（distress） 悲傷（grief） 失望 　（disappointment） 害羞（shame） 罪惡（guilt）	挫折（frustration） 嫉妒（jealousy） 厭惡（disgust） 生氣（annoyance） 激怒（fury） 無聊（boredom） 蔑視（defiance）	擔憂（worriness） 焦慮（anxiety） 懷疑（suspicion） 害怕（dread） 恐慌（dismay） 苦悶（anguish） 驚慌（panic）

資料來源：黃德祥（1994：341）

四、情緒管理知能的教育方法

（一）教導家人面對自己的情緒

　　家人間有問題發生必定有因果關係，父母宜教導子女察覺問題的發生及問題發生的背景與原因，教導子女冷靜分析、理性面對、勇敢面對，找出較好的解決方法，避免負面情緒影響。若是正向情緒發生，也應瞭解原因，創造友善與喜樂的正向情緒。

（二）教導家人對付遭遇的問題，建立正向的邏輯推理

　　家人若有不好的情緒發生，易於引發更深層的邏輯推理，例如：「我慘了，我會很慘」；若是不教導良好健康的邏輯推理，恐會愈陷愈深而難以自拔，甚至憂鬱、自殺、死亡，此時教育兒女應建立健康的邏輯推理，例如：「真倒楣！頂多如此，絕不會更壞了！它傷不了我的。」而把焦慮情緒惡性循環切斷，腦海中往正向性的情緒思緒去發展，或改變情境，引發正向性的情緒反應循環。

（三）教導家人建立良好的問題解決模式

夫妻平日應教育子女「給他一條魚，不如教他如何使用釣竿」，因此為人父母者從小就要教導子女，如何去面對問題、解決問題，建立問題的解決策略與模式，當問題發生時：(1)明瞭遭遇的問題原因與感受；(2)進行腦力激盪或與親友找出各種解決問題的方案；(3)評估各種可行方案的成效、成本與影響；(4)選擇最有力、最可行的方案，擬定計畫，付諸實行。

（四）教導家人採行生理及情境調整的管理方式

調整情緒的方法很多，但採行生理方式則相當普遍，因透過劇烈動作或運動，一者可抒發出內心不快樂的因子，二者可透過劇烈運動、流汗把沉積體內長久的鬱氣隨汗蒸發，讓身心舒暢，全身感覺舒服有活力，斬斷不良的情緒思維，例如：打籃球、體操、網球、跑步等。情境的調整策略，例如：安排度假、出國、登山等，讓情況改變，切斷負向情緒，讓新的良好情緒因子進入，產生正向性的情緒反應。

（五）教導家人與良師益友討論或懇談

家人若有負向情緒發生，可能因知識或人生閱歷不足，是誤會或不懂事情緣由而引起，此時若能請教良師或益友指點迷津，或許根本就沒有事，也可能長者或專家能提出很好的解決策略，而使危機化為轉機，更可能成為良好的契機。

懇談是釋發壓力、情緒控管很好的方法，當負向情緒發生後，尋找可信、理性的益友，把內心深處的不滿與不安說出、釋出，可舒緩生理的異常反應，帶來身心舒暢，走向正向性的情緒思維。

（六）教導家人要有同理心處事的概念

　　人與人之間的誤會、爭執或衝突，常因自我主義引起，本位主義太強令人難以溝通協調，人際關係自然不好，無法從別人的觀點和立場看事情，沒有同理心，不能設身處地為他人設想，沒有情緒處理的能力。因而為人父母或教師，應讓子女透過角色扮演，易地而處去瞭解他人的感受，而有寬宏大量的胸襟。

（七）教導家人公共關係的知能

　　俗話說：「三個臭皮匠，勝過一個諸葛亮」，明白告訴世人，可藉用親友、師長的知能來解決困境問題。在現實的社會上，很多的事情或工作無法一人獨自完成，在群居的社會中，孤鳥難以獨撐大局，需群策群力共同完成，共同享受一起努力奮鬥的甜美果實，廣結善緣，做好人際關係，公共關係的社交技能，藉助親友、師長的知能來實踐人生的理想。

　　夫妻要養成終身學習的概念，推動學習型家庭的氣氛，讓家人追求進步，明禮謙讓，感恩的生活修養，和良好的情緒控管能力，在家人日夜相處中，發生不愉快的大事化為小事，小事根本不會有事，懷著正向的感恩、良善的情緒，促進家人的和諧，追求幸福、感恩、快樂的家庭。

治家格言集

　　家是兒女的第一所學校，學校有規矩、有目標、有願景。

　　父母是兒女的第一位導師，導師有愛心、有專業、有理想。

　　問題青少年產生於家庭，顯現於學校，惡化於社會，弱化了國家。

問題與討論

1. 家庭經濟學的內涵為何？你婚後的理財規劃為何？
2. 家庭的消極功能和積極功能為何？
3. 家庭衝突的種類有哪些？如何調適家庭的衝突？
4. 何謂家庭的目標管理火車理論？火車理論的領導策略為何？
5. 良好的溝通要素為何？如何達成圓融的家人溝通互動？
6. 何謂正增強與負增強？有何區別？
7. 何謂立即增強和延宕增強？有何區別？
8. 教養與教育的區別為何？教養兒女有何重要性？
9. 優質的教養兒女原則有哪些？請詳述之。
10. 情緒管理與情緒智商有何區別？
11. 如何做好兒女的情緒教育？

Chapter **8**

家庭的生命週期與
家庭經營

翁桓盛

翁桓盛

第一節 家庭生命週期的意義與期程

一、家庭生命週期的意義

　　家庭生命週期（family lifecycle）是指，家庭建立開始到終止的發展過程，也就是從家庭產生到家庭結束的整個家庭生命旅程，描述家起到家落的每個階段發生的事件，通常是由夫妻結婚開始為家庭生命週期的起點，經歷新婚、小孩出生、小孩上學、小孩自立、夫妻退休到夫妻二老結束生命，整個家庭的生命故事；但因各個家庭的小孩狀況不同、夫妻的壽命不同、習俗文化的差異，因而各個家庭的生命週期壽命也不一定，但家庭的生命旅程卻是相似的。家庭生命週期的重點核心有二：第一個核心重點是家中小孩的數目、年齡差異；第二個核心是夫妻壽命長

短，決定家庭生命週期的壽命有多少。

Goldenberg 與 Goldenberg（1991）指出，家庭生命週期係一連串的家庭階段或家庭事件，供人們辨識家庭事件，隨時間的演變歷程。

二、家庭生命週期的期程

林佳蓉、林佳勳（2010）將家庭生命週期分為三期八階段，分別為建立期、擴展期與收縮期，說明如下：

1. 建立期：從結婚到第一個小孩出生為止，是夫妻的新婚期，家中只有夫妻二人，規模最小。

2. 擴展期：從第一個小孩出生到夫妻終止生育，小孩日漸長大成人，家庭中成員的人數到最大量。會經歷：(1)養育嬰幼兒階段；(2)養育學齡前兒童階段；(3)養育學齡兒童階段；(4)養育青少年和青年階段，該階段兒女就讀國中、高中、大學、研究所，或開始就業。

3. 收縮期：從子女長大成人、自立自強，出外創（就）業，離開父母或結婚，另行或成立新家庭，家庭中的成員數日漸變少到父母雙亡。會經歷：(1)子女成年階段（子女就讀大學或就業離家）；(2)中年父母階段（空巢期到退休期）；(3)老年家庭階段（退休到死亡）。

彭懷真（1996）引述 Duvall（1974）對美國中產階級家庭的生命週期，提出八階段的論述：

1. 新婚期：平均期間兩年，從結婚到小孩出生前。

2. 撫嬰期：平均期間兩年半，老大出生到老二出生。

3. 混亂期：平均期間三年半，家中小孩是學齡前的兒童早期。

4. 撫兒少期：平均期間七年，家中有學齡的國小、國中學生。

5. 撫青少年期：平均期間七年，家中小孩已是青少年階段，就讀國中或高中。

6. 突飛期：平均期間為八年，家中孩子讀大學或就業分別離開家庭。

7. 空巢期：平均期間為十年，兒女均已離家到兩老退休告老還鄉。

8. 緊縮期：平均期間為十一年，兩老夫妻退休到死亡。

國內學者吳就君、鄭玉英（1993）以夫妻生活的方式為主體，將生命週期分為十個時期；黃迪毓、黃馨慧、蘇雪玉、唐先梅、李淑娟（1995）也以家庭中小孩的成長歷程為主，將其分為八期。

王以仁（2010）以多元文化、國際化地球村的概念，將家庭生命週期做東西方比較之差異，有五點，分別為：

1. 中國重視家庭整體之福祉，西方較強調家庭中個別成員的利益。

2. 中國的家長對小孩往往會照顧一生，西方家長只照顧子女到成人。

3. 中國的家長經常替孩子決定一切，西方家長尊重孩子的自由選擇。

4. 中國的家庭成員幾乎無個人隱私，西方家人之間較有個別隱私。

5. 中國家庭較重視親子倫理，西方家庭最強調夫妻關係。

第二節　夫妻家庭生命週期的調適

國內學者的家庭生命週期有的以夫妻生活方式為分期主軸，也有的以家中的小孩成長歷程為分期主軸，同樣的，西方的家庭生命週期分類，也有很大的差異，但均離不開夫妻在家庭生活中的重要地位及扮演角色。邱書璇等人（2010）和藍采風（1996）參照彭懷真教授的分類，將家庭生命週期分為八期，如表 8-1 所示。雖然這不是全世界幾十億人口必經的生命歷程，但相信家庭生命週期一定是絕大部分的人必經的生命旅程，因而人人均要深入研究生命週期，做好良好的生涯規劃；尤其結婚的夫妻更應及早準備，並做好家庭生命週期的調適，讓生活過得幸福快樂，到生命終點的時候，才能成功安祥含笑的走完精彩的一生。

表8-1　家庭生命週期

階段	每階段大約年數	階段說明	基本技能（工作）
一	二年	有小孩的已婚夫婦	1.配偶二人日常生活之適應 2.建立新的認同 3.對新的親戚之適應 4.期待孩子來臨，對懷孕之適應
二	二年半	養育幼兒階段（第一個孩子未滿30個月）	1.對新父母角色之適應 2.學習為人父母之各種技能適應 3.夫婦與父母角色之適應 4.對事業前途之適應
三	三年半	有學齡前兒童階段（第一個孩子年齡在2歲半～5歲之間）	1.撫育兒童新技能 2.孩子成長、失去隱私之適應 3.事業與生涯之適應 4.對可能有第二個孩子降臨之適應
四	七年	有學齡兒童階段（第一個孩子入小學）	1.鼓勵孩子身心之成長 2.對學校之適應 3.妻子或丈夫可能重回工作崗位 4.逐漸參與學校或社區活動
五	七年	家有青少年階段	1.子女日漸自主階段 2.計畫夫妻活動或子女離家之準備 3.事業可能達到高峰 4.家庭經濟可能達到高峰階段
六	八年	步入突飛階段（孩子分別離家）	1.成年子女獨立階段（如上大學、工作、結婚等） 2.繼續給子女獨立機會，但不過分控制 3.鞏固父母之婚姻生活，對可能失去配偶之適應
七	十五年	中年父母階段（空巢階段）	1.享受老伴之恩情 2.對健康狀況之適應 3.對祖父母角色之適應 4.增加社區活動或其他休閒活動
八	十至十五年	老年階段或鰥寡（自退休到死亡）	1.對邁入老年及健康衰微之適應 2.接受老人之認同 3.對退休及失去社會或工作地位之適應 4.在健康許可範圍內參加有意義之活動

資料來源：林敏宜、林秀慧、謝依蓉、車薇、邱書璇（1998：219）；藍采風
　　　　　（1996：33-36）

夫妻生命週期的調適,說明如下。

一、第一階段:情侶階段

兩人均有全職工作,自立更生,各自擁有自主權,情侶彼此深入互相暸解兩人的相似性、同性質,生涯規劃儘量門當戶對,並深愛對方。

二、第二階段:新婚期

夫妻兩人條件相似性高,彼此相愛並妥善規劃未來美滿幸福之家庭計畫,夫妻相互協調,彼此適應與改進、鍛鍊健康身體,穩定的收入與儲蓄,準備迎接第一位小孩到來,夫妻同時享受新婚階段的幸福快樂。

三、第三階段:撫嬰期

新生兒的到來,家庭增加很多的工作與開銷,夫妻宜開源節流,家事共同分擔,用心照顧嬰幼兒,但夫妻的感情與家庭仍應用心經營,避免有了新生兒,就嚴重擾亂夫妻生活秩序,可尋求親友、社會資源的協助。

四、第四階段:撫幼兒期

從第一位小孩會走路到要上學期間,夫妻享受愛的結晶,天真無邪、活潑可愛,夫妻更應加深彼此相愛的感情,在工作、家庭、親職時間的安排分配得宜,享受為人父母的喜樂,並將此快樂心情分享親友;夫妻宜多安排家人共處、共遊時間,培養家庭生活樂趣。

五、第五階段：撫兒少期

第一位小孩上學，夫妻異性吸引力漸減，夫妻年齡約40歲左右，夫妻宜重視婚姻教育、親職教育及家庭教育，做好兒女的榜樣，營造有教養、溫馨、幸福、民主化、講理的家庭氣氛；夫妻要關心兒女的成長，並與學校師長配合，與社區、家族保持良好的互動，此期也是夫妻事業的高峰期，不可因事業工作的繁忙，影響夫妻的感情生活與身體健康，並應慎重的投資，開拓家庭財源。

六、第六階段：撫青少年期

第一位小孩要上國高中或就讀大學，家庭開銷更大，宜事先做好良好的理財規劃，避免因經濟因素影響家庭生活，或夫妻的感情家庭氣氛。第五期、第六期這兩期，孩子正在求學期間，小孩上下學的接送安排，夫妻應多協調，或尋求社會資源；夫妻的身體、感情、家庭宜兼籌並顧，相互鼓勵，培養共同興趣，在休閒育樂中培養夫妻的感情與氣氛。

七、第七階段：突飛期

孩子分別就讀大學或就業，漸漸的開始離家，夫妻宜對小孩提供的經濟及其他資源，給予寬廣的自由空間，重視適性的教育，開發兒女潛能，培養兒女專業長才，家庭重視民主式領導，透過溝通協調，凝聚家庭共識；兒女分別離開家庭，夫妻身體也開始走下坡，彼此更應互相體貼、相互照顧。

八、第八階段：空巢期

最小的孩子離家工作或結婚。此時家庭經濟基礎穩固，家庭成員少、

開銷少，夫妻宜多進行休閒健康養生的渡假活動或出國旅遊，享受第二度的夫妻新婚生活，增加夫妻的獨處或老友的休閒育樂，保持健康的身心；小孩陸續在社會上工作，發揮專長，受到社會重用，夫妻宜開始享受過去努力奮鬥的家庭成果，並做好退休的過度期準備。

九、第九階段：退休期

夫妻相繼退休，空閒時間更多，可到長青學苑或老人大學，培養二次的興趣，蒔花種草，享受夫妻沒有壓力的神仙生活，為自己的身心健康而努力，給予孩子支持、鼓勵，享受含飴弄孫的樂趣，或培養過去夫妻因為家庭事務繁忙，而沒時間學習或享受的樂趣，增加夫妻生活的情趣。

十、第十階段：緊縮期

夫妻因年老體衰或失去配偶，要有此心理準備，此時要去安養院或老人之家，也可與兒孫同住，享受天倫樂趣；兒女已在社會工作，表現嶄露頭角，貢獻社會，享受兒女成就的喜樂，每天快樂生活，精彩的過一生。

案例探討與價值澄清

主題：五五必讀，二五必讀，到底讀什麼？

案例：本案例發生於 2011 年 10 月。前教育部長吳清基表示，教育部將在 2012 年 6 月前，編纂教導年輕人面對成家關卡的「二五必讀」手冊，以及高齡者面對退休關卡的「五五必讀」手冊。教育部社教司表示，台灣高齡化社會，55 歲以上人口有 520 萬人，這個階段的人面對身體開始老化、準備退休、養生等問

題，坊間或網路上片斷資料很多，但沒有一本書能涵蓋保健、人際關係變化、保住老本等所有高齡者關心的議題，這本寶典目的在協助他們「成功老化」；教育部也表示，25歲是人生的重要關卡，正準備與戀愛對象討論婚嫁，會附上兩份給即將結婚男女不同的心理測驗，以測出雙方成熟度和同質性差距，為日後美滿幸福人生做準備。台灣師範大學人類發展與家庭學系的學生會長陳○○說：「相關資料網路資訊多，但多半片面而且不正確，教育部的想法很好。」

價值澄清：

1. 「二五必讀」、「五五必讀」和生命週期有關嗎？
2. 你認為「二五必讀」的內容該有哪些重點較適合？
3. 你認為「五五必讀」的內容，該涵蓋哪些重點，而且哪些是非有不可的？
4. 教育部的這種作法，你認同嗎？為什麼？
5. 你最關切的人生議題有哪些呢？

第三節　永續婚姻的經營

一、何謂永續的婚姻

簡春安（1996）認為，婚姻是動態的，隨時都處在變動的狀態中，隨時都有可能受到內在及外在因素影響而產生波動。要維持一個波動狀態中又能穩定的婚姻，能夠快樂、幸福、成功的走完婚姻的旅程，完成家庭生命週期的各階段性任務。

　　永續的婚姻（lasting marriage）是指，青年男女婚前在擇偶時，會選擇條件同質性高的對象，婚後夫妻的婚姻關係維持穩定、幸福，並能成功的完成家庭生命週期中的功能與任務，夫妻彼此對婚姻的滿意度高，而覺得婚姻幸福、美滿，夫妻堅定的情愛力量、互助互諒、相互扶持，維持婚姻關係的永續經營。

　　據內政部的統計，台灣目前男生的初婚年齡，由 1971 年的 28.8 歲，提升到 2011 年的 33.6 歲，女生初婚的平均年齡也由 22.8 歲提升到 30.6 歲，如本書第三章的圖 3-2 所示。由圖中即可發現，男女的初婚年齡均有延後的明顯趨勢。

二、永續婚姻的建構原則

　　夫妻建構永續完美的婚姻，可讓子女在健康、安全、幸福的家庭中成長，兒女身心才能健全發展，發揮子女的潛能與專才。

（一）夫妻有永續婚姻的共識，家庭目標明確

　　青年男女在擇偶的過程中，透過約會與互動，明瞭永續婚姻的功能與重要性，彼此有建設永續婚姻的共識。婚後按照現有家庭有形與無形的資源，配合家庭生命週期，擬訂家庭可行的成長目標，而且目標明確，成為家庭與家人的明燈。

（二）婚姻靠經營，重視良性溝通與互動

　　青年男女婚前尋尋覓覓選我所愛，彼此重視婚姻家庭的功能與重要性，相信任何事業的成功均無法彌補家庭的失敗；婚後就應甜甜蜜蜜愛我所選，重視感情婚姻的經營，即使婚後溝通互動仍應相互尊重、良性發展，讓永續婚姻開創美好的成果。

（三）夫妻互信、互賴，擁有自主空間

夫妻結婚是青年男女為愛、為理想而結合，婚後更應珍惜對方，互信、互賴，讓對方擁有自主空間，信賴對方、尊重對方，而非占有對方，否則夫妻天天疑心疑鬼，美好婚姻即易破滅。

（四）夫妻角色扮演適當，家務分工妥當

夫妻在公開場合、家庭、兒女教育、職場等，扮演恰如其分的角色，避免把公事帶回家，影響家庭生活，在家務的分工上，宜配合男性、女性的特質與個人專長，並養成兒女做家事的習慣，家務分工妥當，從做家事中體悟家庭的結構與功能，熱愛家庭，形成家庭的凝聚力。

（五）感謝對方付出，形塑溫馨有希望的樂園

青年男女婚前有著異性吸引力，對愛情婚姻的憧憬，婚後新鮮感不再，易將對方的付出視為理所當然，不知感恩、相互讚美，不懂要增加家庭的活力及生活的氣氛，亦忘記要相互尊重，慢慢的讓婚姻蒙上平淡無味的陰影；相反的，夫妻若能攜手相互欣賞、相互鼓勵與讚美，就能培養溫馨、有希望的家庭樂園。

台灣地區的離婚率自 1998 年的 29.87%，直線上升至 2009 年達最高峰 49.01%，往後均維持在 35%左右，如表 8-2 所示。換句話說，每二到三對的結婚夫妻就會有一對離婚，有的甚至於只結婚一個月就離婚；此顯示台灣的青年男女對永續婚姻的功能與重要性認知不足，極可能是一時性慾的衝動或隨興式的結婚，此將成為一生難以彌補的創痛。

表8-2 台灣區歷年結婚、離婚對數表

（單位：人；戶；對）

年別	人口數	男	女	戶數	出生	死亡	結婚對數	離婚對數	遷入	遷出
71年1982	18,515,754	9,636,285	8,879,469	4,042,529	405,263	87,578	162,103	16,954	1,658,685	1,653,054
72年1983	18,790,538	9,769,572	9,020,966	4,154,944	385,439	90,951	158,634	17,528	1,564,253	1,580,995
73年1984	19,069,194	9,904,853	9,164,341	4,257,171	371,008	89,915	155,364	19,023	1,596,464	1,596,912
74年1985	19,313,825	10,023,344	9,290,481	4,371,200	346,208	92,348	153,832	21,165	1,602,553	1,610,666
75年1986	19,509,082	10,114,710	9,394,372	4,499,787	309,230	95,057	145,854	22,385	1,582,294	1,598,600
76年1987	19,725,010	10,217,434	9,507,576	4,655,214	314,024	96,319	146,312	23,061	1,623,900	1,623,413
77年1988	19,954,397	10,328,081	9,626,316	4,818,056	342,031	102,113	155,548	25,012	1,644,707	1,652,511
78年1989	20,156,587	10,424,102	9,732,485	4,954,075	315,299	103,288	158,203	25,102	1,593,063	1,601,500
79年1990	20,401,305	10,540,635	9,860,670	5,103,536	335,618	105,669	142,943	27,451	1,558,429	1,543,397
80年1991	20,605,831	10,640,276	9,965,555	5,227,185	321,932	106,284	162,972	28,298	1,477,764	1,489,892
81年1992	20,802,622	10,734,609	10,068,013	5,355,277	321,632	110,515	169,461	29,205	1,536,084	1,551,843
82年1993	20,995,416	10,824,161	10,171,255	5,495,888	325,613	110,901	157,780	30,200	1,584,102	1,606,453
83年1994	21,177,874	10,907,032	10,270,842	5,648,562	322,938	113,566	170,864	31,899	1,597,045	1,622,135
84年1995	21,357,431	10,990,657	10,366,774	5,819,155	329,581	119,112	160,249	33,358	1,648,105	1,678,379
85年1996	21,525,433	11,065,798	10,459,635	6,021,783	325,545	122,489	169,424	35,875	1,616,073	1,651,503
86年1997	21,742,815	11,163,764	10,579,051	6,204,343	326,002	121,000	166,216	38,986	1,704,992	1,692,612
87年1998	21,928,591	11,243,408	10,685,183	6,369,768	271,450	123,180	145,976	43,603	1,635,617	1,598,111
88年1999	22,092,387	11,312,728	10,779,659	6,532,466	283,661	126,113	173,209	49,003	1,444,021	1,437,773
89年2000	22,276,672	11,392,050	10,884,622	6,681,685	305,312	125,958	181,642	52,670	1,381,843	1,376,912
90年2001	22,405,568	11,441,651	10,963,917	6,802,281	260,354	127,647	170,515	56,538	1,373,363	1,377,174
91年2002	22,520,776	11,485,409	11,035,367	6,925,019	247,530	128,636	172,655	61,213	1,452,575	1,456,261
92年2003	22,604,550	11,515,062	11,089,488	7,047,168	227,070	130,801	171,483	64,866	1,273,526	1,286,021
93年2004	22,689,122	11,541,585	11,147,537	7,179,943	216,419	135,092	131,453	62,796	1,264,937	1,261,692
94年2005	22,770,383	11,562,440	11,207,943	7,292,879	205,854	139,398	141,140	62,571	1,442,018	1,427,213
95年2006	22,876,527	11,591,707	11,284,820	7,394,758	204,459	135,839	142,669	64,540	1,414,340	1,376,816
96年2007	22,958,360	11,608,767	11,349,593	7,512,449	204,414	141,111	135,041	58,518	1,173,040	1,154,510
97年2008	23,037,031	11,626,351	11,410,680	7,655,772	198,733	143,624	154,866	55,995	1,196,407	1,172,845
98年2009	23,119,772	11,636,734	11,483,038	7,805,834	191,310	143,532	117,099	57,223	1,198,561	1,163,548
99年2010	23,162,123	11,635,225	11,526,898	7,937,024	166,886	145,772	138,819	58,115	1,213,899	1,192,662
100年2011	23,224,912	11,645,674	11,579,238	8,057,761	196,627	152,915	165,327	57,008	1,128,449	1,109,372

資料來源：內政部戶政司（2012l）

第四節 學習型家庭與幸福家庭的建構

一、學習型家庭的意涵

科技進步、資訊發達，人類生活的互動方式多元，且時時刻刻在創新變化，僅憑在學校的學習是不夠的，人類必須落實終身學習、時時學習、處處學習，才不會成為現代的文盲、理盲，學習型家庭是家中活力與現代化的加油站。

人類天生具有學習的本能，在人類的發展過程中，嬰幼兒會主動學習坐立、爬行、說話，長大後也會好奇的學習新的科技與知能，讓生活更為豐富，滿足好奇心，因而我們應善用人類與生俱來的學習本能。林佳蓉、林佳勳（2010）認為，在學習型家庭（learning family）中，家中的成員透過不斷的共同學習，藉由家人的分享、互動，營造出快樂的學習氣氛，共同創造與應用新知識，進而提升家庭的生命力；學習型家庭是以家庭為學習的中心，將學習融入家庭、家人的生活中，共享學習的成果。

二、幸福家庭的意涵

「你幸福嗎？你快樂嗎？」這個問題，不見得每個人的回答都一樣，因幸福的感受因人而異。在赤貧環境的子弟，只要有屋住、三餐溫飽、父母互愛，就覺得非常的幸福；但富豪人家的子弟，居住豪宅、三餐大魚大肉，或許還感覺不滿意，希望出門有名車代步，三餐要有山珍海味，走路有名牌包相隨，此時若手上沒有名錶或最新流行款式的高科技 3C 產品及手機，他們或許會感覺沒有面子、不風光，而自認不幸福快樂，因

而幸福家庭的定義，會因個人特質、家庭、教育、社會、文化……等，而有不同的意涵。

　　一般而言，幸福家庭（happy & lucky family）是一個親密、和諧、溫暖、互愛、互動、關懷、自信而有希望的家庭，家庭中充滿著父父、子子、兄友弟恭、溫和謙讓的氣氛，家人深愛著這個家庭，家庭是家人最溫暖的窩，也是避風港，就如同〈禮運大同篇〉中所描述：「幼有所長，壯有所用，老有所終」，過著溫馨而和樂有希望的日子。

三、學習型家庭孕育幸福家庭

　　幸福的感受因個人的家庭、文化、教育、社會等，而有不同的解讀與體驗，但如何才會感覺幸福，則是心靈與精神層次的體悟；心靈上覺得充實與滿足，即便只是家人和睦、粗茶淡飯，還是幸福滿滿，但若是心靈空虛不安，家人不睦，則眼前即使大魚大肉、珠光寶氣，也是幸福缺缺，因而身、心、靈的體悟甚為重要。

　　學習型社會是一個學習型的組織，能持續成長的生命體。社會中的成員具有自我超越、改善心智模式，建立其共同的願景，獲得團體的共識，因而社會中的成員能分享心靈的滿足。而學習型家庭是全家人共同參與學習，動態的持續學習過程，且是終身學習；藉由學習成果分享，促進家人相互承諾、相互關心，和諧理性的有效溝通，增進家人情感、相互支持，培育家人積極的生活態度，建立幸福美滿的家庭願景，共同體悟幸福美滿所帶給家人身心靈的滿足。由於學習型家庭的組織成員不斷的學習，觸動家庭的活力、生活知能的活泉，才得以培育溫馨有愛、有理想、快樂又成功的幸福家庭。

案例探討與價值澄清

主題：歷史仇恨，施鄭不通婚

案例：中國民間流傳了一些姓氏不通婚，例如：岳秦（因秦檜害死岳飛）、施鄭（鄭成功殺害施琅全家）、鍾蕭葉（蕭姓避禍改姓鍾、葉）、梁祝馬（梁山伯、祝英台的婚事被馬文才破壞）……等，這些歷史的恩怨仇恨情結，源遠流傳至今，仍深深影響後代子孫。

2009年6月，台東縣有位施小姐與相戀多年的鄭先生，為了婚事鬧到法院，首先命理師提醒「姓鄭和姓施的，好像不能結婚？」於是兩人大費苦心，施女為了愛情決定改從母姓解套，也擲筊問亡父，連獲六個允杯，新人心願達成，欣喜不已，但到了戶政事務所辦理改姓時，卻被拒絕，戶政事務所人員說：「目前僅受理原住民改從母姓，一般民眾須有法院同意。」同年7月，施女向台東地方法院聲請改姓林，但不好意思說出兩人相戀完婚的理由，法官以目前施姓並沒有造成不利影響，裁定不准。於是他們兩人再將交往四年、籌備婚事已拍婚紗照，呈現給法官過目，終於獲得法院同意。

價值澄清：

1. 你認為這些因歷史仇恨而不可通婚的姓氏，該解放嗎？
2. 你認為不可通婚的姓氏，解放通婚的理由何在？
3. 若你認為不可通婚的姓氏，還是不可解放通婚，你的理由為何？
4. 以優生學的觀點，你認為同姓或不可通婚的姓氏，該解放嗎？
5. 若你認識了不可通婚的姓氏，但對方的確條件很好，而你也尚未投入感情，你會做何考量？

第五節　家庭領導理論

一、家庭功能論

　　家庭功能論（the function of family）認為，家庭是家人生活的樂園，應讓家中成員有發揮理想的空間，家庭提供的功能能讓家庭成員滿意。葉肅科（2000）認為，家庭功能論著重於社會結構與功能的運作，以創造出一個和諧、合理，以及有充分能力的體系；家庭是為其個別成員履行的功能。

　　陽琪、陽琬（1995）認為，家庭是社會秩序的根基，也是一種普遍的社會制度，在所有社會裡，家庭履行了許多重要的功能，這些功能包括：(1)性行為管制；(2)成員替換；(3)社會化；(4)照顧與保護；(5)情感支持。林佳蓉、林佳勳（2010）則指出，家庭的功能有：(1)經濟的功能；(2)安全的功能；(3)娛樂的功能；(4)教育的功能；(5)生育的功能；(6)情愛的功能；(7)傳遞文化的功能；(8)安定社會的功能。除了上述的消極性功能外，筆者認為家庭的功能，應更為廣泛而有積極性的功能，例如：兒女的潛能開發、正確價值觀念的培養、生活知能的促進……等。

二、家庭領導論

　　翁桓盛（2012）指出，同一種社會文化會造就形形色色、各種不同心態的父母，有的家庭妻離子散、分崩離析，家人缺少親情，家庭沒有凝聚力；有的家庭父母不工作，不負起養育、教育兒女的責任，甚至逼迫年幼子女去違法牟利，養成兒女販毒、作姦犯科的惡習；有的家庭對生活沒有計畫、沒有目標，一家人像無頭蒼蠅般毫無希望，看不到未來。

而有效能的父母，能以家庭為重，有計畫的領導家庭，視兒女為社會、國家未來的希望與資產，更是家族精神生命的延續，對於兒女能深入的瞭解，汲取教養兒女的知能，安排適宜的環境，以教育性的愛輔助每位孩子成長，發展兒女長才，鼓勵兒女服務社會、回饋社會，提升國家的競爭力。這種家庭負有倫理道德觀念，家人互相友愛，熱愛家庭及家中成員，家庭充滿活力，家人充滿希望和競爭力，能完成家庭賦與的功能。成功的家庭領導論（the leadership of family）之理念與原則如下。

（一）男女主人建構幸福家庭的願景，目標明確

家庭成敗的重要關鍵在於為人父母者，男女主人應有建構幸福家庭的計畫與願景，要有近程、中程、遠程的家庭目標，其目標管理要相當明確且可行性高，以逐步達成家庭各階段性的任務，家中成員生活中有目標、有願景，大家願為家庭奉獻與努力。

（二）男女主人展現長者風範與精神的護持

在幸福的家庭中，家中長者會以行動展現出對家庭的整體經營策略，以及對家人的關愛與支持；面對家中發生的事物，會以理性、智慧、積極的面對，並與家人溝通，以做最好的處理，使得家庭成為家人心中最好的依靠與護持；男女主人會有很大的包容力、耐力、毅力，來扶持家中成員的成長與進步。

（三）溝通良好，營造溫馨、和諧、安全的家園

成功的家庭領導，家中成員有倫理道德觀念，家人互動密切，相互關懷、相互切磋、相互勉勵，家庭充滿溫馨氣氛，是一個和諧快樂的家園、安全舒適的環境，子女潛能才能發揮，以完成家庭的消極性功能，並產生積極性的正向效用。

（四）家人心存善良、讚美與感激，營造家庭的活力

成功的家庭領導，家人的生活意念要善良，能彼此互相讚美與欣賞家人的優點，推崇他人長處，讓家庭充滿活力與生命力，家人間樂於互相幫忙與關懷，心存感激，使家人樂於把自己表現得更好，扮演好自己在任何職務上的角色，讓家庭更溫馨、更有活力，同享家族成員成功的喜悅。

（五）適性輔導，開發潛能，服務社會

成功的家庭領導，為人父母者要深入瞭解家中成員的特質與天賦，設計、規劃適宜的子女發展空間，良好發展的環境讓兒女的潛能得以盡情發揮；子女有了特殊專長後，父母亦應鼓勵兒女，要奉獻所學、服務社會，達成積極性的家庭功能。

（六）以堅強毅力與凝聚力接受任何挑戰，共度家庭難關

在家庭生活週期中，難免會遇到很多無助、無奈與挫折的家庭問題，此時父母若沒有堅強的毅力，無法接受來自感情、經濟、家族衝突、事業、疾病的嚴苛挑戰，家庭即可能面臨崩潰解組，形成一盤散沙，而無法度過難關；若家人有堅強的毅力，形塑家人對家庭的凝聚力，共同決心克服難關，就可在困難重重的情況下，安然的度過難關。

綜上而論，家庭有消極性的功能，例如：提供食、衣、住、行、育樂、情感、照顧、成員替換等基本功能外，成功的家庭領導者，更宜發揮家庭的積極性功能，除形塑溫馨、和諧、快樂的家庭外，還應深切明瞭家中成員的潛能，適性輔導成長中的兒女，開發兒女潛能及正確價值觀，服務社會、熱愛國家，增強國家的競爭力。

第六節　夫妻如何營造健康幸福的人生

夫妻從開始認識那一刻的心中感應，由於磁場相近，異性的吸引力擦出愛的火花，從此便開始對對方感興趣，而有一連串的約會與考驗，培養兩人愛的情愫，發展出生命與感情的相互連結，進而二人結為連理，夫妻共同經營感情、發展事業、養兒育女，適性開發兒女潛能，培育專才，服務社會，享受兒女成就的喜悅，營造夫妻健康幸福的人生。

一、何謂夫妻的健康幸福人生？

健康幸福人生，包括一個家族系統及扮演夫妻的兩位男女主角，他（她）們所經歷一生的過程是既健康又幸福快樂，因而夫妻的健康幸福人生，應是夫妻所經營的家族系統的個個成員都幸福、滿意，夫妻兩人能白頭偕老且健康又幸福，相信這種人生是彩色的、滿意的，這種家庭能完成家庭生命週期各階段的任務目標，家庭充滿溫馨、快樂、幸福、有活力，又有希望。

（一）如何營造健康的人生？

一般人談到健康，均專注於外貌的生理健康，或身體器官是否有問題，或哪裡有病痛；其實健康的人生，是包括生理、心理、社會性發展的健全，即所謂身、心、靈的平衡發展，也是全人健康模式的概念。全人健康模式認為，人的生命是由身體、心理和精神靈性等三部分構成，並相信人的身、心、靈三方面，會彼此相互影響，夫妻可從此三方面入手，幫助自己更有能力面對生活的各種壓力，建立夫妻健康的人生。

身（boby）：是指身體，我們眼睛可以看到的身體，如身高、體

型、外貌或醫學儀器可觀察探測的各種身體之組織器官等。

心（mind）：是指能思考、心緒、情緒、價值觀、理念等心識，心識存在腦海中而能控制我們的言行動作，指揮主宰身體的行動。

靈（spirit）：是指靈性和精神，屬於高層次精神方面的感受與體悟，能豐富生命的內涵，會在平日生活言行中慢慢的有意、無意的散發出來。

夫妻要有健康的人生，應從身、心、靈全人健康的模式中，促進身體、心理和精神健康的全人照顧，增強自己日常生活的壓力應對能力，而有更多的平和、感恩和惜福，活得積極以及和諧一致，學習照顧身體，保持愉快心境，釋放心靈，享受夫妻永續的恩愛生活。

身體（body）方面：

1. 學習生活有關的醫護常識，夫妻學得相互照顧的能力。

2. 平日留意身體的訊息，有固定的家庭醫師。

3. 享受健康飲食、注重養生。

4. 恆常的運動，維持身體的體能，增強身體的免疫能力。

5. 生活作息正常，適度釋放壓力，避免受到外在因素干擾。

心理（mind）方面：

1. 夫妻養成終身學習的習慣，隨時進修，與世界接軌。

2. 夫妻共同進修、共同成長，建立正確的價值觀、樂觀的人生與處世態度。

3. 夫妻培養共同興趣，增進生活情趣，彼此做好情緒管理。

4. 養成沉靜思考習慣，講理的個性，讓思緒朝正向思維。

5. 培養良好的人際關係，豐富生活內涵，調適心情，紓解壓力。

靈性（spirit）方面：

1. 夫妻重視生命的意義，追求高層次的精神內涵。

2. 建設有倫理、有道德，有品味、溫馨的家庭生活。

3. 推動學習型家庭，讓家庭氣氛、心理內涵與精神靈性相結合。

4. 夫妻參與各式的環保、生命體驗、感恩惜福的活動，啟發內心的

靈性與精神的滿足。

5. 夫妻共同關心社會弱勢、獨居、災變的百姓，參與各式慈善工作，
發揮生命的意義。

（二）如何營造幸福的人生？

在高度物質文明的今天，許多夫妻充分享受物質生活的同時，依然
有人活得不幸福而自殺。夫妻追求幸福，首先要知道幸福究竟是什麼，
才不會變成窮盲族，幸福到底是客觀的實體或主觀的感受呢？首先要區
分「快感」與幸福的區別。

快感是一時的、短暫的，較屬於生理層次的滿足，例如：看一場秀，
或炎炎夏日大吃冰淇淋，享受一頓豐富的美食，是為快感，是在滿足一
時需求或情緒慾望的達成。

幸福是持續的、長久的，屬於心理與心靈層次的感受，例如：擁有
美滿的家庭，持續為社會服務，對現實生活的總體滿意度，和自己對生
命意義的正向評價。

總幸福指數有三項指標：(1)先天的遺傳素質，得自父母的遺傳基因
之體質，無法改變；(2)後天的環境，可從後天的改變環境，讓生活富有
一些，擁有健康的身心、美滿的婚姻，領導溫馨有希望的家庭，培育優
質的兒女，服務社會；(3)主動控制的心理力量，豐富的社交生活，與益
友為伍，終身學習，充實知識內涵，讓生活有品質、品味、品保的三品
人生。

幸福不是一個固定的實體，幸福的內容是多元而且豐富的，幸福是
相對的，因為每個人的願望和感受不同，只有自己會享受、感受與體悟，
才能瞭解幸福的真諦；幸福是物質與精神的統一，但幸福先要有物質為
基礎；幸福是內心的感受，只有健康的心境方能體悟幸福，一個人若心
境不好，心情很亂，即使山珍海味、貴為富豪或權勢大官，仍無心情體
悟幸福，而依然活得不幸福。

二、夫妻如何營造健康幸福的人生

（一）Maslow 的需求論

夫妻應逐步達成 Maslow 的需求理論，如圖 8-1 所示，首先要有生理的需求，吃喝拉撒睡一切順暢，免於病痛、性的需要，其次為生理及心理的安全需求，愛與歸屬感的需求、自尊的需求，以及幸福最高層次的自我實現需求。

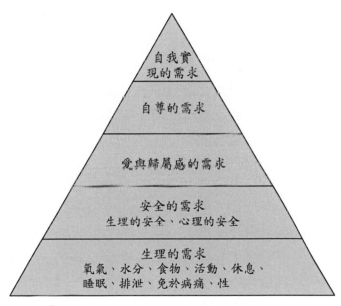

圖 8-1　Maslow 的人類基本需求層次論

資料來源：蘇麗智等人（2006：8）

（二）家庭

家庭是人一生中最重要的，也是生活的重心，家庭的成敗必定會影響夫妻的幸福人生，故宜推動學習型家庭，以培養民主、講理、溫馨、快樂、有活力、有希望的家園。

（三）感情

感情與友情是愛與歸屬感的需求，一個人若沒有感情與友情的體悟，就如同稻草人，哪有幸福可言。因而夫妻應攜手努力經營感情，家族間的親情，以及朋友間的友情。

（四）職業

夫妻有了職業的正常工作，才有穩固的經濟收入，更是幸福的根基，把職業當作志業，努力完成任務，達成人生以服務為目的。

（五）兒女的教養與教育

幸福人生的晚年要享受兒女全方位的成就，因而夫妻要深入瞭解每位兒女的潛能長才，教育兒女學有專精，服務社會；對於兒女品德、人格的教養更為重視，成為品學兼優、熱心公益的好兒女。

（六）理財

錢雖非萬能，但沒有錢卻萬萬不能，幸福的人生以物質為基礎，因此家庭沒有錢，一切幸福人生就免談；夫妻婚前婚後宜有理財規劃、穩健的投資策略，家庭的理財分為近程、中程和遠程，達到開源節流、年年有餘，一生不必為錢煩惱的境界。

（七）休閒娛樂

休閒娛樂可紓壓又能增加生活情趣，凝聚家人的情感，休息是為了走更長遠的路，夫妻宜重視國內外的旅遊資訊，妥適的規劃，增加夫妻恩愛情感。

（八）良師益友

　　良師益友是人生的一面鏡子，可明確指出人生旅途的正確道路，更是生活知能的一本活字典，受用無窮，因而在人生的道路上，各領域專業的朋友、師長，宜密切聯絡。

（九）生涯規劃

　　夫妻宜有具體可行的生涯規劃，追求美夢的人生，築夢踏實，享受幸福、快樂、有意義的人生。

　　夫妻若能認真經營婚姻、感情與家庭，就能專心在事業上發揮長才，重視兒女的教養與教育，領導有活力、有希望、溫馨的家庭，以穩健的投資策略，鞏固幸福家庭的經濟基礎，時常請教良師益友，指點人生旅途的正確方向，妥善規劃休閒娛樂，藉以紓壓充電，享受有品味、有品質的夫妻幸福快樂人生。

治家格言集

十富

不辭辛苦走正路	由勤儉富
買賣公平多主顧	由忠厚富
聽得雞鳴離床舖	由當心富
手腳不停理家務	由終久富
常防火盜管門戶	由謹慎富
不去為非犯法度	由守分富
闔家大小相幫助	由同心富
妻兒賢慧無欺妒	幫家富
教子訓孫立門戶	後代富
存心積德天加護	為善富

十窮

多因放蕩不經營	逐漸窮
不惜錢財手頭鬆	容易窮
家有田園不務農	懶惰窮
朝朝睡到日頭紅	邋遢窮
結識富豪結親翁	攀高窮
好打官司逞英雄	鬥氣窮
借債納利裝門風	自弄窮
欺孥攪懶子飄蓬	命弄窮
子孫相交無良朋	局騙窮
好賭貪花螢酒盅	徹底窮

問題與討論

1. 家庭生命週期的意涵為何？一般的家庭生命週期分為多少期？

2. 家庭生命週期的建立期、擴展期、收縮期如何區分？

3. 中西方的家庭生命週期，重點有何不同？

4. 夫妻在家庭生命週期的各個不同階段，該如何調適？

5. 永續婚姻的意涵為何？其建構的原則為何？

6. 幸福家庭的意涵為何？

7. 何謂學習型家庭？學習型家庭如何孕育幸福的家庭？

8. 成功的家庭領導原則為何？

9. 家庭的消極性功能和積極性功能為何？

10. 何謂家庭功能論和家庭領導論？

Chapter **9**

家庭教育與
家庭生活教育

翁桓盛

　　我們常聽到為人父母者常說：「現在的囝仔，很歹教示」（台語），意思是說，現在小孩子的個性很難教、無法教，也常聽到有人大嘆：「現在的社會，怎麼會變成這樣亂」、「這是什麼時代，現在的囝仔，怎會變成這款沒教養」（台語），意思是現在社會的亂象，讓大家難以認同，無法接受；其實所有的「囝仔歹教示」（台語）、「社會這麼亂」等，都與家庭教育及家庭生活教育有關。

第一節　家庭教育的意涵與特性

一、家庭教育的意涵

　　家庭教育（family education）是指，增進家人關係及家庭功能的所有教育活動，簡言之即為家庭中的教育。江亮演（2008）認為，家庭教育

是父母在家庭裡對其子女所施之教導與培育；黃迺毓、林如萍、唐先梅、陳芳茹（2001）則認為，家庭教育是父母將為人處事的社會規範教給子女，使子女長大後能適應社會生活，服務人群，其實施地點以家庭為主，教育者是父母，接受教導者是子女。

Goodman（1993）則將家庭教育分為：(1)正式課程；(2)非正式課程。正式課程是指，在學校、家庭、教會或其他福利組織傳授的課程，如家庭經營，偏重家庭業務規劃；非正式課程則是在家中實施的家庭生活知識與技能，如家事處理，偏重日常生活的例行性家事。

早期的家庭教育，因農牧社會生活型態單純，謀生知能簡易，因而僅由父母、長輩或監護人，在家中對家中子女或晚輩，以縱向式，由上而下的教導即足矣。但現今社會，科技進步神速，知識一日千里，生活型態多元，因而傳統式的家庭教育方式，無法承擔家庭教育的重責，家庭教育的責任也由學校、政府及企業團體，或民間社會福利組織來共同推動，而且現代的家庭教育對象也擴增為對全家人的教育，包括父母、祖父母、子女或孫子女，是為全人的終身學習專業課程。

二、家庭教育的特性

（一）家庭教育是一門家庭經營、家務學習的教育

家庭教育的對象是全家人，其目標是為增進家人關係及家庭功能的正常運作，滿足家人生活的教育，且均跟家庭經營有關，其範圍包括食、衣、住、行、育、樂、生產、消費、人際關係、兒女教養等，因而它是所有家務相關的全人教育，關係到家庭中的每位成員，尤其重視生活知能與品德教養。

（二）家庭教育是終身學習的教育

人有其生命旅程，家庭也有家庭生命週期，兩者永遠均與人脫離不

了關係，而人從出生到死亡，經歷人生不同的十個發展階段中，有不同階段的任務與功能，每個階段具備的知能互異，因而要時時學、處處學，養成終身學習的習慣。在家庭生命週期中，從創立期、擴展期到收縮期，又分為八個階段，而各階段有其階段性的生命意義與應有知能，只能親身體驗、身體履行，才能克盡其功，因而宜有終身學習的美德。

（三）家庭教育是科際整合的應用性科學

家庭教育因是要滿足全家人需求的教育，更是家庭經營必修的課程，因而它與家政學、經濟學、生理學、社會學、醫學、教育學……等均有關聯，重視科際整合，且要能靈活運用、融會貫通、知行合一，實際落實於日常生活中。

（四）家庭教育是全家人共同學習的教育

現代社會人際關係複雜、生活型態多元、科技日新月異、生活壓力日增、競爭性強，因而全家人在人生不同的階段，均需發展其應具備的各項知能與任務，若沒有認真學習家庭教育，則家庭不會進步，看不到家庭的未來與希望；故全體家人必須共同參與學習，以建立家庭經營策略的共識。

（五）家庭教育重在生活知能教養與家庭經營

家庭事務雖以例行性的事務居多，但若沒有根據科學方法有效的處理，常會一團亂而事倍功半。要根據家庭經營理念，營造一個溫馨、幸福、有教養、有希望的家庭為目標，以良好的家庭經營，為家庭的基礎與後盾，涵養家中每一成員的品性與美德，形塑有品味、有倫常、有希望的家庭氣氛。

第二節 家庭教育的目的、重要性與方式

一、家庭教育的目的與重要性

江亮演（2008）指出，美國職業教育協會（American Voctional Association）的家政教育部門（Home Economics Education Division）認為，家庭教育的八大使命為：

1. 發展知識技能，增進個人和家庭的幸福。
2. 經營管理個人、家庭和工作的知能。
3. 家庭、社區和就業單位，培育負責的公民和領袖。
4. 具備家庭、社區和工作環境問題的批判思考能力。
5. 具備生活、工作和生涯規劃的知能與態度。
6. 幫助個人成為產品和服務的提供者與消費者。
7. 面對社會變遷與適應的能力。
8. 欣賞人類價值，承擔自己的行為與成就的責任。

筆者以個人人生發展、家庭及社會國家的論點，分析家庭教育的目的，說明如下。

（一）就家人的觀點而言

家庭教育是全家人的教育，而家庭是我們最早接觸，也是最常接觸的教育場所。在家人密切的接觸互動中，可促進父母終身學習，處處學習新的家庭教育學理與實務，幫助父母有更好的家庭管理與知能的成長，具備更好的社會競爭力，子女在家中有良好的家庭教育，可做好良好的親子溝通與互動，培養兒女正確的價值理念、生活知能，培育兒女良好

的品德、人格與教養。

（二）就家庭幸福、家庭希望的觀點而言

　　良好的家庭教育，可增進家人良好的溝通互動、促進家庭和諧、營造良好的家庭氣氛，帶來家人的幸福與快樂；開發家人的潛能、培養家族成員的專長，建構有活力、有希望的家庭。

（三）就安定、和諧、進步的社會觀點而言

　　家庭是社會的最基本單位，良好的家庭教育能帶給家人幸福、快樂，成為安定社會最基本的力量，也是建構和諧社會最基礎的元素；良好的家庭教育、親職教育可開發家庭成員的潛能，發揮家人的專長，是社會、國家進步的最大動力與希望。

二、家庭教育的方式

　　隨著社會的變遷、家庭型態的改變，家庭教育的方式也因時代不同而演變。早期的農業社會，社會結構簡單，社會生活機能單純，因而父母或長輩以垂直式的家庭教育方式，讓兒女習得家庭生活具備的知能；而今社會變化快、資訊發達、科技進步，加上國際性競爭力的挑戰，家庭教育方式的多元化是未來的主要趨勢。

（一）傳統的由上而下的教育方式

　　父母或長輩其人生的歷練，總比十多歲的小朋友多，甚至有的「大人」會對「小孩」說：「我走過的橋，比你走的路還多」、「我吃過的鹽，比你吃過的米還多」。也因父母角色的需要，對兒女親骨肉的疼愛，常不自覺的在有意、無意中，將自己所學、所知，想很快的傳授給自己

的兒女，因而在日常生活中，父母都想儘快的教導兒女或家人，其生活習慣的養成及生活所需知能。

（二）民主的由下而上的教育方式

社會快速的變遷，科技的進步神速，生活機能的急速擴張，使得傳統由上而下的家庭教育方式，無法滿足個人及家庭功能的需求，加上民主化、自由化思潮的盛行，家庭教育漸漸出現由兒女或晚輩來教育父母或長輩的情形。父母過去受教育的內容，可能已不符合時代的進步與需求，很容易成為現代化的新文盲，尤其是在科技、資訊、生涯規劃等，均需仰賴年輕、學習能力強、有專業的兒女來協助學習，在民主化、自由化思維的社會，自然而然衍生出這種由下而上的教育方式。

（三）平行或多元化的教育方式

良好的親子、夫妻溝通互動，在理智開明型的家庭氛圍下，其親子的溝通互動相當平常而且自然，而形成親子間或夫妻間很自然的經驗與知識、技能的相互學習，並以平等的地位交流，尤其在學習型的家庭中，其相互討論、欣賞，是很平常的事，甚至於為了學得某些特殊的專業知能，或家庭經營的理論與實務，常三五好友或師長、左右鄰居座談，參加各式的討論會、專題演講等，而形成多元化的家庭教育方式。

第三節 家庭生活教育

一、家庭教育與家庭生活教育的差別

　　家庭事務千頭萬緒，有大方向、大目標的家庭經營、家庭領導，也

有枝微末節的掃地、刷廁所等工作，因而家庭事務有大有小、有急有緩，有個人事務，也有全家性的事務，因而家庭事務的演進與分類，包含家庭教育與家庭生活教育，二者宜有所區隔。

　　家庭教育（family education）是指，涵蓋家庭所有事務的教育性工作，側重大方向、大目標的家庭規劃與經營，包含：兒女的教育與潛能開發、生涯規劃與家庭生命週期等。

　　家庭生活教育（family life education）是指，家庭日常生活工作學習、生活習慣養成、生活禮儀培養等，側重增進個人及家庭幸福為目的的一種教育。江亮演（2008）指出，家庭生活教育有三個程序和七個主題，分別為：(1)溝通；(2)做決策；(3)解決問題等三個程序；七個家庭生活教育的主題為：(1)人類發展與性格；(2)人際關係；(3)家庭互動；(4)家庭資源管理；(5)親職教育；(6)倫理學；(7)家庭和社會等。

二、家庭生活教育的基本概念

（一）家庭生活教育以培養生活自理能力為目標

　　家庭生活事務千頭萬緒，但均離不開家庭生活的最基本生活能力、生活習慣、生活方式的養成，例如：煮飯、洗衣服、洗臉、刷牙、接待客人、生活禮儀、打扮化妝、打招呼等，其所進行的教育目的，均在培育生活自理、自立自強的能力為主。

（二）家庭生活教育沒有速成班

　　日常家庭生活的事務非常瑣碎，兒女良好生活習慣的養成要非常長久，家庭生活最基本的知能很繁雜，生活禮儀的培養靠機會，因而家庭生活教育沒有速成班，甚至於在時代不停的演進中，人們生活品質的要求不斷的提升，家庭生活教育要求的標準也相對的提高，因而要有活到老、學到老的觀念。

（三）家庭生活教育隨時代、社會的進步而演進

在早期的農村社會，由於交通不便、國民所得低、生活水準差、人們的互動往來少，因而家庭生活教育的要求水準並不高，為了滿足最基本的生理需求，人們只求填飽肚子而已；但今日是知識經濟、資訊化的社會，講求國際化、與世界接軌，人們追求進步、高品質的生活，因而家庭生活教育的水準，也隨著社會演進的脈動而進步。

（四）家庭生活教育的課程、教育方法宜因地制宜，注重個別差異，個別化教育

家庭生活教育要融入社區的文化、習俗與社區生活產生連結，因而宜因地制宜，而各個家庭彼此差異大，例如：家長的社經地位、家庭文化、家庭經營目標等，可能彼此不同，因而其教育的課程內容不一定相同，而每個家庭組織的成員能力，也不一定一樣，要求的成果不一定相同，因而宜重視個別化教育，當然家庭生活教育的教育方法也應有所區隔。

（五）家庭生活教育不是萬能，也沒有一套放諸四海而皆準的方法

家庭生活教育受到世界潮流、國家政策、社會制度、社會風俗而影響，更受到家長認知、家中成員組成的不同而有差異，因而家庭生活教育不是萬能的，但家庭若沒有家庭生活教育，則萬萬不能，例如：目前流行的韓國風潮，實在大大的影響家庭生活教育，而家庭生活教育的課程、教學方法、教材也沒有一套放諸四海而皆準的方法，宜將理論與實務融合，彈性應用，知行合一。

（六）家庭生活教育目標明確，但無法達成完美境界

家庭生活教育宜有理想、有目標，而且家庭生活教育的目標明確，其目的在增進家人的情感、倫理美德、家庭的溫馨、幸福、快樂，但家家有本難念的經，包括：家長社經地位、家中成員素質、社區文化、家庭遭遇的困境與家庭危機，因而無法達到完美無缺的境界，只要盡力而為，全家團結共識，相信這個家庭是幸福、溫馨、快樂而有希望的。

【案例探討與價值澄清】

主題：台灣有二成五的王子、公主從來不做家事

案例：每年 5 月 15 日是國際家庭日，2011 年國際家庭日前夕，教育部公布了「中小學生做家務」的調查報告，發現有二成五的學生從來不做家務，而且年紀愈大愈懶得做，甚至有大學生竟然不知道「芭樂」果肉裡面有種子，因為他（她）們吃的芭樂，媽媽均把裡面的種子挖除了。調查中發現，小學生因好奇，喜歡與父母一起做家務，但到了高中階段卻懶得做，只好由媽媽全包。調查中發現做家務也男女有別，一般而言，煮飯、洗衣服、整理衣物，女性負責較多，男性只有倒垃圾比女性多，有七成的學生不會幫忙清潔衛浴空間，有一半以上學生不會整理客廳等公共空間。

價值澄清：

1. 家務是全家人共同負擔的事務，為何台灣的學生做家務的意願這麼低？

2. 做家務的習慣對兒女有何益處？

3. 父母如何有效鼓勵兒女養成做家務的習慣？

4. 你認為家務也要男女有別嗎？為什麼？

5. 你認為每天做家務最好的時段是什麼時候？

第四節 家庭生命週期與家庭教育

　　家庭生命週期是家庭生命的旅程，在不同階段週期的旅程中，家庭的任務不同、成員不同，而且各階段週期的家中成員生長與發育的狀況也不同，例如：新婚期和養育幼兒期就不同，養育學齡兒童期和養育青少年期的家中成員之成長發育狀況也有明顯差異，因而需要不同知能的家庭教育。綜合而言，不同階段的家庭生命週期，就應有不同的家庭教育。

一、新婚期

　　新婚期是從結婚到第一位小孩出生前，期程約為 2 年。其家庭教育的重點有：(1)家事能力的學習，如烹飪、理財等；(2)夫妻二人生活的溝通與調適；(3)家庭經營理念的整合；(4)做好為人父母的準備；(5)良好生育計畫的規劃；(6)參加家庭教育有關的研習、活動。

二、養育幼兒期

　　此階段從新生兒出生到小孩 3 歲，期程約為 3 年。其家庭教育的重點有：(1)夫妻對新成員加入的家庭生活調適；(2)家務的分工與學習；(3)嬰幼兒成長發育照顧相關知能的促進；(4)學習為人父母的知能及子女教養方法的學習；(5)家庭與事業的二者發展與兼顧。

三、養育學齡兒童前期

　　此階段從幼兒 3 歲到兒童 6 歲左右，期程約為 3 年。其家庭教育的重點有：(1)撫育兒童早期知能的學習；(2)行為改變技術知能的學習，如

兒童良好生活習慣的養成；(3)良好溝通互動的知能學習；(4)教養兒童方式的學習；(5)家庭發展與事業專業的成長。

四、養育學齡兒童期

此階段從小孩 6 歲入學到小學畢業或國中就學，期程約 7 年。其家庭教育的重點有：(1)父母言教、身教、境教知能學習；(2)學齡兒童有關的生理發展知能；(3)學習兒童有關的心理輔導知能；(4)兒童認知發展知能的學習；(5)積極參與學校的親職教育活動；(6)規劃子女適性發展的空間，開發兒女潛能。

五、養育青少年期

此階段從小孩小學五、六年級到高中教育階段，期程約為 7 年。其家庭教育的重點有：(1)夫妻理財投資家庭經濟的學習；(2)青少年生理發展的知能；(3)青少年心理發展的知能；(4)性教育與兩性教育的學習；(5)青少年課業與偏差行為的輔導與預防；(6)情緒教育與情緒管理知能的應用。

六、突飛期

此階段包含兒女分別要就讀大學或結婚離家，期程約為 6 年。其家庭教育的重點有：(1)夫妻生理、心理功能維護養生的知能；(2)兒女的感情及兩性教育；(3)兒女的婚姻教育；(4)兒女的人際關係知能教育；(5)兒女自力更生、開發兒女潛能的教育。

七、空巢期

此階段包含兒女全數離家或結婚成立新家庭，期程約為 15 年。其家

庭教育的重點有：(1)夫妻身心維護與養生知能；(2)參與社區活動的社會教育；(3)銀髮族的相關教育活動；(4)休閒娛樂教育；(5)家族文化、精神傳承的教育。

八、老年期

此階段自退休到家庭生命結束，期程約為 10 至 25 年。其家庭教育的重點有：(1)退休後心理重建的教育；(2)老年心理調適的教育；(3)配偶過世後自理能力的教育；(4)社區活動或社會教育；(5)生命意義及志工生活知能的教育。

第五節　家庭管理與家庭資源管理教育

家庭教育即為家庭有關的教育，因而其範圍相當廣闊，舉凡與家庭生活有關的事務均為其教育的內容。2012 年，立法院通過經總統公布的《家庭教育法》，明訂家庭教育主要包括：親職教育、子職教育、性別教育、婚姻教育、失親教育、倫理教育、家庭資源與管理教育。除親職教育於第十章另述外，本章將一一論述如下。

一、家庭管理教育

（一）家庭管理教育的意涵

家庭管理教育（family management education）即為家庭領導與家庭經營教育，擁有家庭領導與家庭經營知能的人，能增進家庭的溫馨氣氛，建構和諧、進步、快樂、有活力、有希望的家庭；家人對家庭的向心力、凝聚力強，感覺家庭生活溫馨、幸福快樂；對家庭領導與家庭經營的滿意度高，能充分發揮家庭功能，滿足家庭成員的各式合理需求。

（二）家庭管理教育的重點工作

　　1. 學習家庭領導的理論與實務運作。

　　2. 學習家庭經營的知能與應用。

　　3. 學習家庭生命週期有關的家庭教育知能與應用。

　　4. 學習溝通、協調、做決策、目標管理的知能與應用。

　　5. 學習家庭有形資源與無形資源的管理與應用。

二、家庭資源管理教育

（一）家庭資源管理教育的意涵

　　家庭資源管理教育（education on management of family resources）是指，能有效的管理與運用家庭的有形與無形的資源，使其發揮最大的效益，滿足家人的需求，增進家人的幸福與快樂，建構有活力、有希望的家庭。依 2004 年制定的《家庭教育法施行細則》，明訂家庭資源管理教育是指「增進家庭各類資源運用及管理之教育活動」。

（二）家庭資源的種類

　　家庭資源可分為無形資源與有形資源兩大類。有形資源如：錢財、人力、物質或公共建設。林佳蓉、林佳勳（2010）將其分為家人資源和環境資源等兩大類，而家人資源是屬於家庭內部的資源，可再細分為物力、人力、文化資源等三種，而環境資源又稱為家庭的外部資源，可再分為自然資源與社會資源等二種，如圖 9-1 所示。

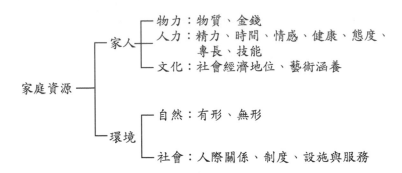

家庭資源 ── 家人 ┬ 物力：物質、金錢
　　　　　　　　　├ 人力：精力、時間、情感、健康、態度、
　　　　　　　　　│　　　　專長、技能
　　　　　　　　　└ 文化：社會經濟地位、藝術涵養

　　　　　　　 環境 ┬ 自然：有形、無形
　　　　　　　　　　└ 社會：人際關係、制度、設施與服務

圖9-1　家庭資源的類別

資料來源：林佳蓉、林佳勳（2010：2-70）

（三）家庭資源管理教育的重點工作

1. 夫妻學習家庭經營學理與管理策略。
2. 夫妻瞭解家庭擁有的資源，並妥善規劃與應用。
3. 瞭解家庭擁有的無形資源，擴大無形資源效益。
4. 善用家庭的環境有形資源，如公共建設、圖書館、科博館⋯⋯等。
5. 善用家庭的環境無形資源，如良好的社區文化、善良風俗⋯⋯等。
6. 有效開發家庭的有形、無形資源，講求資源效益的最大化。

第六節　家庭倫理教育與子職教育

一、家庭倫理教育的意涵

在家庭教育中欲推行倫理教育（ethical education），首先需對倫理教育的意涵有深入的瞭解與認識。倫理教育包括家庭倫理與社會倫理的教育，而家庭倫理教育推行的好，社會倫理教育自然較容易推動，因而可說家庭倫理是社會倫理的基礎。

　　家庭倫理教育是依我國 2004 年公布的《家庭教育法施行細則》，明訂倫理教育是指「增進家族成員相互尊重及關懷之教育活動」；意謂著家庭倫理教育是教導家人之間的合理倫常與道德修行，以及家人共同生活的行為準則與共識的教育活動，家人應學習珍重親情，彼此相互包容與尊重。

　　社會倫理教育是指，在社會上人與人間相互往來、人際互動的行為準則與倫常，尊重長輩與專業，發揮彼此相互關懷與尊重的美德，讓人性謙讓感恩惜福的理念，實際落實於社會的日常生活中。

　　家庭倫理教育的目的，也是希望家人能將正確的倫理美德，化為實際的日常活動中，形成社會的倫理文化。但目前台灣社會因受到外來文化入侵及少子化的影響，父母對兒女的寵愛與過度溺愛，往日的「一日為師終身為父」、「父恩比天高比海深」、「母愛昊天罔極」、「兄友弟恭的美德」之觀念正屢遭挑戰。

二、家庭倫理教育的重點工作

1. 夫妻學習彼此包容，相互扶持、關懷與尊重，實際落實於生活中。
2. 養成家人尊重兄長、感恩惜福、謙讓關懷理念，營造溫馨有愛的家庭文化。
3. 兒女良好生活習慣的養成，培養謙讓有禮的涵養。
4. 學習家人溝通協商、親子互動知能，落實於日常生活中。
5. 培養兒女重視手足親情，相互禮讓、相互關懷與合作的美德。
6. 教導家人重視社會倫常，形塑富而好禮的社會文化。

三、子職教育的意涵

　　依我國 2004 年制定的《家庭教育法施行細則》，明訂子職教育（off-spring education）是為了「增進子女本分之教育活動」，換句話說，子職

教育的目的在培養子女對於父母或長輩與家庭應有的本分，養成子女應有的態度與責任的教育活動，善盡為人子女的責任與義務，對父母的感恩、敬重，對家庭的關愛與付出，發自內心的自由意志，而形成很自然的生活行動，如圖9-2所示。

　　台灣由於受到外來文化的入侵，自由主義、個人主義與民主思潮的影響，養成兒女只顧自己的權利，而漠視自己在家庭、在社會應盡的倫常與義務，外加少子化的影響，父母對於兒女寵愛有加，捨不得兒女勞動受苦，形成兒女不知自己身為家庭裡、社會上一份子的權利與責任；最嚴重的是，台灣的父母過度重視文憑主義、升學主義作祟，怕兒女輸在起跑點的偏差教育理念，養成台灣子弟在國中、高中甚至於已上大學，都不會做家事，認為自己只要讀書、上網、打電動遊戲，而不必做家事的偏差風潮，養成兒女們對父母不知感恩、對人不知尊重、對事不知負責、對物不知珍惜，缺少人性的生活態度。

圖9-2　現代的老萊子，女兒、女婿娛親

四、家庭子職教育的重點工作

1. 父母學習家庭經營知能，擬訂家庭目標，家務合理分工規劃與推行。
2. 父母學習行為改變技術知能，培養兒女良好的生活常規與態度。
3. 陪同兒女從事公益、環保、濟貧的志工行列，培養兒女感恩惜福的人生態度。
4. 推動學習型家庭，讓兒女有知書達禮的人性關懷情操。
5. 父母學習正確的教育理念及優質的教養兒女方法，重視兒女的品德與禮儀生活教育，如圖 9-3 所示。

圖 9-3 親子在溫馨的氣氛中共同完成作品，以達到良好溝通與教育的目的

【案例探討與價值澄清】

主題：轟動全國的抱母孝子

案例：本案例發生於 2012 年 3 月。有位丁〇〇，家住台南市，曾任職調查站，為了照顧年老母親放棄升官，並提早退休回家侍母。丁先生平日侍母至孝，上班出門前一定先安頓母親，中午休息也都會回家探望，但他的孝心一點也沒有影響工作績效，這幾年丁母都由丁調查員夫妻照顧。丁調查員為人耿直，做事認真有主見，曾在屏東、台南縣市、彰化等地服務，任台南調查站擔任副主任時，長官有意拔擢他擔任科長，身為獨子的他為了照顧雙親放棄升官，甚至自願從副主任降調為專員，只為留任台南老家以便照顧家人。丁調查員為完成母親回大陸探親的心願，於 2007 年提前退休，圓了母親的夢，不料母親 85 歲中風，行動原本不方便，上個月摔斷腿打石膏，須回醫院複診，考量母親身材瘦弱，坐輪椅重心不穩，斷了的腿若再碰到會更為疼痛，因而以背幼兒的包巾，背母親進醫院看診。

價值澄清：

1. 丁先生的孝心，為盡孝放棄升官，你的看法如何？

2. 子職教育、倫理教育，在目前的教育體制下似乎不受重視，該如何重振？

3. 過去「求忠臣，必出於孝子之門」，於現代社會可行性如何？

4. 孝心、孝道、孝行是倫理教育、子職教育的重要一環，為何目前社會不受重視？

5. 古有云：「樹欲靜而風不止，子欲養而親不待」，勸人即時行孝，但為何現今社會少了這股風潮？請問該如何去推動？

第七節 家庭性別教育與婚姻教育

一、性別教育的意涵

依我國 2004 年制定的《家庭教育法施行細則》，明訂性別教育（gender education）是為了「增進性別知能之教育活動」，能增進家人對於兩性生理、心理及社會性的性別差異與認知，其目的在破除國人對於性別的刻板印象、不平等的性別待遇、性別歧視與尊重不同性別表現的人權；使兒女對於自己性別產生性別認同，喜歡自己的性別，而能扮演好自己在社會上的性別角色，與不同性別的人平等、和諧、愉快的相處，在沒有性別障礙的環境中，發揮自己的潛能與專業，建構多元性別的社會文化。

多元性別（diverse gender）觀念是近代社會文明的表徵，尊重民主多元的不同文化。傳統的社會觀念，以生理區分人類為兩性：男性和女性，但個人實際心因性的性別表現傾向，又有可能和生理性別區分不完全相同，而實際在社會上的性別表現，也可能不一致，在無法明確性別劃分法後，產生多元性別觀念（如圖 9-4 所示）。性別表現是人權，因而我們宜尊重，破除社會上性別的障礙，建構多元性別、平等性別，沒有性別偏見的文明社會。

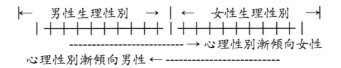

圖9-4 多元性別示意圖

資料來源：林佳蓉、林佳勳（2010：2-43）

二、家庭性別教育的重點工作

1. 學習性別教育的精神與目的，推動沒有性別偏見的家族。
2. 鼓勵兒女自己產生性別認同，以性別平等概念待人、處事、接物。
3. 建構兒女多元性別理念，以平等的態度，尊重他人的性別發展與表現。
4. 建構不同性別的適性發展，與相互尊重的文化。
5. 鼓勵家人對於性別的認知，參與性別教育的研習活動。

三、婚姻教育的意涵

　　林佳蓉、林佳勳（2010）認為，婚姻教育（marriage education）具有專業性和重要性，因為做夫妻是世上最複雜與困難的職業，幸福美滿的婚姻是無法自然天成的，必須透過婚姻教育的專業學習，增進夫妻兩性的親密關係與人際溝通知能，讓婚姻永續經營，帶給家人及家庭的幸福美滿與希望，但國人反而漠視具有專業性與最重要的婚姻教育、婚前教育，造成台灣的離婚率躍登世界前幾名。據內政部戶政司統計，2009 年台灣的離婚率竟高達 49.16%，而造成社會諸多的亂象與不安，為求家庭的幸福、社會的安定繁榮，政府主管機關應該要非常重視婚前教與婚姻教育，並讓國人體悟婚姻的積極性意義與婚姻的責任。

　　依 2004 年制定的《家庭教育法施行細則》，明訂婚姻教育是指「增進夫妻關係之教育活動」，期盼夫妻永續的經營感情、經營婚姻，做好夫妻良善的溝通互動，妥善處理家務的紛爭與夫妻的衝突，營造溫馨、和諧、有希望的家庭，開發兒女潛能，帶來社會的安定、繁榮與進步。

　　婚姻教育的目的在於協助青年男女理性的擇偶態度，對於將婚的情侶做好婚後的生活規劃，理智、和諧、自願的簽署婚姻契約，婚後以家庭為主的共識觀念，夫妻用心、用力兼用情的努力經營感情、婚姻與家

庭。因而婚姻教育又可分為婚前教育和婚姻生活教育兩類。

四、家庭婚姻教育的重點工作

1. 夫妻要有重視婚姻教育的目的與精神，兩人建構永續、完美成功的婚姻。

2. 營造美滿婚姻的條件，讓婚姻穩定發展，例如：(1)夫妻互信、互諒、容忍的共識；(2)打造良好的家庭經濟理財；(3)擁有健康的身心；(4)夫妻同質性高，培養共同興趣；(5)營造感恩、堅定的愛情觀。

3. 夫妻要履行婚姻各階段中對婚姻的願景與承諾。

4. 夫妻要以婚姻契約為夫妻婚後的共同生活準則，若遇婚約滯礙難行，宜經雙方理性共同協商修改。

5. 鼓勵家中青少年學習性別教育和婚前教育，讓家中青少年能以理智態度，選擇同質性高的異性伴侶。

6. 教育家人要有婚姻責任的觀念，避免擇偶不認真，結婚頭昏昏，婚後家庭亂紛紛，天天吵著要離婚。

7. 夫妻要學習家庭領導理論、實務與兒女教育學、教養兒女的方法，讓家庭充滿和諧、溫馨、幸福、快樂而有希望。

治家格言集

百忍太和

人間和氣福運開，家中吵鬧便生災；

暗中再加鄰居笑，家規沒有好日來；

夫妻姻緣天命成，唱隨同心家和諧；

百世修來同船渡，千世修來共枕眠；

丈夫不可嫌妻醜，妻子不可嫌夫貧；

妻子醜陋前生定，夫家貧苦命生成；

命好不到貧家去，貧窮難進富家門；

夫為家門圖發達，妻勤節儉助良人；

平心思念姻緣美，平等互助敬如賓；

忍讓相共生百福，子孫繁衍福緣長。

問題與討論

1. 家庭教育與家庭生活教育有何區別？

2. 家庭教育的特性為何？

3. 家庭教育的目的為何？

4. 家庭教育的方式有哪幾種？請詳述之。

5. 不同階段的家庭生命週期如何實施家庭教育？

6. 何謂家庭管理教育？其重點工作為何？

7. 何謂家庭資源與管理教育？其重點工作為何？

8. 何謂家庭倫理教育？其重點工作為何？

9. 何謂子職教育？其重點工作為何？

10. 何謂性別教育？其重點工作為何？

11. 何謂婚姻教育？其重點工作為何？

Chapter *10*

親職教育與
成功有效能的父母

翁桓盛

第一節　親職教育的意義與重要性

一、親職教育的意義

　　親職是與生俱來的天職,更是人類的自然本能反應。親職教育(parents education)是成人教育的一部分,以從事子女教育的工作者,或未來的父母為教育對象,增進其教養兒女的知能,加強親子關係;以開發兒女潛能為目標,由正式與非正式的教育機構,透過親職教育專家,講授親職的相關課程;它是成人教育,也是終身要學習的課程。

　　邱書璇等人(2010)認為,親職教育是指,協助為人父母或即將為人父母者,瞭解自己的職責,提供有關兒童、青少年發展的知識,以及正確的教育態度,使其得以扮演適當的教育過程;簡言之,親職教育是

教人如何成功地為人父母的教育。武璫穎（2002）開宗明義提到，親職教育是培養父母教養子女的能力，以及善盡為人父母職務的教育。

綜合而言，親職教育因受時空背景影響，具有下列五項意義：

1. 親職教育的目的：是增進父母教養子女的知能，開發兒女潛能、增進親子關係，扮演良好父母的角色，使成為稱職的父母。

2. 親職教育的對象：是指為人父母、即將為人父母，或實際從事未成年嬰幼兒、青少年教養之工作者，例如：幼兒學校教師、托育人員、保育人員、祖父母等。

3. 親職教育的內容：是指有關兒童、青少年發展的知識、良好的教養兒女之態度與方式、家庭經營，以及扮演成功、快樂、有效能的父母知能。

4. 親職教育的特性：它是一門終身學習的課程，是成人教育的一環，隨時隨處均可學習，是自發性、實用性、即時性、延續性及永久性的教育。

5. 親職教育的機構與人員：親職教育的教育機構一般均由正式的教育單位，例如：高中、大學所開設的正式課程、中小學的親師活動等，或由非正式的教育單位，例如：文教基金會、大眾傳播媒體、平面媒體、救國團、社區發展協會或宗教社團等，所開設的短期課程、講習會、座談會，或親子互動性的活動，以及利用平面媒體，例如：通訊、期刊、刊物、報紙等專欄報導。

親職教育是一門終身學習的課程，可由知識學理及實務分享而學得，它沒有一定的標準，學習內容會隨時空而更迭，會影響家庭的成敗及兒女的幸福與未來。

二、親職教育的重要性

親職教育在愈發達、文明的國家愈受到重視，因為優質的親職教育理念若能落實到家戶中，相信這個家庭是溫馨、和諧、快樂而有希望的；

親職教育能帶來家庭的活力，更是社會穩定的基石，能促使社會安定和諧，使國家充滿競爭力、欣欣向榮。可是在現今的社會中，絕大多數初為人父母者，均沒有事先做好親職的功課。

絕大多數的父母是複製早期父母教養兒女的經驗，施予自己兒女身上；可是時空環境與兒女個人的資質均大為不同，有可能因此造成兒女的不滿與反叛、背離社會主流、夫妻失和，甚至引起家庭解組，但後悔就為時已晚。很多為人父母者常說：「這個孩子，我無法教了，很不受教。」或說：「這是什麼社會！怎麼現在青少年變成這個樣子！」遇到挫折與困難後，才發現親職教育的重要。今從各個角度面向來分析，探討親職教育的重要性。

（一）就兒童、青少年而言

親職教育能強化父母的效能，為人父母者有了養兒育女的知能，在消極面上，可改善親子關係、促進家庭和睦，預防不良兒童、青少年的發生；在積極面上，父母能因材施教、因人適性的撫育各個兒女，開發兒女潛能，造就較為優質的新生代，培育具競爭力的國家未來主人翁，增強兒女的專長與競爭力。

（二）就父母而言

每個兒女均是父母的寶貝，孩子是父母一生最大、也是最重要的期望，能培育子女成為優質的下一代，比賜給兒女金山、銀山更為重要。如能透過親職教育，使父母瞭解為人父母的天職，用心學習兒女發展輔導知識，建構幸福家庭知能，教育兒女的方式與態度，成為稱職有效能的父母，培育進步優質的新生代，使兒女奉獻所學，服務社會人群，對父母來說，應是一生中最快樂、成功有意義的大事，父母也可安心的享受幸福快樂的人生。

（三）就家庭、社會而言

親職教育關係著家庭的成敗，更是社會安定的基石，為人父母者若擁有親職教育的知能，且瞭解親職教育的重要性，就會以身作則，努力充實自己，夫妻協力合組幸福美滿家庭，教養兒女成才成器，家中充滿和樂，家人充滿希望和未來，家家戶戶和樂融融，社會充滿愛心與活力，成為溫暖、友愛、陽光的社會。

（四）就學校而言

親職教育會影響教育的成效，學校教育的成功需要親職教育、家庭教育和社會教育的配合。現今社會上很多的家長，因生活過於忙碌，親職教育理念不足，加上有些家長以為用錢就可以解決孩子的一切問題，早上將兒女送進學校，到晚上才從安親班接回，對兒女的課業、生活、情緒、行為反應不加聞問，以為花錢請學校、安親班或補習班的教師，就可以解決孩子的所有教育問題，這種偏差的觀念，往往造就出很多兒女的偏差行為。相反的，家長若能重視親職教育，善用教學資源，能發揮父愛、母愛用心照顧兒女，以正確的親職理念，配合學校教育，家庭與學校相互配合，相輔相成，相信兒女在家是位好孩子，在校是位品學兼優的好學生，更影響學校教學的成敗。

（五）就社會、國家而言

問題青少年產生於家庭，顯現於學校，惡化於社會，弱化了國家；可知父母若有良好的親職教育理念，自然會用心的把兒女培育良好，發揮兒女的長才，將來更能使社會安定、和諧，社會充滿生生不息的活力，處處朝氣蓬勃，充滿競爭力，自然國富而民強。

綜合而言，親職教育可增強父母的效能，使其認清本身的職責，父

母同心組織健康溫馨的家庭，培育優質的國家未來主人翁，社會祥和有
活力，國家充滿前途與希望。親職教育在愈發達的文明社會，更受到重
視，也更能發揮其教育的功能；如圖 10-1 所示，父母在游泳池中玩樂，
很自然快樂的和兒女溝通，也能做好親職教育兒女的功能。

圖 10-1　親子快樂、有效的溝通互動

第二節　親職教育的目的與功能

一、親職教育的目的

　　親職教育隨著時代脈動的腳步前進，受到社會改變及文化衝擊的發
展影響，其主要目的在充實父母知能，經營溫馨、和諧家庭的理念。亦
能瞭解兒女成長的發展與輔導知能，正確教養兒女的方法，增進良好的
親子關係，開發兒女潛能，培育國家未來優質的主人翁，營造有活力的

社會，以增強國家的競爭力。

1. 整體目的是為了增強父母親職知能，增進親子良好關係，促進家庭幸福，培育優質的下一代，帶動社會、國家長期的進步與發展。

2. 就教學目的而言：除了親職教育的知識技能外，更重視父母終身學習的態度與良好的情緒管理，成為兒女的好榜樣。

3. 親職教育短期的目的，在協助為人父母者，或實際教養兒童的工作者，明瞭親職教育內容，以解決現有家庭、兒童所發生的問題，改善親子關係，增強教養兒童的能力，發揮有效的教學功能。

4. 親職教育長期的目的，在協助已婚、未婚的青少年，瞭解親職教育的真諦，來日成為稱職、有效能的父母，建構幸福溫馨家庭，培育優質新生代，促進社會的和諧進步，增強國家競爭力。

二、親職教育的功能

科技愈進步、社會愈複雜，人們的生活型態、生活方式改變的也愈快，人們心理距離愈拉愈遠，固有文化美德漸漸喪失，使得家庭教育功能漸漸減弱，社會和家庭和諧難以持續。青少年的犯罪問題日趨嚴重，犯罪年齡層持續下降，犯案人數屢創新高，犯罪手法日益精進，不禁讓我們感嘆：這個社會到底怎麼了？每天的媒體放大報導，讓我們很為這個社會、國家擔憂，到底台灣的父母是為錢而拚命，或為培養優質的兒女而努力呢？

依筆者長年的實務研究經驗認為，這一切應從親職教育著手，並深深感覺，應讓親職教育、家庭教育成為國人的一種全民運動，讓結婚或已婚的人擁有親職護照。因為親職教育可使為人父母者成為稱職、有效能的父母，也才能合組溫馨快樂的家庭、培育國家未來優質的主人翁、發展和諧有愛的社會，使得國家更具競爭力，與世界接軌。由此可見，親職教育的功能多元、效力卓著，深深影響著每位國民、家庭、社會，甚至國家。

翁桓盛（2012）認為，親職教育的消極性功能，可幫助父母改善親子關係，使親子溝通順暢，減少青少年偏差行為的發生，家庭和諧安定，不致分崩離析；積極性功能則可增進父母效能，成為成功、快樂、有效能的長者，認真貼切的關心兒女、強化親子關係、開發兒女潛能，鼓勵兒女將所學專長服務社會、國家，使得兒女知書達禮、學有專精，家庭充滿和樂希望，社會安定祥和，國家具有競爭力，並與世界接軌。因而親職教育有消極性的功能，也有積極性更為正向的功能。

第三節　不同家庭類型的親職教育

多元型態的家庭，家戶文化不同，家庭成員組織不同，需求也不同，地區文化特性不一，情境又多變，因而難以一套親職知能，適用於各種不同類型的家庭、不同的兒童及青少年。針對多元型態不同特質的家庭，分述其親職教育的要領如下。

一、生親家庭與原生家庭的親職教育

生親家庭（birthing family）係指父母健在，且孩子與其親生父母住在一起的家庭，即一般普遍的家庭；其與原生家庭的定義稍有差別。原生家庭（original family）是指一個人出生後被撫養的家庭，是無法選擇的，但個人在其中開始學習，學習有關生理、心理、社會與情緒各方面；在我們一生中，對我們影響最早、最有力、持續最久的，就是原生家庭。生親家庭因兒女均能與父母同住，因而較單親或其他類型的子女，能得到家人較多的關愛與照顧的機會，因這些子女在較為正常健康的家庭中成長，所以這些子女的自尊、人格特質、認知發展、社會發展、心理健康等，會比其他類型的兒女有較好的表現。生親家庭的親職教育方法如下。

（一）建構與維持幸福的家庭組織

生親家庭因能得到父母、家人較多的關愛與照顧，一般而言，其子女的整體性表現，例如：課業成就、人格特質、社會適應……等，均優於其他類型家庭的子女。幸福的家庭組織，能提供子女安全感與歸屬感，使他們較能專心於各式的學習，參與各式的社交活動，而有助於其各種行為的發展與表現。

（二）父母親參與兒女的教養工作，且觀念態度要一致

父母親若均能參與兒女的管教，共同關心兒女的成長，會對兒女的人格、品德發展、學業成就……等，帶來正向的助益作用，兒女會有積極的作為；若父母教養兒女的理念、態度一致，則更有推波助瀾的效果，其子女將來適應社會的能力亦較佳。

（三）行為改變技術融入兒女的教養方式

兒女的教養方式有很多種，各有其優缺點，為了讓兒女有良好的教養，父母需學習行為改變技術以及行為治療的知能，熟練其知能，以融入教養兒女之過程中，使兒女有良好的行為表現，爾後在任何專業上的表現能更為突出。

（四）學習管教兒女的知能，並能終身學習

管教兒女的方式有許多種，父母若採用理智開明型或高倡導、高關懷，則兒女的整體表現及社會適應較為良好，其他如忽視冷漠、專制權威、寬鬆放任型，則其兒女的表現均較差。但兒女的整體成長過程，也不可採單一模式的教養方式，宜視成長階段、情境來交互使用，父母宜養成終身學習精神，與時俱進。

二、單親家庭的親職教育

　　台灣的單親家庭比率非常高。單親家庭（single-parent family）是指，由於父親或母親因離婚、喪偶、未婚或分居，與其未婚的子女所組成的家庭。目前台灣的社會因離婚率高，因而單親家庭逐漸成為主要的家庭型態之一，而且以母親為主的單親家庭，遠多於以父親為主的單親家庭。

　　單親家庭只有一位家長，要負起全家的經濟重擔及所有家務，因而其壓力比一般的雙親家庭大的多；因單親家長除了要負擔經濟重擔外，尚需承受其他如家務、管教子女、家族互動、兒女照顧……等各方面的壓力。

　　單親家庭的子女因缺少一方家長的關愛與照顧，較少家庭的溫暖，會深深的影響其身心、課業、情緒等各方面的發展，尤其大部分的單親子女，父母離婚時大約面臨青春期，因不滿父母的婚姻狀況，而產生反叛或嚴重的偏差行為，製造很多的社會問題。單親家庭的親職教育方法如下。

（一）參與單親家長成長團體，或尋求社會資源協助

　　參與單親家長成長團體，可分享單親家長成功治家的經驗，以及面對問題時可以尋求解決的資源；也可尋求親戚、益友、孩子的老師，或公益團體的支持系統，在理財、孩子的教養方面，多尋求指導與協助。

（二）建立教育愛與溫暖的家庭氣氛

　　在溫暖和諧氣氛的家庭中長大的孩子，有較多正向性的積極行為表現，孩子較會自愛、自立自強；因而單親家長要有建構幸福溫暖家庭的知能與願景，用教育性的愛陪同子女走過青春期，讓子女不因家庭的破

碎而影響其身心發展。

（三）營造理性開明、嚴而不苛的教養子女策略

一般單親家庭的子女，會將破碎家庭的責任怪罪於父母，或不滿、責備父母，因而在教養單親子女時，倍加困難；單親家長應尋求教養子女的專業知能，以理性、民主、開明，嚴格又不苛求的一致教養原則，讓兒女言行有一定的標準依循，兒女才知可為或不可為，建立親子間民主、開明、溫暖、暢通的溝通網絡。

（四）自立自強有希望的治家策略

單親家長離婚後，最怕沒有信心而自甘墮落，或單親家長帶頭產生反教育的偏差行為，如此全家就會失去希望，甚至帶著無辜兒女去流浪、自殺、賣淫；相反的，離婚的單親家長更應有堅強打不倒的決心，在理財、家事、親子關係等，皆尋求專家或社會資源的協助，重新規劃、重新調整，務必自立自強，帶來家庭的願景與希望。

【案例探討與價值澄清】

主題：小女生生小女生　家長、教師、校護竟不知，誰的錯？

案例：本案例發生於 2012 年 5 月。在台中市有位單親家庭的國二女生，懷孕滿足月，預產期已到，竟能瞞過父母、導師和校護。在五月份夏天的上課時間，該生忽然肚子疼痛，老師要她到學校健康中心找校護，校護以為腸胃不好拉肚子，要她上廁所，不料在學校廁所生下一女嬰，新生兒哇哇叫，該生一時驚慌失措而嚎啕大哭，不知所措。經調查，該生曾和多名男性發生性關係，也無法確定該名女嬰的爸爸是誰，離譜的是，該生懷孕期長達十個月，尤其炙熱夏天大家身穿的衣物均很單薄，長期

與該生互動的父母、老師竟然都不知該生已懷孕，更不用說關心與提供生活上的輔導，而該校校護更加離譜，女學生肚子痛，到健康中心求助，身為女性的專業護理人員，竟然不知女學生懷孕要生產了。

價值澄清：

1. 該生雖然單親，但與父母仍有互動，父母竟不知女兒感情生活複雜。請問父母的家庭教育、親職教育，最值得檢討的是什麼？

2. 國二女生懷孕滿足月，尤其夏天學生衣物單薄，老師為何不詳加瞭解學生的行為表現，是否有異狀？

3. 身為女性校護，對於國二女學生懷孕滿足月，還渾然不知，請問該學校經營體系是否該檢討？

4. 「國二小女生生小女生」，請問這二位小女生，未來日子怎麼過？

5. 父母、教師、校護、學生、輔導人員，各自應對此事件負起什麼責任？

6. 假如老師、父母知道女學生已懷孕六個月了，該如何輔導這位女學生呢？

三、雙生涯家庭的親職教育

雙生涯家庭（double income family）是指，夫妻雙方均從事全職性或專業性的工作，而難以分攤較多的時間與精力來照顧小孩的家庭，又稱為雙薪家庭。現今社會，由於女性教育程度提高，男主外女主內的觀念逐漸改變，加上家庭經濟的壓力，以及消費形態的轉變，許多的女性婚後或生產後，仍需積極投入就業市場，因而雙生涯家庭愈來愈多，且成為台灣多元型態家庭的主流。在雙生涯家庭中，男性需改變過去觀念，在家時要積極投入家事工作，女性因受限家事中許多工作及小孩都需母

親的照料，或母愛的安撫，因而女性在家務與職場中，蠟燭兩頭燒的困境屢見不鮮，家人應多予以體諒、協助與鼓勵。雙生涯家庭的親職教育方法如下。

（一）簡化家事、分擔家事或尋求外在資源

雙薪家庭夫妻兩人上班時要有職場工作的成就，下班後又有小孩學業教導或交通接送問題，回家後又有繁瑣的家事要做，因而家人宜妥善規劃安排，簡化家事，並將家事由全家有工作能力的人平均分擔。當家事太多時，也可考慮請專業的家務打掃公司或親友協助幫忙解決，分攤父母家事的工作壓力。

（二）精神支持，相互鼓勵，創造多贏

雙薪家庭的父母，白天早出晚歸，又得接送子女上下學，教導子女課業；職場上要努力才有好的表現，回到家已精疲力盡，還要料理三餐，以及忙不完的家事，萬一又有年邁病弱的雙親需要照顧，可說蠟燭不只兩頭燒！每天面對如此沉重的壓力，需要家人的協助、鼓勵及精神的支持，體諒辛勞，否則萬一精神崩潰或身體不堪負荷，累倒了，其對家庭及子女的影響實在太大。

（三）妥善安排生活，多利用時間陪同兒女一起成長

雙生涯家庭的父母，不但壓力大，日夜忙碌的生活亦令人疼惜；但任誰都沒有再版的童年、再版的青少年期，故子女亟需父母的陪伴關愛，撫慰其幼小的心靈，更渴求父母良好的教養方法，以帶領他們長大成人，開發潛能，服務人群。因而雙薪家庭的父母，其生活的安排、時間的規劃相當重要，否則父母今天放棄子女，明天便換子女放棄父母，反而賠掉一生辛苦奮鬥努力的成果。

四、異國婚姻家庭的親職教育

異國婚姻家庭（foreign country family）是指，夫或妻的一方為外國國籍者所組成的家庭，又稱為外籍配偶家庭（cross-culture family），意指透過各種婚姻的管道，外籍人士合法的進入台灣，並婚配給台灣人。

目前在異國婚姻家庭中，大多數婚配的女性對象是東南亞或大陸地區的女子，她們普遍的特點是來自落後國家的貧困家庭，教育程度不高且年紀輕，而其新郎在台灣也可能普遍是社經地位較低，較為弱勢的一群。其組成的家庭，容易產生諸如文化、風俗、語言、教育、法律、財產……等諸多問題，此外，也形成台灣目前社會的一大特殊現象。異國婚姻家庭的親職教育方法如下。

（一）教導外籍配偶學習我國語文、文化和謀生知能

外籍配偶大多來自落後國家，大部分出身貧困的家庭，因而其語文、文化能力與台灣落差很大，且教育程度普遍低落，沒有一技之長，很難謀生，生活困苦，故政府宜針對這些普遍存在的問題，透過教育訓練其謀生知能，才能立足於社會。

（二）教導外籍配偶學習理財、溝通與教養子女的問題

外籍配偶大部分來自落後國家的貧困家庭，故沒有一技之長，更沒有理財概念，因此政府須鼓勵她們自立自強，學習理財方法，奠定家庭中的經濟基礎。外籍配偶因不熟稔台灣的文化和語言，很難與自己兒女溝通，普遍缺乏教養子女的知能，因而政府單位宜利用各種管道，教育其理財之道、溝通要領及教養子女的方法。

（三）加強外籍配偶子女的生活教育及課業輔導問題

外籍配偶所生的子女，統稱為「新台灣之子」，他們的生父母社經地位普遍較低，教育程度也不好，語言、文化、溝通又有很多的問題；因而新台灣之子所面臨的最大問題，是教育、溝通與課業嚴重落後的問題，故政府宜加強他們的課業輔導，讓他們在學校或班級上的表現更好，提升其自信心，增強其人際關係。

（四）加強父母的教養知能，並採取一致的教育理念

外籍配偶的家庭，其父母教育程度普遍較低，易有嚴重的教養子女知能不足問題，且外籍配偶的夫妻其成長背景差異特別大，不同文化背景及國籍之教養子女理念、態度、方法也有很大差異，因此政府宜鼓勵外籍配偶學習語文，以利教養子女的方法能更精緻有效；而外籍配偶的夫妻在教養子女時，態度、理念要一致，使兒女生活上能有所依循，培養良好的生活知能。

五、繼親家庭的親職教育

繼親家庭（step family）又稱為重組家庭（recombination family），意指單親家庭的父親或母親再婚後所組成的新家庭。單親家長再婚的對象，可能是未婚的單身者、單身但曾結過婚者，或單親有子女者；如此一來，其家庭成員就可能包括雙方單親家長所生的所有子女之加入，以及再婚後所再生的子女。這種家庭成員間的關係極為複雜，成員關係很難調適，繼父母也很難有一致的標準教養小孩，家庭要有和諧氣氛著實不易；但還是要有溫暖、開明、公平、民主中有權威的治家策略。繼親家庭的親職教育方法如下。

（一）營造溫暖、有愛、有原則、有希望的家庭氣氛

繼親家庭組織繁雜，家庭成員來自不同的家庭成員，在婚後可能又有新出生的小孩，人際關係的處理較為複雜，因而繼父母宜敞開心胸，請教婚姻家庭專家，建構溫暖、有愛、有規範準則、有希望的家庭，否則家庭成員的心理不平衡，互相猜忌、忌妒，容易產生紛擾而難以收拾。

（二）尊重、接納、耐心，要有調適期的心理準備

繼親家庭因成員複雜，原本的生活背景不同、教養態度不同，與原生父母仍有感情因素的存在，因而繼父母宜敞開胸懷，接納且喜歡家中的任何成員，並要尊重其生活思想的空間，有耐心的處理家事，並與繼子女友善的相處；不能期望親生子女或繼子女，在短時間內即能相互認同或肯定、相互支持，仍需要有一段時間的適應期，透過重組家庭的開明理性規範，以及繼父母更用心努力的經營再婚後的家庭，使他們能更安心的和諧相處。

（三）積極學習教養兒女的方法與一致的教養態度

重組家庭的家族成員複雜，彼此理念、價值觀、生活習慣差異很大，繼父母要有決心，請教教育專家，學習教養兒女的良方，如何在各種教養方法中，視情境而相互為用，達到最佳的教養效果，而且不可因繼父母過去的理念不一，或與他們親生父母的態度不同而灰心，應積極瞭解繼子女原本各種不同的家境文化、價值，而能與生父母取得一致性的教養共識，讓他們幸福、快樂的成長。

（四）繼親與生親相互支援、健全兒女身心發展

繼父母難為，因與原生家庭過去的生活態度、生活習慣、價值理念

有差異，很難獲得繼子女的認同，甚至十分努力也得不到回報，動輒得咎。但教導孩子是生父母、繼父母應負的天職，因而生父母應主動支援、關心，並提供繼父母意見，讓繼父母能深入瞭解每個兒女的特質與發展，使其能安穩、快樂、健康的成長。

六、隔代教養家庭的親職教育

隔代教養家庭（separated generation family）又稱為隔代家庭或祖孫家庭（cross-generation family），因孩子的父母有種種的困難而無法親自撫養子女，孩子只得與祖父母或長輩同居在一起生活，由祖父母或外祖父母、姑婆、姨婆等長輩親屬，代理父母職來照顧，並負起教養的責任。這種家庭的父母，一般而言均有難言的苦衷，例如：離婚、分居、再婚、雙亡、入獄、逃債、遺棄、外地工作等；而隔代教養的子女也很無辜，從小就沒有一個正常的家庭，很難得到父母深摯的愛與照顧。現實的社會由於離婚率高及雙薪家庭的壓力，因此隔代教養也是目前家庭型態中的主流之一。隔代教養家庭的親職教育方法如下。

（一）父母、祖父母應達成教養兒女的共識

為人父母應知教養子女是父母的天職，祖父母是協助的角色，管教子女的責任需達成共識，而不是將其責任全推給自己的父母；而且父母與祖父母二代間教養的理念、資訊相差很大，事前應審慎評估其可行性，避免事後因教養態度不一，發生父母、祖父母、孫子女三代間難以調適的問題。

（二）評估祖父母的體能與作息能否適應

一般而言，隔代教養的祖父母均達退休年齡，每個人多少會有一些生理上、精神上的疾病，體力大不如前，應事先評估祖父母的體能，是

否能夠照顧隨時哭鬧、跑、跳、無知奔放的小孩；而且祖父母過去長年的生活作息均已穩定，在可能日夜顛倒的作息中，身心能否調適，體力能否負荷，均是很大的問題。

（三）增進溝通知能，並尋求資源協助

祖孫三代其價值理念、文化、資訊相差頗大，一般而言，親子間溝通就已經容易產生障礙，更何況祖孫相差三代，要產生良好的溝通何其困難！但若透過良好的溝通，能安撫小孩情緒，增進學習效果，培養良好的生活習慣，祖父母則應試著請教親職教育專家或進修，以學得良好的祖孫溝通知能，也可請求外界資源，協助教養兒女的知能。

（四）營造良好的祖孫關係，建立校親溝通平台

祖父母要教養出良好的孫子女，首先要建立溫暖、健康、有愛的家庭，讓孫子女感覺家是最溫暖的，祖父母是心理的良師，建立良好的祖孫關係，並與孫子女就讀的學校及老師建立良好的溝通管道，互相支援，深切明瞭孫子女在家、在校就學的表現，並與學校及老師做良好的互動與配合，才能培育優質的孫子女。

七、特殊兒童家庭的親職教育

特殊兒童家庭（special children family）是指，家庭中有一位以上異於一般兒童的家庭。特殊兒童又分為二類：資賦優異（giftcd）兒童與身心障礙（handicapped）兒童。特殊兒童在生理、心智、行為、感覺、認知上的表現，異於一般的兒童。資賦優異是學齡兒童經認證單位鑑定有卓越表現，或高度潛力者，包括：一般能力的優異、學術性向優異、創造力優異、領導才能優異、視覺及表演藝術優異，以及其他能力優異者。

身心障礙是兒童經特殊或醫療單位鑑定，其身心、智能、學習能力、

語言表達等缺陷，造成生活及學習上的不便，而影響其生活者。又可分為很多類別，分別為智能障礙、視覺障礙、聽覺障礙、語言障礙、肢體障礙、身體病弱、情緒障礙、學習障礙、多重障礙、自閉症、發展遲緩或其他障礙者。

　　特殊兒童因與一般兒童在言行、智能、學習等方面，皆有很大的差異，因此更需要家長特別的教養與費神的照顧，學校也要提供特殊的設備及教育方法，才能符合其發展需求，發展其潛能。特殊兒童的家庭，因家中有特殊兒童存在，比一般兒童的家庭需要更費心、耐心、用心的照顧與教養，因此可能會造成家人更大的經濟負擔與精神上的負荷，嚴重時也有可能會影響家庭氣氛及夫妻間的感情。特殊兒童家庭的親職教育方法如下。

（一）資優兒童家庭的親職教育

1. 父母須不斷的學習與充實，並尋求社會資源，與資優兒童一起成長

　　資優兒童天賦高、學習能力強、反應相當靈敏，資優的類別多，學習的對象很少也很特殊，因而父母須不斷充電學習，或尋求社會資源，例如：師範大學、教育大學，或縣市政府教育局（處）的特殊教育主管單位，以協助開發資優兒童無限的潛能，並與資優兒童一起成長。

2. 研究特殊兒童的教養方法，並與師長建立溝通平台

　　特殊兒童的身心發展、生活習慣、特殊才能的發展，與一般兒童並不同，因此家長須請教專家，針對自己兒女特殊的特質，研究特殊兒童的教養方法，並時時與師長或專家保持聯絡，共同解決特殊兒童的親子溝通、生活習慣、特殊才能的養成問題，建立親師或校親的溝通平台。

3. 鼓勵兒女堅持與冒險，但要有接受挫折、失敗的心理準備

　　特殊兒童在特殊領域有特殊的興趣，故常有冒險、挑戰刺激的衝動

慾望，尤其資優生好勝心強，且一路走來課業成績始終領先群雄、名列前茅；但人外有人，天外有天，偶爾的挫折與失敗是正常的，資優兒童或跳級生因其心智及社會性的發展尚不足，往往難以接受失敗的慘痛現實，甚至萌生輕生念頭；故資優兒童的父母應特別留意其心智發展的平衡。

【案例探討與價值澄清】

主題：開發兒女潛能，抗癌國中生數學奧賽金牌得手

案例：2012 年 7 月，新竹市竹科實驗中學有位罹患血癌的國中生陳伯恩，獲得全世界矚目的奧林匹亞數學競賽最高榮譽金牌獎。陳伯恩在 1 歲半時，因視網膜神經細胞腫瘤摘除左眼，雖只有一隻眼睛又罹患血癌，但不影響他的求知慾。因陳伯恩的數學天分高，父母高度的瞭解、關心、輔導，使他的學習歷程順利，尤其數學、英文兩科，不斷的跳級修課，不到 2 歲就能從一數到一百，小一小二就完成國中數學，小五完成高中數學，小六就上美國數學先修班，國一就到交大上數學課。一路走來，父母都用心、耐心、細心的陪他，並照顧他那罹癌的身體，與他共同奮戰白血病，與癌症長期抗戰。他的急性淋巴性白血病，須做 171 週的化療，前 30 週每兩天要注射一次油性針劑，每次要忍受又慢又痛的打針，還要做化療，但他對生死病痛看得很開，他說：「我從不會花太多時間去想生病的事」、「痛都會過去的」，即使在病床上化療，他也以解數學來幫助轉移痛覺。就在今年 7 月，國際數學奧林匹亞競賽中，與世界各國天才學生比賽勇奪金牌，7 月 17 日風光返台後，23 日即陪同媽媽擔任台北舉行的 2012 TAIMC 國際數學競賽志工，其樂觀、積極、公益行善的精神，令人十分敬佩。

價值澄清：

1. 陳伯恩能勇奪世界級的奧賽數學金牌，請問哪些人對他影響最大？

2. 陳伯恩忍耐化療過程的痛苦，主要原因為何？

3. 天才的誕生，父母的角色有多重要？

4. 勇奪國際最高的數學金牌得主，還能抽空擔任志工，其最主要的影響人物是誰？

5. 你認為我國目前的資優生教育制度，有哪些值得檢討的地方？

6. 以陳伯恩這一個案例，請您說出親職教育的重要性。

（二）身心障礙兒童家庭的親職教育

1. 父母及家人要瞭解身心障礙兒童的特質，建立家人相互扶持的共識

身心障礙的類別很多，且障礙兒童的發展過程、資質不一，家人要深入瞭解兒童的特質。而且家中有身心障礙兒童，會帶來家人經濟生活壓力，精神、體力的消耗，長期的煎熬，家人要有同理、慈悲心，建立家人長年相互照應、相互扶持的共識，否則家人容易精神崩潰。

2. 建立家中財務、生活作息、醫療的規劃方案，並尋求社會資源

身心障礙兒童因身心的缺陷，需要很多的生活及教育的輔助設備，會增加很多家中的經濟負擔，且身心障礙者需要家人長年的特別費心、耐心照顧，容易影響打亂全家人的生活作息，因而家人要有相互支援、相互扶持的生活作息安排；尤其身心障礙兒童，有其特別障礙的醫療需求，因而要有配合的醫療單位安排醫療計畫，並尋求政府或民間公益社團的資源，協助解決各種困境。

3. 尋求特殊教育與就業輔導，決不輕言放棄

身心障礙兒童的發展與一般兒童有異，需要特殊的教育設備、教學

方法與生活輔導知能，因此父母需要尋求符合身心障礙兒女的特殊教育學校或特殊班，以做好兒女的教育輔導工作，發展其自立自強的能力；並可尋求政府或民間社團的幫助，協助解決未來特殊孩子的就業問題。要教育一位身心障礙兒童，需花費一般兒童數倍的精力、體力及耐心，但為人父母者絕不可輕言放棄，畢竟天生我材必有用。

4. 家人要有休閒、強身、紓壓的計畫

身心障礙兒童之家人需更費心、費力付出，長期面對身心煎熬，且會帶來經濟、身心、生活品質、夫妻感情各方面的長期壓力，故十分需要紓解壓力的管道，否則難以長年支持。家人要有休閒、強身、紓壓的規劃，才能做好身心障礙兒童的長期輔導與照顧工作。

第四節 親職教育與家庭教育的關係

人生的旅程永遠無法脫離家庭、學校與社會國家，這三者環環相扣，籠罩在生命旅途的上空，我們必須在這三者交會中生存，因而有好的家庭教育、學校教育和社會教育，實在太重要了。

林佳蓉、林佳勳（2010）指出，家庭是呵護兒童成長的地方，是家人共同生活的場所，是家人休息的地方，更是家人的避風港，家庭提供家人溫暖與細心照顧的功能，是其他單位所無法取代的；家庭是形成社會最基本的單位，更是兒女教育的第一場所，良好的家庭教育能夠促進家人和諧、增進家人感情、減少父母離婚、兒女努力向學、培育子女健全人格，且能減少家庭暴力、虐兒、性侵害事件的發生，間接增強社會的倫理道德，促進社會的進步與繁榮，更是學校教育、社會教育最大的助力，三者彼此相輔相成，也相互影響。

早期的社會，家庭生活很單純，家庭教育都是由父母或長輩在日常生活中，在很自然的情況下，教導養育子女的教育，早期的家庭教育幾

乎是親子縱向式的人際關係與生活知能的傳授互動；然而隨著時代的改變，家庭教育也由單向演進為多面向的人際關係，擴增為家人、家族、社區與社會的關係。簡言之，家庭教育即是增進家人關係與家庭功能的各種相關教育活動，家庭教育的對象是全體家人，且是全人的終身教育，形成一門專業性的教育活動。

家庭教育的範圍相當廣泛，只要是增進家人關係、強化家庭功能，或與家庭功能相關的各種教育活動，均屬之；因此，它包括親職教育、子職教育、性別教育、婚姻教育、倫理教育、家庭資源與管理教育，以及其他與家庭有關的教育。而其中親職教育的功能在於增進父母的知能、帶動家庭其他教育的成就，更是家庭進步與發展最主要的動力；故親職教育成功，家庭教育自然有很好的成就表現，會帶來家庭的活力與希望。

第五節　父母的角色與重要性

一、蓼莪篇

> 蓼蓼者莪，匪莪伊蒿。哀哀父母，生我劬勞。
>
> 蓼蓼者莪，匪莪伊蔚。哀哀父母，生我勞瘁。
>
> 缾之罄矣，維罍之恥。鮮民之生，不如死之久矣。
>
> 無父何怙，無母何恃？出則銜恤，入則靡至。
>
> 父兮生我，母兮鞠我……欲報之德，昊天罔極。
>
> ～詩經‧小雅‧蓼莪篇

古今中外，不管黑人、白人或不同人種的人，均一致肯定父愛、母愛的偉大，父母恩情永難報答，可見父母的角色有多麼的重要。

二、父母角色的重要性

（一）家庭、社會、國家最主要的安定力量

一個家若父母一天不在，兒女們嗷嗷待哺，上下學無人接送，生活秩序大亂，若短期一個月不在，相信全天下的兒女都會感覺快活不下去了；若是此時父母出現，相信全家會欣喜若狂，尤其父母不但是食衣住行育樂的生理提供者，更是兒女情緒的心理良師，更是家庭、社會最大的安定力量。

（二）父愛、母愛的偉大付出，韌性無法取代

父母對兒女付出無限的愛，只要兒女有需要，永遠是兒女第一，把自己的性命安危、疲累拋之腦後。兒女生病發燒，父母不敢睡，半夜怕兒女受涼，起床幫蓋被，火災衝入火場救寶貝；只要為兒女好，永遠不喊累，父愛、母愛無私無我、不求回報的偉大無人能比，父母為兒女犧牲奉獻的堅強韌性，即使科技再發達，也永遠無法取代。

（三）兒女生命的呵護者，心理情緒的最佳良醫

新生兒自離開母體，才是父母最困擾、最頭痛的開始，因為父母永遠操心新生命的安危。新生命的生理需求開銷大，父母須張羅；新生命的照顧，父母需費心、又費神，現在社會上出現的頂客族，與嚴重的少子化現象，相信很多原因均由此而起。尤其孩子們看不到父母時的那種情緒失控現象，只要父母愛心的擁抱，他們已心滿意足、滿臉笑容，因而父母是兒女最佳的心理醫師。

（四）兒女教育的第一位導師，也是文化的傳承守護者

　　家庭功能論者認為，父母對兒女的教育負有很重要的責任與角色，因為兒女一出生即需父母親透過各種方式與兒女溝通，教育兒女長大成人，並時時傳授各種傳統的優良美德與文化，幫助兒女社會化，成為文化美德的守護者。

（五）開發兒女潛能，增進兒女生活知能

　　翁桓盛（2012）認為，家庭除了有消極性的功能外，還應有積極性的功能，例如：兒女的潛能開發、正確價值觀的培養、生活知識的促進，而這些積極性的功能，均有賴父母用心、耐心、恆心的去發覺兒女的興趣、專長與喜好，並需透過良好的教育方式，開發兒女的潛能，並從日常生活中有意無意的透過生活教育、家庭教育，增進兒女的生活知能，幫助兒女社會化。

　　林進財（1995）指出，孩子心目中的理想父母必須同時具備下列幾項特質：

1. 尊重子女：傾聽心聲，多給創意空間。
2. 容易溝通：懂得權變，能和諧溝通。
3. 是非分明：原則明確，是非分明。
4. 講究信用：遵守諾言，講究信用。
5. 民主作風：民主作風，共同協商。
6. 輕聲細語：聲聲傳愛，詼諧幽默。
7. 陪伴子女：陪同成長，共創多贏。
8. 關懷子女：精神鼓舞，成長後盾。
9. 夫妻恩愛：慈父良母，溫馨家園。
10. 賞罰分明：身教言教，教養有方。

第六節 成功有效能的父母

一、成功的父母

　　一個社會造就形形色色、不同心態的父母，有的家庭妻離子散、分崩離析，父母不認真工作，不負起養育、教育兒女的責任，甚至逼迫年幼的子女去違法謀利；相反的，成功有效能的父母，能以家庭為重，視兒女為社會國家重要資產、未來的希望，更是精神生命的延續。而成功的父母（successful parents）沒有一定的標準，也沒有標準的答案，但從家庭互動、家人整體表現、家族與親子關係中，可約略看出成功的父母角色該如何扮演；凡是父母有治家謀略，肯努力於職場，隨著科技、社會文化的進步而不停的學習，儘量多留時間陪家人，和家人共同成長、同樂，對家人互尊、互重，做好良善的溝通互動，能以身作則，以教育性的愛，培養子女良好的生活常規，鼓勵兒女並發展兒女潛能，培育其長才服務社會，則堪稱為成功的父母。

二、成功有效能的父母

　　成功有效能的父母（effective parents）可使家人和樂融融，發展兒女長才，使家中充滿歡樂與希望。邱書璇等人（2010）指出，婚姻與家庭專家 Duvall（1997）將好父親與好母親的標準，分為傳統性和發展性概念兩類，如表 10-1 和 10-2 所示。

表10-1　好父親的條件：傳統性和發展性的概念

傳統性的概念	發展性的概念
1.為子女訂定目標。 2.替子女做事，給子女東西。 3.知道什麼對子女是好的。 4.期望子女服從。 5.堅強永遠是對的。 6.有責任感。	1.重視子女的自主行為。 2.試著瞭解子女和自己。 3.承認自己和子女的個別性。 4.提高子女成熟的行為。 5.樂意為父。

資料來源：邱書璇等人（2010：164）；黃迺毓（1998：68）

表10-2　好母親的條件：傳統性和發展性的概念

傳統性的概念	發展性的概念
1.會做家事（煮飯、洗碗、清掃等）。 2.滿足子女生理需要（吃、喝、穿）。 3.訓練子女日常生活習慣。 4.德性的教導。 5.管教子女。	1.訓練子女獨立自主。 2.滿足子女情緒需要。 3.鼓勵子女社會性的發展。 4.促進子女知能發展。 5.提供豐富的環境。 6.照顧個別發展的需要。 7.以瞭解的態度管教子女。

資料來源：邱書璇等人（2010：164）；黃迺毓（1998：61）

三、成功有效能父母的特質

翁桓盛（2006）更進一步指出，成功有效能的父母除了具有表10-1和10-2的條件外，應有下列幾項特質：

1. 家庭經營與職場表現二者兼顧。
2. 父母均具建構幸福家庭的共識，教養兒女的態度理念一致。
3. 真心瞭解兒女，以身作則，適時適當的教養輔導。
4. 設計適宜環境，提供兒女發展的空間。
5. 汲取教養兒女的知能，適性輔導與發展。
6. 多留時間陪兒女共同成長，形成家族生命的共同體。
7. 以愛心、耐心、用心來教養兒女，形塑天倫家園。

8. 維護傳統美德文化，融入科學新知，與世界接軌。

9. 教養兒女生活基本素養，培養優質的兒女服務社會。

10. 時時自我省思，邁向成功有效能的父母。

第七節　偏差行為的父母

　　成功有效能的父母是，以民主化、前瞻性、教育性的風格領導全家向目標邁進，帶來家庭的溫馨、開明、和諧和希望；偏差行為的父母則使家庭暮氣沉沉、分崩離析，家人不知為了什麼在生活。

一、偏差行為父母的特質

　　在複雜的社會中，容易遇到多變的情境，人生的旅途必然一波三折、困難重重，此時父母的堅持信念若不夠，絕對無法度過難關，就無法造就優質的下一代，而讓子女從小就受到家庭、社會的挫折與污染；若為人父母者無法給予正確的教育理念，使子女心靈受到質變，子女會變本加厲危害社會，成為社會的寄生蟲或社會的惡霸，究其原因是家庭教育和社會教育的失敗。套句教育學的名言：「問題青少年產生於家庭，顯現於學校，惡化於社會。」可見偏差行為的父母（failure parents），替社會製造很多的紛擾與是非，削弱了國家的競爭力。茲將偏差行為父母的特質，臚列如下：

1. 沒有家庭責任，只顧自己享受。

2. 沒有家庭目標，家人生活像無頭蒼蠅。

3. 治家無能，不知檢討。

4. 教子無方，不知學習。

5. 偏差惡習，不明是非。

6. 不重家教，以身作賊。

7. 缺少用心、用情與包容，沒有長者風範。

8. 夫妻不和，忍受力不足。

9. 夫妻角色錯亂，家人凝聚力不足。

10. 不重修持，失德失能。

二、偏差行為父母教養兒女的方式

1. 沒有是非的愛：父母沒有是非對錯，只有寵愛和溺愛。

2. 替代式的愛：父母忙碌，內心自感愧咎，試圖用金錢、物質來補償兒女。

3. 貪婪式的愛：父母以利為先，養成兒女好逸惡勞。

4. 珠寶式的愛：父母怕兒女受苦、受凍，養成養尊處優的個性。

5. 揠苗助長式的愛：父母怕兒女輸在起跑點，但屢次挫折中不思檢討，易慘敗於人生的終點。

6. 權威式的愛：父母權威管教，兒女失去自信，兒女容易發怒，情緒不穩。

7. 條件式的愛：父母對兒女的教育以條件交換，失去父愛、母愛精神。

第八節　如何邁向成功有效能的父母

　　良好優質能力的父母，並非從天而降，因為成功優質父母的指標很高，但成功有效能的父母會帶給兒女良好的教養，發揮兒女的潛能與長才，帶給家庭溫馨、和諧和希望，因而人人均想成為有效能的父母。也因成功有效能父母的指標高，因而除了需認真學習親職教育的專業知能外，平日更應有處處學、時時學的精神，將實務與理論融合應用，有朝一日就可能會是成功、快樂、有效能的父母。

一、父母效能訓練

　　世界上沒有人天生就能成為賢父良母，更沒有人生下來就能成為稱職有效能的父母，因而有效能的父母並非天生，乃是需不停努力的學習；但擁有再好的學理，終須要能運用並產生好的效果，才會被肯定為有良好的成效。「父母效能訓練」（Parent Effectiveness Training, PET）就是要將親職學理，轉換成可直接傳授給父母的親職教育課程，經實際演練後，能使父母教養兒女、親子溝通、家務經營等的技巧上，產生有效的行為。繼「父母效能訓練」後，陸續還有「有效能父母系統化訓練法」（Systematic Training for Effective Parenting, STEP）的推出，其目的均在增強父母親的親職知能，強化父母效能的實務運作與技巧。

　　王鍾和（2009）指出，「父母效能訓練」（PET）不僅是技巧的訓練，參與者必須在監控的情形下接受指導，透過教師的實證教學與典範來演練。它只是一個學習過程的開始，父母必須實實在在的在教室內，不斷的精熟各種管教技巧，待家庭中真正遇到問題的時候，才能夠順利應用。其流程如圖 10-2 所示。

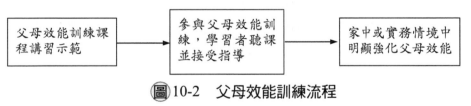

圖 10-2　父母效能訓練流程

資料來源：筆者自行整理

　　綜合而言，父母效能訓練的主要目的並非要訓練父母，而是要增強父母的效能，因而只要和父母效能有關的實務，均為父母效能訓練的題材，例如：家庭布置、美化環境、兒女管教方法、親子溝通互動、家庭經營……等。

二、如何邁向成功、快樂、有效能的父母

　　社會上很多初為人父母者，未曾想過如何扮演成功、快樂、有效能的稱職父母，他（她）們頂多開始反思自己的父母、親友或同事，在為人父母時的生活種種，或複製其父母為人父母的模式；但家庭文化不同、時代快速變化、社會情境多變、兒女特質不一，若沒有事前充分學習，不斷充實為人父母的知能，事到臨頭經常不知所措，而此時對兒女、家庭的傷害已經造成。成功有效能的父母要及早準備，否則用很多錯誤的經驗，才換得一點小小成就，那是不值得的；唯有靠親職教育課程、親朋好友先例、師長的學理與經驗，不停的進修、認真學習，才能往稱職理想的父母腳步邁進。期望有了稱職的父母，才能孕育優質的新生代，提升國家的競爭力；有效能的父母，其經營的家庭富有倫理道德觀念，能培育兒女正確的人生觀，與兒女相處亦師亦友，家中充滿歡樂與希望，家庭富有活力與競爭力，家中每一份子均深深熱愛這個家園，共同開創家庭的生命力。

　　想要成為稱職、成功、快樂、有效能的父母，除了要認真研讀親職教育外，還要參加父母效能訓練課程，明瞭理論實務結合的原理，平日更應用心留意生活周遭成功領導家庭、教養兒女的典範，養成時時學、處處學、用心學的精神，融合理論、實務、優良案例的方法於一身。

【親職格言集】

家庭教育做得好，幸福家庭沒煩惱；
家庭教育若要好，親職教育不可少。

家是全家人的生活重心，更是全家人的避風港。
家在順勢時它備感光彩，逆勢時它更溫馨開懷。

婚姻是終身最重大的事，絕不能兒戲；
親職是一生應盡的天職，絕不可馬虎。

問題與討論

1. 親職教育的意義為何？親職教育的重要性為何？
2. 親職教育的目的與功能為何？
3. 親職教育與家庭教育有何關係？
4. 父母的角色有何重要性？
5. 何謂成功有效能的父母？
6. 成功有效能的父母有何特徵？
7. 何謂偏差行為的父母？
8. 偏差行為的父母有何特徵？
9. 偏差行為的父母如何教養兒女？
10. 父母效能訓練的流程為何？
11. 如何邁向成功、快樂、有效能的父母？

參考文獻

中文部分

大前研一（2011）。**一個人的經濟**。台北市：天下文化。

內政部入出國及移民署（2012）。**我國人與外籍人士結婚統計**。取自 http://www.immigration.gov.tw/public/Attachment/2724938457.xls

內政部戶政司（2012a）。**縣市人口數按性別及年齡**。取自 http://www.ris.gov.tw/346

內政部戶政司（2012b）。**總生育率及出生數**。取自 http://www.ris.gov.tw/346

內政部戶政司（2012c）。**結婚平均年齡**。取自 http://www.ris.gov.tw/346

內政部戶政司（2012d）。**結婚年齡中位數及平均數（按發生）**。取自 http://www.ris.gov.tw/346

內政部戶政司（2012e）。**年底人口按性別及年齡**。取自 http://www.ris.gov.tw/346

內政部戶政司（2012f）。**結婚對數及粗結婚率（按登記）**。取自 http://www.ris.gov.tw/346

內政部戶政司（2012g）。**離婚對數及粗離婚率（按登記）**。取自 http://www.ris.gov.tw/346

內政部戶政司（2012h）。**離婚對數按離婚方式（按發生）**。取自 http://www.ris.gov.tw/346

內政部戶政司（2012i）。**縣市結、離婚及結婚次數（按發生）**。取自 http://www.ris.gov.tw/346

內政部戶政司（2012j）。**離婚對數按結婚期間（按發生）**。取自 http://www.ris.gov.tw/346

內政部戶政司（2012k）。**結婚對數、初（再）婚人數（按發生）**。取自 http://www.ris.gov.tw/346

內政部戶政司（2012l）。**百年人口歷年資料**。取自 http://www.ris.gov.tw/346

內政部統計處（2012）。**100 年婦女生活狀況調查報告**。取自 http://sowf.moi.gov.tw/stat/Survey/100%E5%B9%B4%E5%A9%A6%E5%A5%B3%E7%94%9F%E6%B4%BB%E7%8B%80%E6%B3%81%E8%AA%BF%E6%9F%A5%E6%91%91

98%E8%A6%81%E5%88%86%E6%9E%90.doc

王以仁（2010）。**婚姻與家庭**。台北市：心理。

王玲惠（2012）。**自主和親密的張力**。取自 http://www.team.tw/ccg/docs/wang2011-1.pdf

王淑芬（2007）。**從女性主義觀點看成年懷孕女性性別角色發展歷程之研究**（未出版之碩士論文）。私立東吳大學，台北市。

王鍾和（2009）。**親職教育**。台北市：三民。

王釋真（2011）。**研究發現 單身者壽命較短**。取自 http://www.worldpeoplenews.com/news/9/2011-08/15550

史倩玲（2011）**成人未婚懷孕缺乏輔導資源**。取自 http://www2.tku.edu.tw/～tfstnet/index.php? node=latest&content_id=328

朱瑞玲、章英華（2001，7月28日）。**華人社會的家庭倫理與家人互動：文化及社會的變遷效果**。發表於「華人家庭動態資料庫」學術研討會。台北市：中央研究院經濟研究所。

江亮演（2008）。**婚姻與家庭**。台北市：松慧。

行政院主計處（2011a）。**99年人口及住宅普查初步統計結果提要分析**。取自 http://www.dgbas.gov.tw/public/attachment/111171361171.pdf

行政院主計處（2011b）。**社會指標統計年報**。取自 http://www.dgbas.gov.tw/public/Attachment/27311315171.xls

利翠珊（2006）。華人婚姻韌性的形成與變化：概念釐清與理論建構。**本土心理學研究，25**，101-137。

吳秀敏（2003）。**小家庭新婚妻子角色轉換之心路歷程**（未出版之碩士論文）。國立嘉義大學，嘉義縣。

吳昱庭（2000）。**同居伴侶家庭的生活與空間：異性戀vs.男同性戀同居伴侶的比較分析**（未出版之碩士論文）。國立台灣大學，台北市。

吳就君（2000）。**婚姻與家庭**（第二版）。台北市：華騰文化。

吳就君（譯）（1994）。**家庭如何塑造人**（原作者：V. Satir）。台北市：張老師文化。

吳就君、鄭玉英（1993）。**家庭與婚姻諮商**。新北市：國立空中大學。

李美枝（1994）。**心理學**。新北市：國立空中大學。

李釧如、趙君綺（2011）。**10分鐘搞定「一個人商機」**。取自 http://www.30.

com.tw/Board/print.aspx? go=2649

周月清（2001）。**家庭社會工作：理論與方法**。台北市：五南。

周玉慧、張思嘉、黃宗堅（2008）。新婚夫妻的婚姻適應：概念測量與模式檢驗。**中華心理學刊，50**（4），425-446。

周麗端、吳明燁、唐先梅、李淑娟（1999）。**婚姻與家人關係**。新北市：國立空中大學。

林仁和、黃永明（2009）。**情緒管理**。台北市：心理。

林玉英（2010）。**「缺角的甜蜜家庭」：成年未婚單親媽媽母職經驗之研究**（未出版之碩士論文）。國立屏東科技大學，屏東縣。

林如萍（2001）。家庭生活教育：婚姻教育議題。載於中華民國家庭教育學會（主編），**家庭生活教育**。台北市：師大書苑。

林如萍（2003）。婚前教育方案之發展：以「遇見幸福」婚前教育活動為例分析。載於中華民國家庭教育學會（主編），**家庭教育的新紀元**。台北市：師大書苑。

林如萍（2007）。**結婚不必靠運氣：婚姻教育民眾自學手冊**。台北市：教育部。

林如萍（主編）（2002）。**婚前教育手冊：交友篇**。台北市：教育部。

林佳蓉、林佳勳（2010）。**家庭教育**。台北市：啟英。

林明良（2006）。**中年男性教師空巢期生活經驗之研究**（未出版之碩士論文）。國立嘉義大學，嘉義市。

林貞岑（2006）。女人30的抉擇：網路大調查。**康健雜誌，2006 年女人專刊**。

林敏宜、林秀慧、謝依蓉、車 薇、邱書璇（1998）。**親職教育：**台北市：啟英。

林朝鳳（1994）。**幼兒教育原理**。台北市：復文。

林菊枝（1976）。**婚姻與家庭**。台北市：正中。

林進材（1995）。**成長路上親子行**。台北市：商鼎。

武瑢穎（2002）。**親職教育**。台北市：啟英。

邱書璇、林秀慧、謝依蓉、林敏宜、車 薇（2010）。**親職教育**。台北市：啟英。

徐光國（2000）。**婚姻與家庭**。台北市：揚智。

翁桓盛（2006）。**婚姻與親職教育**。台北市：心理。

翁桓盛（2012）。**親職教育**。台北市：心理。

婦女救援基金會（2006）。**未婚同居的愛與痛**。台北市：作者。

張老師月刊（1984 年 3 月）。**大專生的擇偶觀**。台北市：張老師文化。

張思嘉（2001）。新婚早期的適應歷程：新婚夫妻之質性研究。**本土心理學研究，16，**110。

張春興（1989）。**張氏心理學辭典**。台北市：東華。

許天威（1985）。**行為改變技術的理論與應用**。台北市：復文。

許連高（譯）（1991）。**同居**（原作者：M. Dewevre-Fourcade）。台北市：遠流。

陳怡安（1984）。**積極自我的開拓**。台北市：三民。

陳若琳（2005）。解構新世代的家人關係。**杏陵天地，14**（5），4-6。

陳雅慧（2006）。**未婚男女參加婚前教育經驗探討：以交友階段方案參與者為例**（未出版之碩士論文）。國立台灣師範大學，台北市。

陳麗欣、翁福元、許維素、林志忠（2000）。我國隔代教養家庭現況之分析。**成人教育通訊，4，**51-66。

彭駕騂（1994）。**婚姻輔導**。台北市：巨流。

彭懷真（1996）。**男人難人**。台北市：平氏。

彭懷真（2003）。**婚姻與家庭**。台北市：巨流。

彭懷真（譯）（1985）。**為什麼要結婚**（原作者：D. Knox）。台北市：允晨。

曾端真（1991）。家族治療理論與實施。**諮商與輔導，88，**33-37。

陽　琪、陽　琬（1995）。**婚姻與家庭**。台北市：桂冠。

黃　慈（2003）。代間關係的發展與適應。載於黃富順、陳如山、黃慈（編著），**成人發展與適應**（頁 293-316）。新北市：國立空中大學。

黃迺毓（1998）。**家庭教育**。台北市：五南。

黃迺毓（2001）。家庭的意義與功能。載於黃迺毓、林如萍、唐先梅、陳芳茹（編著），**家庭概論**（頁 2-19）。新北市：國立空中大學。

黃迺毓、林如萍、鄭淑子（2000）。**婚前教育需求與方案規劃之研究**。教育部專案計畫。

黃迺毓、林如萍、唐先梅、陳芳茹（2001）。**家庭概論**。新北市：國立空中大學。

黃迺毓、黃馨慧、蘇雪玉、唐先梅、李淑娟（1995）。**家庭概論**。新北市：國

立空中大學。

黃維仁（2012）。**親密之旅**。台北市：愛家基金會。

黃德祥（1994）。**青少年發展與輔導**。台北市：五南。

黃慧真（譯）（1994）。**發展心理學**（原作者：D. E. Papalia & S. W. Olds）。台北市：桂冠。

楊文山（2007）。**年輕人為什麼不結婚：台灣社會未來的婚姻趨勢研究**。取自 http://www.yct.com.tw/life/97drum/97drum14.pdf

楊志良（2012）。**台灣大崩壞**。台北市：天下文化。

楊淑君（2003）。**新婚階段個人角色轉換之經驗調適**（未出版之碩士論文）。國立台北師範學院，台北市。

楊靜利、李大正、陳寬政（2006）。台灣傳統婚配空間的變化與婚姻行為之變遷。**人口學刊，33**（1），32。

葉高芳（1980）。**婚前準備與輔導：給未婚男女、師長和輔導員**。台北市：道聲。

葉肅科（2000）。**一樣的婚姻多樣的家庭**。台北市：學富。

蔡文輝（1998）。**家庭社會學**。台北市：五南。

薛承泰、劉美惠（1998）。單親家庭研究在台灣。**社區發展季刊，84**，31-38。

謝文全（2004）。**教育行政學**。台北市：高等教育。

謝秀芬（1986）。**家庭與家庭服務**。台北市：五南。

謝繼昌（1984）。中國家庭在現代化中的角色。**國立台灣大學考古人類學刊，44**，1-13。

簡春安（1996）。**婚姻與家庭**。新北市：國立空中大學。

藍采風（1996）。**婚姻與家庭**。台北市：幼獅。

蘇麗智、阮玉梅、胡月娟、李引玉、羅筱芬、張淑珍、林明珍（2006）。**最新護理學導論**。台北市：華杏。

英文部分

Abercrombie, N., Hill, S., & Turner, B. S. (1994). *Dictionary of sociology*. London, UK: Penguin Books.

Becker, G. S. (1991). *A treatise to the family*. Cambridge, MA: Harvard University Press.

Calhoun, C. J., Light, D., & Keller, S. C. (1996). *Sociology*. New York, NY: McGraw-Hill.

Clapp, G. (1922). *Divorce & new beginning*. Canada: John Willey &Sons.

Davidson, J. K., & Moore, N. B. (1992). *Marriage & family*. Dubuque, IA: Wm. C. Brown.

Duvall, E. M. (1974). *Marriage and family development*. NY: Lippincott.

Garrett, W. R. (1982). *Seasons of marriage and family life*. NY: CBS College.

Goldenberg, I., & Goldenberg, H. (1991). *Family therapy*. NY: Brooks/Cole.

Goodman, N. (1993). *Marriage and the family*. UK: Harper Collins.

Hill, C. T. (1989). *Attitude to love, in A. Campbell, The Opposite Sex*. Topsfield, MA: Salem House.

Klinenberg, E. (2012). *Going solo: The extraordinary rise and surprising appeal of living alone*. New York, NY: Penguin Press.

Kostelnik, M. J., Stein, L. C., Whiren, A. P., & Soderman, A. K. (1998). *Guiding children's social development*. Cincinnati, OH: South-Western Publishing.

Lamanna, M. A., & Riedmann, A. (2000). *Marriages & families: Making choices in a diverse society*. New York, NY: Wadsworth.

Larson, J. H. (2006). The verdict on cohabitation vs. marriage. *Marriage & Family*.

Lewis, C., Papacosta, A., & Jo, W. (2008). *Cohabitation, separation and fatherhood*. UK: Joseph Rowntree Foundation.

Macionis, J. J. (1993). *Sociology*. NJ: Prentice-Hall.

Miller, J., & Moore, K. A. (1990). Adolescent sexual behavior, pregnancy and parenting. *Journal of Marriage and the Family*.

Murstein, B. I. (1986). *Paths to marriage*. London, UK: Sage.

Nicole, F., & Baldwin, C. (1995). Cohabitation as a development stage: Implications for mental health counseling. *Journal of Mental Health Counseling, 17*, 4.

Noller, P., & Feeney, J. A. (2006). *Close relationships: Function, forms, and process*. New York, NY: Psychology Press.

Olson, D. H., Sprenkle, D. H., & Russell, C. (1993). *Circumplex model: Systemic assessment & treatment of families*. New York, NY: Haworth.

Olson, D., & DeFrain, J. (2003). *Marriages and families: Intimacy, diversity and strengths* (4th ed.). New York, NY: McGraw-Hill.

Orthner, D. K. (1981). *Intimate relationship: An introduction to marriage and the family*.

NY: Addison-Wesley.

Popenoe, D. (1993). American family decline, 1960-1990: A review and appraisal. *Journal of Marriage and Family, 55*, 527-555.

Reiss, I. (1986). *Journey into sexuality: An exploratory voyage.* Englewood Cliffs, NJ: Prentice-Hall.

Robbins, S. P. (2001). *Organizational behavior* (10th ed.). Upper Sadle River, NJ: Prentice-Hall.

Schaffer, R. T., & Lamm, R. P. (2001). *Sociology.* New York, NY: McGraw-Hill.

Smart, C., & Stevens, P. (2008). *Cohabiting parents' experience of relationships and separation.* UK: Joseph Rowntree Foundation.

Stephens, W. N. (1963). *The family in cross-cultural perspective.* New York, NY: Holt, Rinehart and Winston.

Sullivan, T. J. (1997). *Introduction to social problems* (pp.18-115). NJ: Allyn & Bacon.

Tallman, I. (1993). Theoretical issues in researching problem solving in families. *Marriage & Family Review, 18*, 155-163.

Wallerstein, J. S., & Blackeslee, S. (1989). *Second chances: Men, women, and children: A decade after divorce.* New York, NY: Ticknor & Fields.

附錄一　家庭教育法

1. 中華民國 92 年 2 月 6 日總統華總一義字第 09200017680 號令制定公布全文 20 條；並自公布日施行
2. 中華民國 99 年 5 月 19 日總統華總一義字第 09900123181 號令修正公布第 2 條條文
3. 中華民國 100 年 12 月 28 日總統華總一義字第 10000291431 號令修正公布第 2、14、15 條條文

第　1　條　為增進國民家庭生活知能，健全國民身心發展，營造幸福家庭，以建立祥和社會，特制定本法；本法未規定者，適用其他有關法律之規定。

第　2　條　本法所稱家庭教育，係指具有增進家人關係與家庭功能之各種教育活動，其範圍如下：
　　　　　一、親職教育。
　　　　　二、子職教育。
　　　　　三、性別教育。
　　　　　四、婚姻教育。
　　　　　五、失親教育。
　　　　　六、倫理教育。
　　　　　七、家庭資源與管理教育。
　　　　　八、其他家庭教育事項。

第　3　條　本法所稱主管機關：在中央為教育部；在直轄市為直轄市政府；在縣（市）為縣（市）政府。
　　　　　本法涉及各目的事業主管機關職掌時，各該機關應配合辦理。

第　4　條　中央主管機關掌理下列事項：
　　　　　一、家庭教育法規及政策之研訂事項。
　　　　　二、推展家庭教育工作之研究及發展事項。
　　　　　三、推展全國性家庭教育工作之策劃、委辦及督導事項。
　　　　　四、推展全國性家庭教育工作之獎助及評鑑事項。
　　　　　五、家庭教育專業人員之職前及在職訓練事項。
　　　　　六、家庭教育之宣導及推展事項。
　　　　　七、推展國際家庭教育業務之交流及合作事項。
　　　　　八、其他全國性家庭教育之推展事項。

第　5　條　直轄市、縣（市）主管機關掌理下列事項：
　　　　　一、推展地方性家庭教育之策劃、辦理及督導事項。
　　　　　二、所屬學校、機構等辦理家庭教育工作之獎助及評鑑事項。
　　　　　三、家庭教育志願工作人員之在職訓練事項。

四、推展地方與國際家庭教育業務之交流及合作事項。

五、其他地方性家庭教育之推展事項。

第 6 條　各級主管機關應遴聘（派）學者專家、機關、團體代表組成家庭
教育諮詢委員會，其任務如下：

一、提供有關家庭教育政策及法規興革之意見。

二、協調、督導及考核有關機關、團體推展家庭教育之事項。

三、研訂實施家庭教育措施之發展方向。

四、提供家庭教育推展策略、方案、計畫等事項之意見。

五、提供家庭教育課程、教材、活動之規劃、研發等事項之意見。

六、提供推展家庭教育機構提高服務效能事項之意見。

七、其他有關推展家庭教育之諮詢事項。

前項家庭教育諮詢委員會之委員遴選、組織及運作方式，由各級
主管機關定之。

第 7 條　直轄市、縣（市）主管機關應遴聘家庭教育專業人員，設置家庭
教育中心，並結合教育、文化、衛生、社政、戶政、勞工、新聞
等相關機關或單位、學校及大眾傳播媒體辦理下列事項：

一、各項家庭教育推廣活動。

二、志願工作人員人力資源之開發、培訓、考核等事項。

三、國民之家庭教育諮詢及輔導事項。

四、其他有關家庭教育推展事項。

前項家庭教育專業人員之資格、遴聘及培訓辦法，由中央主管機
關定之。

第一項家庭教育中心之組織規程，由各級主管機關定之。

本法公布施行前，各直轄市、縣（市）政府依規定已進用之家庭
教育中心專業人員，經主管機關認定為績優並符合第二項專業人
員資格者，得依業務需要優先聘用之。

第 8 條　推展家庭教育之機構、團體如下：

一、家庭教育中心。

二、各級社會教育機構。

三、各級學校。

四、各類型大眾傳播機構。

五、其他與家庭教育有關之公私立機構或團體。

第 9 條　推展家庭教育機構、團體得徵訓志願工作人員，協助家庭教育之
推展。

第 10 條　各級主管機關應對推展家庭教育之專業人員、行政人員及志願工
作人員，提供各種進修課程或訓練；其課程或訓練內容、由各該
主管機關定之。

第 11 條　家庭教育之推展，以多元、彈性、符合終身學習為原則，依其對
　　　　　象及實際需要，得採演講、座談、遠距教學、個案輔導、自學、
　　　　　參加成長團體及其他方式為之。

第 12 條　高級中等以下學校每學年應在正式課程外實施四小時以上家庭教
　　　　　育課程及活動，並應會同家長會辦理親職教育。
　　　　　各級主管機關應積極鼓勵師資培育機構，將家庭教育相關課程列
　　　　　為必修科目或通識教育課程。

第 13 條　中央主管機關得視需要研訂優先接受家庭教育服務之對象及措施
　　　　　並推動之；必要時，得委託直轄市、縣（市）主管機關或推展家
　　　　　庭教育機構、團體辦理。
　　　　　前項優先對象及推動措施之方式，由中央主管機關定之。

第 14 條　直轄市、縣（市）主管教育行政機關應針對適婚男女及未成年之
　　　　　懷孕婦女，提供四小時以上家庭教育課程，以培養正確之婚姻觀
　　　　　念，促進家庭美滿；必要時，得研訂獎勵措施，鼓勵前揭人員參
　　　　　加。

第 15 條　高級中等以下學校於學生有重大違規事件或特殊行為，應即通知
　　　　　其家長或監護人及實際照顧學生之人；並提供相關家庭教育諮商
　　　　　或輔導之課程；其內容、時數、家長參與、家庭訪問及其他相關
　　　　　事項之辦法，由該管主管機關定之。
　　　　　家長或監護人及實際照顧學生之人被通知參與相關家庭教育諮商
　　　　　或輔導之課程，經書面通知三次以上未出席者，該管主管機關得
　　　　　委託推展家庭教育機構、團體進行訪視。
　　　　　該管主管機關所屬或受其委託之機構、團體進行訪視時，學生之
　　　　　家長或監護人及實際照顧學生之人、師長或其他有關之人應予配
　　　　　合或提供相關資料；必要時，該管主管機關並得請求其他相關機
　　　　　關或機構協助，被請求之機關或機構應予配合。
　　　　　前項受委託之機構、團體或進行訪視之人員，因職務上所知悉個
　　　　　案之秘密或隱私及所製作或持有之相關文書，應予保密，非有正
　　　　　當理由，不得洩漏或公開。

第 16 條　中央主管機關得委託相關機構、學校，進行各類家庭教育課程、
　　　　　教材之研發。

第 17 條　各級主管機關應寬籌家庭教育經費，並於教育經費預算內編列專
　　　　　款，積極推展家庭教育。

第 18 條　各級主管機關應研訂獎助事項，鼓勵公私立學校及機構、團體、
　　　　　私人辦理推展家庭教育之工作。

第 19 條　本法施行細則，由中央主管機關定之。

第 20 條　本法自公布日施行。

附錄二　家庭暴力防治法

1. 中華民國 87 年 6 月 24 日總統（87）華總（一）義字第 8700122820 號令制定公布全文 54 條；本法自公布日施行，第二章至第四章、第五章第四十條、第四十一條、第六章自公布後一年施行
2. 中華民國 96 年 3 月 28 日總統華總一義字第 09600037771 號令修正公布全文 66 條；並自公布日施行
3. 中華民國 97 年 1 月 9 日總統華總一義字第 09700002251 號令修正公布第 10 條條文
4. 中華民國 98 年 4 月 22 日總統華總一義字第 09800097681 號令修正公布第 50 條條文
5. 中華民國 98 年 4 月 29 日總統華總一義字第 09800105851 號令修正公布第 58 條條文

第 一 章　通則

第 1 條　為防治家庭暴力行為及保護被害人權益，特制定本法。

第 2 條　本法用詞定義如下：
一、家庭暴力：指家庭成員間實施身體或精神上不法侵害之行為。
二、家庭暴力罪：指家庭成員間故意實施家庭暴力行為而成立其他法律所規定之犯罪。
三、騷擾：指任何打擾、警告、嘲弄或辱罵他人之言語、動作或製造使人心生畏怖情境之行為。
四、跟蹤：指任何以人員、車輛、工具、設備或其他方法持續性監視、跟追之行為。
五、加害人處遇計畫：指對於加害人實施之認知教育輔導、心理輔導、精神治療、戒癮治療或其他輔導、治療。

第 3 條　本法所定家庭成員，包括下列各員及其未成年子女：
一、配偶或前配偶。
二、現有或曾有同居關係、家長家屬或家屬間關係者。
三、現為或曾為直系血親或直系姻親。
四、現為或曾為四親等以內之旁系血親或旁系姻親。

第 4 條　本法所稱主管機關：在中央為內政部；在直轄市為直轄市政府；在縣（市）為縣（市）政府。

第 5 條　中央主管機關應辦理下列事項：
一、研擬家庭暴力防治法規及政策。
二、協調、督導有關機關家庭暴力防治事項之執行。

三、提高家庭暴力防治有關機構之服務效能。

四、督導及推展家庭暴力防治教育。

五、協調被害人保護計畫及加害人處遇計畫。

六、協助公立、私立機構建立家庭暴力處理程序。

七、統籌建立、管理家庭暴力電子資料庫，供法官、檢察官、警察、醫師、護理人員、心理師、社會工作人員及其他政府機關使用，並對被害人之身分予以保密。

八、協助地方政府推動家庭暴力防治業務，並提供輔導及補助。

九、其他家庭暴力防治有關事項。

中央主管機關辦理前項事項，應遴聘（派）學者專家、民間團體及相關機關代表提供諮詢，其中學者專家、民間團體代表之人數，不得少於總數二分之一；且其女性代表人數不得少於總數二分之一。

第一項第七款規定電子資料庫之建立、管理及使用辦法，由中央主管機關定之。

第　6　條　中央主管機關為加強推動家庭暴力及性侵害相關工作，得設置家庭暴力及性侵害防治基金；其收支保管及運用辦法，由行政院定之。

第　7　條　直轄市、縣（市）主管機關為協調、研究、審議、諮詢、督導、考核及推動家庭暴力防治工作，應設家庭暴力防治委員會；其組織及會議事項，由直轄市、縣（市）主管機關定之。

第　8　條　直轄市、縣（市）主管機關應整合所屬警政、教育、衛生、社政、民政、戶政、勞工、新聞等機關、單位業務及人力，設立家庭暴力防治中心，並協調司法相關機關，辦理下列事項：

一、提供二十四小時電話專線服務。

二、提供被害人二十四小時緊急救援、協助診療、驗傷、採證及緊急安置。

三、提供或轉介被害人心理輔導、經濟扶助、法律服務、就學服務、住宅輔導，並以階段性、支持性及多元性提供職業訓練與就業服務。

四、提供被害人及其未成年子女短、中、長期庇護安置。

五、轉介被害人身心治療及諮商。

六、轉介加害人處遇及追蹤輔導。

七、追蹤及管理轉介服務案件。

八、推廣各種教育、訓練及宣導。

九、其他家庭暴力防治有關之事項。

前項中心得與性侵害防治中心合併設立，並應配置社工、警察、衛生及其他相關專業人員；其組織，由直轄市、縣（市）主管機關定之。

第 二 章　民事保護令

第 一 節　聲請及審理

第　9　條　民事保護令（以下簡稱保護令）分為通常保護令、暫時保護令及緊急保護令。

第　10　條　被害人得向法院聲請通常保護令、暫時保護令；被害人為未成年人、身心障礙者或因故難以委任代理人者，其法定代理人、三親等以內之血親或姻親，得為其向法院聲請之。

　　　　　檢察官、警察機關或直轄市、縣（市）主管機關得向法院聲請保護令。

　　　　　保護令之聲請、撤銷、變更、延長及抗告，均免徵裁判費，並準用民事訴訟法第七十七條之二十三第四項規定。

第　11　條　保護令之聲請，由被害人之住居所地、相對人之住居所地或家庭暴力發生地之法院管轄。

第　12　條　保護令之聲請，應以書面為之。但被害人有受家庭暴力之急迫危險者，檢察官、警察機關或直轄市、縣（市）主管機關，得以言詞、電信傳真或其他科技設備傳送之方式聲請緊急保護令，並得於夜間或休息日為之。

　　　　　前項聲請得不記載聲請人或被害人之住居所，僅記載其送達處所。

　　　　　法院為定管轄權，得調查被害人之住居所。經聲請人或被害人要求保密被害人之住居所，法院應以秘密方式訊問，將該筆錄及相關資料密封，並禁止閱覽。

第　13　條　聲請保護令之程式或要件有欠缺者，法院應以裁定駁回之。但其情形可以補正者，應定期間先命補正。

　　　　　法院得依職權調查證據，必要時得隔別訊問。

　　　　　前項隔別訊問，必要時得依聲請或依職權在法庭外為之，或採有聲音及影像相互傳送之科技設備或其他適當隔離措施。

　　　　　被害人得於審理時，聲請其親屬或個案輔導之社工人員、心理師陪同被害人在場，並得陳述意見。

　　　　　保護令事件之審理不公開。

法院於審理終結前，得聽取直轄市、縣（市）主管機關或社會福利機構之意見。

保護令事件不得進行調解或和解。

法院受理保護令之聲請後，應即行審理程序，不得以當事人間有其他案件偵查或訴訟繫屬為由，延緩核發保護令。

第 14 條　法院於審理終結後，認有家庭暴力之事實且有必要者，應依聲請或依職權核發包括下列一款或數款之通常保護令：

一、禁止相對人對於被害人或其特定家庭成員實施家庭暴力。

二、禁止相對人對於被害人為騷擾、接觸、跟蹤、通話、通信或其他非必要之聯絡行為。

三、命相對人遷出被害人之住居所；必要時，並得禁止相對人就該不動產為使用、收益或處分行為。

四、命相對人遠離下列場所特定距離：被害人之住居所、學校、工作場所或其他被害人或其特定家庭成員經常出入之特定場所。

五、定汽車、機車及其他個人生活上、職業上或教育上必需品之使用權；必要時，並得命交付之。

六、定暫時對未成年子女權利義務之行使或負擔，由當事人之一方或雙方共同任之、行使或負擔之內容及方法；必要時，並得命交付子女。

七、定相對人對未成年子女會面交往之時間、地點及方式；必要時，並得禁止會面交往。

八、命相對人給付被害人住居所之租金或被害人及其未成年子女之扶養費。

九、命相對人交付被害人或特定家庭成員之醫療、輔導、庇護所或財物損害等費用。

十、命相對人完成加害人處遇計畫。

十一、命相對人負擔相當之律師費用。

十二、禁止相對人查閱被害人及受其暫時監護之未成年子女戶籍、學籍、所得來源相關資訊。

十三、命其他保護被害人或其特定家庭成員之必要命令。

法院為前項第十款之裁定前，得命相對人接受有無必要施以處遇

計畫之鑑定。

第 15 條 通常保護令之有效期間為一年以下，自核發時起生效。

通常保護令失效前，法院得依當事人或被害人之聲請撤銷、變更或延長之。延長之期間為一年以下，並以一次為限。

通常保護令所定之命令，於期間屆滿前經法院另為裁判確定者，該命令失其效力。

第 16 條 法院核發暫時保護令或緊急保護令，得不經審理程序。

法院為保護被害人，得於通常保護令審理終結前，依聲請核發暫時保護令。

法院核發暫時保護令或緊急保護令時，得依聲請或依職權核發第十四條第一項第一款至第六款、第十二款及第十三款之命令。

法院於受理緊急保護令之聲請後，依聲請人到庭或電話陳述家庭暴力之事實，足認被害人有受家庭暴力之急迫危險者，應於四小時內以書面核發緊急保護令，並得以電信傳真或其他科技設備傳送緊急保護令予警察機關。

聲請人於聲請通常保護令前聲請暫時保護令或緊急保護令，其經法院准許核發者，視為已有通常保護令之聲請。

暫時保護令、緊急保護令自核發時起生效，於聲請人撤回通常保護令之聲請、法院審理終結核發通常保護令或駁回聲請時失其效力。

暫時保護令、緊急保護令失效前，法院得依當事人或被害人之聲請或依職權撤銷或變更之。

第 17 條 命相對人遷出被害人住居所或遠離被害人之保護令，不因被害人同意相對人不遷出或不遠離而失其效力。

第 18 條 保護令除緊急保護令外，應於核發後二十四小時內發送當事人、被害人、警察機關及直轄市、縣（市）主管機關。

直轄市、縣（市）主管機關應登錄法院所核發之保護令，並供司法及其他執行保護令之機關查閱。

第 19 條 法院應提供被害人或證人安全出庭之環境與措施。

直轄市、縣（市）主管機關應於所在地地方法院自行或委託民間團體設置家庭暴力事件服務處所，法院應提供場所、必要之軟硬體設備及其他相關協助。但離島法院有礙難情形者，不在此限。

第 20 條 關於保護令之裁定，除有特別規定者外，得為抗告。

保護令之程序，除本章別有規定外，準用非訟事件法有關規定；非訟事件法未規定者，準用民事訴訟法有關規定。

第二節　執行

第　21　條　保護令核發後，當事人及相關機關應確實遵守，並依下列規定辦
理：
一、不動產之禁止使用、收益或處分行為及金錢給付之保護令，
得為強制執行名義，由被害人依強制執行法聲請法院強制執
行，並暫免徵收執行費。
二、於直轄市、縣（市）主管機關所設處所為未成年子女會面交
往，及由直轄市、縣（市）主管機關或其所屬人員監督未成
年子女會面交往之保護令，由相對人向直轄市、縣（市）主
管機關申請執行。
三、完成加害人處遇計畫之保護令，由直轄市、縣（市）主管機
關執行之。
四、禁止查閱相關資訊之保護令，由被害人向相關機關申請執行。
五、其他保護令之執行，由警察機關為之。
前項第二款及第三款之執行，必要時得請求警察機關協助之。

第　22　條　警察機關應依保護令，保護被害人至被害人或相對人之住居所，
確保其安全占有住居所、汽車、機車或其他個人生活上、職業上
或教育上必需品。
前項汽車、機車或其他個人生活上、職業上或教育上必需品，相
對人應依保護令交付而未交付者，警察機關得依被害人之請求，
進入住宅、建築物或其他標的物所在處所解除相對人之占有或扣
留取交被害人。

第　23　條　前條所定必需品，相對人應一併交付有關證照、書據、印章或其
他憑證而未交付者，警察機關得將之取交被害人。
前項憑證取交無著時，其屬被害人所有者，被害人得向相關主管
機關申請變更、註銷或補行發給；其屬相對人所有而為行政機關
製發者，被害人得請求原核發機關發給保護令有效期間之代用憑
證。

第　24　條　義務人不依保護令交付未成年子女時，權利人得聲請警察機關限
期命義務人交付，屆期未交付者，命交付未成年子女之保護令得
為強制執行名義，由權利人聲請法院強制執行，並暫免徵收執行
費。

第　25　條　義務人不依保護令之內容辦理未成年子女之會面交往時，執行機
關或權利人得依前條規定辦理，並得向法院聲請變更保護令。

第　26　條　當事人之一方依第十四條第一項第六款規定取得暫時對未成年子

女權利義務之行使或負擔者，得持保護令逕向戶政機關申請未成年子女戶籍遷徙登記。

第 27 條　當事人或利害關係人對於執行保護令之方法、應遵行之程序或其他侵害利益之情事，得於執行程序終結前，向執行機關聲明異議。

前項聲明異議，執行機關認其有理由者，應即停止執行並撤銷或更正已為之執行行為；認其無理由者，應於十日內加具意見，送原核發保護令之法院裁定之。

對於前項法院之裁定，不得抗告。

第 28 條　外國法院關於家庭暴力之保護令，經聲請中華民國法院裁定承認後，得執行之。

當事人聲請法院承認之外國法院關於家庭暴力之保護令，有民事訴訟法第四百零二條第一項第一款至第三款所列情形之一者，法院應駁回其聲請。

外國法院關於家庭暴力之保護令，其核發地國對於中華民國法院之保護令不予承認者，法院得駁回其聲請。

第三章　刑事程序

第 29 條　警察人員發現家庭暴力罪之現行犯時，應逕行逮捕之，並依刑事訴訟法第九十二條規定處理。

檢察官、司法警察官或司法警察偵查犯罪認被告或犯罪嫌疑人犯家庭暴力罪或違反保護令罪嫌疑重大，且有繼續侵害家庭成員生命、身體或自由之危險，而情況急迫者，得逕行拘提之。

前項拘提，由檢察官親自執行時，得不用拘票；由司法警察官或司法警察執行時，以其急迫情形不及報請檢察官者為限，於執行後，應即報請檢察官簽發拘票。如檢察官不簽發拘票時，應即將被拘提人釋放。

第 30 條　檢察官、司法警察官或司法警察依前條第二項、第三項規定逕行拘提或簽發拘票時，應審酌一切情狀，尤應注意下列事項：

一、被告或犯罪嫌疑人之暴力行為已造成被害人身體或精神上傷害或騷擾，不立即隔離者，被害人或其家庭成員生命、身體或自由有遭受侵害之危險。

二、被告或犯罪嫌疑人有長期連續實施家庭暴力或有違反保護令之行為、酗酒、施用毒品或濫用藥物之習慣。

三、被告或犯罪嫌疑人有利用兇器或其他危險物品恐嚇或施暴行於被害人之紀錄，被害人有再度遭受侵害之虞者。

四、被害人為兒童、少年、老人、身心障礙或具有其他無法保護

自身安全之情形。

第 31 條　家庭暴力罪或違反保護令罪之被告經檢察官或法院訊問後，認無羈押之必要，而命具保、責付、限制住居或釋放者，得附下列一款或數款條件命被告遵守：

一、禁止實施家庭暴力。

二、禁止對被害人為騷擾、接觸、跟蹤、通話、通信或其他非必要之聯絡行為。

三、遷出被害人之住居所。

四、遠離下列場所特定距離：被害人之住居所、學校、工作場所或其他被害人或其特定家庭成員經常出入之特定場所。

五、其他保護被害人或其特定家庭成員安全之事項。

前項所附條件有效期間自具保、責付、限制住居或釋放時起生效，至刑事訴訟終結時為止，最長不得逾一年。

檢察官或法院得依當事人之聲請或依職權撤銷或變更依第一項規定所附之條件。

第 32 條　被告違反檢察官或法院依前條第一項規定所附之條件者，檢察官或法院得撤銷原處分，另為適當之處分；如有繳納保證金者，並得沒入其保證金。

被告違反檢察官或法院依前條第一項第一款所定應遵守之條件，犯罪嫌疑重大，且有事實足認被告有反覆實施家庭暴力行為之虞，而有羈押之必要者，得依刑事訴訟法第一百零一條之一之規定，偵查中檢察官得聲請法院羈押之；審判中法院得命羈押之。

第 33 條　第三十一條及前條第一項規定，於羈押中之被告，經法院裁定停止羈押者，準用之。

停止羈押之被告違反法院依前項規定所附之條件者，法院於認有羈押必要時，得命再執行羈押。

第 34 條　檢察官或法院為第三十一條第一項及前條第一項之附條件處分或裁定時，應以書面為之，並送達於被告及被害人。

第 35 條　警察人員發現被告違反檢察官或法院依第三十一條第一項、第三十三條第一項規定所附之條件者，應即報告檢察官或法院。第二十九條規定，於本條情形，準用之。

第 36 條　對被害人之訊問或詰問，得依聲請或依職權在法庭外為之，或採取適當隔離措施。

第 37 條　對於家庭暴力罪或違反保護令罪案件所為之起訴書、不起訴處分書、緩起訴處分書、撤銷緩起訴處分書、裁定書或判決書，應送

達於被害人。

第 38 條 犯家庭暴力罪或違反保護令罪而受緩刑之宣告者，在緩刑期內應付保護管束。

法院為前項緩刑宣告時，得命被告於付緩刑保護管束期間內，遵守下列一款或數款事項：

一、禁止實施家庭暴力。

二、禁止對被害人為騷擾、接觸、跟蹤、通話、通信或其他非必要之聯絡行為。

三、遷出被害人之住居所。

四、遠離下列場所特定距離：被害人之住居所、學校、工作場所或其他被害人或其特定家庭成員經常出入之特定場所。

五、完成加害人處遇計畫。

六、其他保護被害人或其特定家庭成員安全之事項。

法院依前項第五款規定，命被告完成加害人處遇計畫前，得準用第十四條第二項規定。

法院為第一項之緩刑宣告時，應即通知被害人及其住居所所在地之警察機關。

受保護管束人違反第二項保護管束事項情節重大者，撤銷其緩刑之宣告。

第 39 條 前條規定，於受刑人經假釋出獄付保護管束者，準用之。

第 40 條 檢察官或法院依第三十一條第一項、第三十三條第一項、第三十八條第二項或前條規定所附之條件，得通知直轄市、縣（市）主管機關或警察機關執行之。

第 41 條 法務部應訂定並執行家庭暴力罪或違反保護令罪受刑人之處遇計畫。

前項計畫之訂定及執行之相關人員，應接受家庭暴力防治教育及訓練。

第 42 條 監獄長官應將家庭暴力罪或違反保護令罪受刑人預定出獄之日期或脫逃之事實通知被害人。但被害人之所在不明者，不在此限。

第四章 父母子女

第 43 條 法院依法為未成年子女酌定或改定權利義務之行使或負擔之人時，對已發生家庭暴力者，推定由加害人行使或負擔權利義務不利於該子女。

第 44 條 法院依法為未成年子女酌定或改定權利義務之行使或負擔之人或會面交往之裁判後，發生家庭暴力者，法院得依被害人、未成年

子女、直轄市、縣（市）主管機關、社會福利機構或其他利害關係人之請求，為子女之最佳利益改定之。

第 45 條　法院依法准許家庭暴力加害人會面交往其未成年子女時，應審酌子女及被害人之安全，並得為下列一款或數款命令：

一、於特定安全場所交付子女。

二、由第三人或機關、團體監督會面交往，並得定會面交往時應遵守之事項。

三、完成加害人處遇計畫或其他特定輔導為會面交往條件。

四、負擔監督會面交往費用。

五、禁止過夜會面交往。

六、準時、安全交還子女，並繳納保證金。

七、其他保護子女、被害人或其他家庭成員安全之條件。

法院如認有違背前項命令之情形，或准許會面交往無法確保被害人或其子女之安全者，得依聲請或依職權禁止之。如違背前項第六款命令，並得沒入保證金。

法院於必要時，得命有關機關或有關人員保密被害人或子女住居所。

第 46 條　直轄市、縣（市）主管機關應設未成年子女會面交往處所或委託其他機關（構）、團體辦理。

前項處所，應有受過家庭暴力安全及防制訓練之人員；其設置、監督會面交往與交付子女之執行及收費規定，由直轄市、縣（市）主管機關定之。

第 47 條　法院於訴訟或調解程序中如認為有家庭暴力之情事時，不得進行和解或調解。但有下列情形之一者，不在此限：

一、行和解或調解之人曾受家庭暴力防治之訓練並以確保被害人安全之方式進行和解或調解。

二、准許被害人選定輔助人參與和解或調解。

三、其他行和解或調解之人認為能使被害人免受加害人脅迫之程序。

第五章　預防及處遇

第 48 條　警察人員處理家庭暴力案件，必要時應採取下列方法保護被害人及防止家庭暴力之發生：

一、於法院核發緊急保護令前，在被害人住居所守護或採取其他

　　　　　　保護被害人或其家庭成員之必要安全措施。

　　二、保護被害人及其子女至庇護所或醫療機構。

　　三、告知被害人其得行使之權利、救濟途徑及服務措施。

　　警察人員處理家庭暴力案件，應製作書面紀錄；其格式，由中央警政主管機關定之。

第 49 條　醫事人員、社會工作人員、臨床心理人員、教育人員及保育人員為防治家庭暴力行為或保護家庭暴力被害人之權益，有受到身體或精神上不法侵害之虞者，得請求警察機關提供必要之協助。

第 50 條　醫事人員、社會工作人員、臨床心理人員、教育人員、保育人員、警察人員、移民業務人員及其他執行家庭暴力防治人員，在執行職務時知有疑似家庭暴力情事者，應立即通報當地主管機關，至遲不得逾二十四小時。

　　前項通報之方式及內容，由中央主管機關定之；通報人之身分資料，應予保密。

　　主管機關接獲通報後，應即行處理；必要時得自行或委請其他機關（構）、團體進行訪視、調查。

　　主管機關或受其委請之機關（構）或團體進行訪視、調查時，得請求警察機關、醫療（事）機構、學校或其他相關機關（構）協助，被請求者應予配合。

第 51 條　直轄市、縣（市）主管機關對於撥打依第八條第一項第一款設置之二十四小時電話專線者，於有下列情形之一時，得追查其電話號碼及地址：

　　一、為免除當事人之生命、身體、自由或財產上之急迫危險。

　　二、為防止他人權益遭受重大危害而有必要。

　　三、無正當理由撥打專線電話，致妨害公務執行。

　　四、其他為增進公共利益或防止危害發生。

第 52 條　醫療機構對於家庭暴力之被害人，不得無故拒絕診療及開立驗傷診斷書。

第 53 條　衛生主管機關應擬訂及推廣有關家庭暴力防治之衛生教育宣導計畫。

第 54 條　中央衛生主管機關應訂定家庭暴力加害人處遇計畫規範；其內容包括下列各款：

　　一、處遇計畫之評估標準。

　　二、司法機關、家庭暴力被害人保護計畫之執行機關（構）、加害人處遇計畫之執行機關（構）間之連繫及評估制度。

三、執行機關（構）之資格。

中央衛生主管機關應會同相關機關負責家庭暴力加害人處遇計畫之推動、發展、協調、督導及其他相關事宜。

第 55 條　加害人處遇計畫之執行機關（構）得為下列事項：

一、將加害人接受處遇情事告知司法機關、被害人及其辯護人。

二、調閱加害人在其他機構之處遇資料。

三、將加害人之資料告知司法機關、監獄監務委員會、家庭暴力防治中心及其他有關機構。

加害人有不接受處遇計畫、接受時數不足或不遵守處遇計畫內容及恐嚇、施暴等行為時，加害人處遇計畫之執行機關（構）應告知直轄市、縣（市）主管機關；必要時並得通知直轄市、縣（市）主管機關協調處理。

第 56 條　直轄市、縣（市）主管機關應製作家庭暴力被害人權益、救濟及服務之書面資料，供被害人取閱，並提供醫療機構及警察機關使用。

醫事人員執行業務時，知悉其病人為家庭暴力被害人時，應將前項資料交付病人。

第一項資料，不得記明庇護所之地址。

第 57 條　直轄市、縣（市）主管機關應提供醫療機構、公、私立國民小學及戶政機關家庭暴力防治之相關資料，俾醫療機構、公、私立國民小學及戶政機關將該相關資料提供新生兒之父母、辦理小學新生註冊之父母、辦理結婚登記之新婚夫妻及辦理出生登記之人。

前項資料內容應包括家庭暴力對於子女及家庭之影響及家庭暴力之防治服務。

第 58 條　直轄市、縣（市）主管機關得核發家庭暴力被害人下列補助：

一、緊急生活扶助費用。

二、非屬全民健康保險給付範圍之醫療費用及身心治療、諮商與輔導費用。

三、訴訟費用及律師費用。

四、安置費用、房屋租金費用。

五、子女教育、生活費用及兒童托育費用。

六、其他必要費用。

前項補助對象、條件及金額等事項規定，由直轄市、縣（市）主管機關定之。

家庭暴力被害人年滿二十歲者，得申請創業貸款；其申請資格、

程序、利息補助金額、名額及期限等,由中央目的事業主管機關
定之。

第 59 條　社會行政主管機關應辦理社會工作人員、保母人員、保育人員及
其他相關社會行政人員防治家庭暴力在職教育。

警政主管機關應辦理警察人員防治家庭暴力在職教育。

司法院及法務部應辦理相關司法人員防治家庭暴力在職教育。

衛生主管機關應辦理或督促相關醫療團體辦理醫護人員防治家庭
暴力在職教育。

教育主管機關應辦理學校之輔導人員、行政人員、教師及學生防
治家庭暴力在職教育及學校教育。

第 60 條　各級中小學每學年應有四小時以上之家庭暴力防治課程,但得於
總時數不變下,彈性安排於各學年實施。

第六章　罰則

第 61 條　違反法院依第十四條第一項、第十六條第三項所為之下列裁定者,
為本法所稱違反保護令罪,處三年以下有期徒刑、拘役或科或併
科新臺幣十萬元以下罰金:

一、禁止實施家庭暴力。

二、禁止騷擾、接觸、跟蹤、通話、通信或其他非必要之聯絡行
為。

三、遷出住居所。

四、遠離住居所、工作場所、學校或其他特定場所。

五、完成加害人處遇計畫。

第 62 條　違反第五十條第一項規定者,由直轄市、縣（市）主管機關處新
臺幣六千元以上三萬元以下罰鍰。但醫事人員為避免被害人身體
緊急危難而違反者,不罰。

違反第五十二條規定者,由直轄市、縣（市）主管機關處新臺幣
六千元以上三萬元以下罰鍰。

第 63 條　違反第五十一條第三款規定,經勸阻不聽者,直轄市、縣（市）
主管機關得處新臺幣三千元以上一萬五千元以下罰鍰。

第七章　附則

第 64 條　行政機關執行保護令及處理家庭暴力案件辦法,由中央主管機關
定之。

第 65 條　本法施行細則,由中央主管機關定之。

第 66 條　本法自公布日施行。

附錄三　婚姻契約範本

婚姻契約

茲因立約人　　　　　、　　　　　情投意合，爰訂於　年　月　日在　　舉
行公開儀式，在二人以上之見證下，締結良緣，並本於互信、互敬、互愛、互
諒及共創和諧家庭、美滿婚姻之共識下，互為下列約定：

一、夫妻冠姓

　　立約人同意婚後□保有本姓

　　　　　　　　　　□夫冠以妻之姓

　　　　　　　　　　□妻冠以夫之姓

二、夫妻住所

　　立約人同意婚後之夫妻住所地為　　　　　　　　，如日後有變更住所之必要
　　時，雙方願本於平等原則，另行協議。

三、夫妻財產制

　　立約人同意婚後之夫妻財產制為：

　　□法定財產制，由夫妻各自管理、使用、收益、處分自己財產

　　□約定財產制：

　　　□分別財產制，結人不結財。

　　　□一般共同財產制，財產管理權由　　　　　任之。

　　　□所得共同財產制，財產管理權由　　　　　任之。

　　立約人並同意於婚後就約定財產制前往管轄法院登記處辦理登記，以產生
　　對抗第三人之效力。

四、家務分工

　　夫負擔：　　　　　　　　　妻負擔：

　　(1)採買日常用品(2)煮飯(3)洗碗(4)倒垃圾(5)清潔、整理家務(6)房屋之修繕
　　(7)餵乳(8)換尿布(9)接送子女上下學(10)其他 夫妻應互相協助他方之家務
　　工作。

五、家庭生活費

　　立約人同意婚後因日常生活中食、衣、住、行、育、樂、醫療所生費用及

子女扶養費由：

□夫負擔全部。

□妻負擔全部。

□夫妻雙方各分擔二分之一。

□夫妻雙方依經濟能力及家事勞務狀況比例分擔，夫負擔：　　　　　妻

　負擔：　　　。

□其他：

前開款項應於每月五日前直接匯入　　　　　　銀行帳號。

每月每人之家庭費用不得低於當地平均國民消費支出或新台幣

　元（每年按物價指數調整）。

如因任一方婚後經濟狀況顯著變更者，得另行協議。

六、自由處分金（零用金）

立約人同意婚後扣除前開家庭生活費後，由：

□夫每月提供新台幣　　　　　　元供妻自由處分。

□妻每月提供新台幣　　　　　　元供夫自由處分。

如因任一方婚後經濟狀況顯著變更者，得按比例增減自由處分金，並得另行協議。

前開款項每月五日前直接匯入　　　　　　銀行帳號。

七、子女姓氏

因妻無兄弟，故立約人同意婚後子女從

□父姓。

□母姓。

八、立約人承諾婚後所生子女權利義務之行使及負擔由雙方共同任之，雙方同意遵守下列之行為：

　1.不得不當體罰、虐待、傷害或操控子女。

　2.保證提供子女健全穩定之生活環境。

　3.不得唆使子女從事危害健康、危險性工作或欺騙。

　4.不得遺棄子女。

　5.不得供應子女觀看、閱讀、聽聞或使用有礙身心之電影片、錄影節目帶、照片、出版品、器物或設施。

　6.不得剝奪或妨礙子女接受國民教育之機會或非法移送子女至國外就學。

　7.不得強迫、引誘、容留、容認或媒介子女為猥褻行為或姦淫。

　8.不得供應子女毒藥、毒品、麻醉藥品、刀械、槍砲、彈藥或其他危險物品。

　9.不得利用子女攝製猥褻或暴力之影片、圖片。

10.不得帶領或誘使子女進入有礙其身心健康之場所。

11.不得為其他對子女或利用子女犯罪或為不正當之行為。

如夫妻對子女權利義務之行使及負擔有不一致之情形，願本於子女最大利益原則協議之。

九、立約人承諾婚後互負貞操、忠誠義務，絕對不發生家庭暴力，如有一方違反者，應給付他方精神上損害新台幣　　　　　元。

十、特約事項：

□戒除不良習慣：酗酒、吸毒、賭博……。

□其他：

立約人：

男方：

女方：

　　　　中華民國　　　年　　　月　　　日

資料來源：現代婦女基金會

國家圖書館出版品預行編目（CIP）資料

婚姻與家庭 ／翁桓盛、許孟勤著. --初版.--
臺北市：心理, 2012.09
面； 公分.--（通識教育系列；33031）
ISBN 978-986-191-516-6（平裝）

1. 婚姻　2. 家庭　3. 親職教育

544.3　　　　　　　　　　　101016542

通識教育系列 33031

婚姻與家庭

作　　者：翁桓盛、許孟勤

總 編 輯：林敬堯

發 行 人：洪有義

出 版 者：心理出版社股份有限公司

地　　址：231026 新北市新店區光明街 288 號 7 樓

電　　話：(02) 29150566

傳　　真：(02) 29152928

郵撥帳號：19293172　心理出版社股份有限公司

網　　址：https://www.psy.com.tw

電子信箱：psychoco@ms15.hinet.net

排 版 者：辰皓國際出版製作有限公司

印 刷 者：辰皓國際出版製作有限公司

初版一刷：2012 年 9 月

初版四刷：2024 年 2 月

I S B N：978-986-191-516-6

定　　價：新台幣 320 元